C000038498

STUDIO PAPERBACK

Mario Botta

Emilio Pizzi

Birkhäuser Verlag
Basel · Boston · Berlin

Mein besonderer Dank gilt der Architektin Paola Pellandini (Architekturbüro Mario Botta), die für die Bildbeschaffung des vorliegenden Studiopaperbacks verantwortlich war.

Nous remercions tout particulièrement l'architecte Paola Pellandini (bureau d'architecture Mario Botta) qui a pris la responsabilité de rassembler les illustrations pour notre Studiopaperback.

Aus der italienischen Originalsprache übersetzt / Traduit du texte original italien
von / par Robert Steiger, Andreas Simon (deutsch / allemand),
Nicola Pfister, Patrick Boschetti, Francis Blouin (französisch / français)

Die Deutsche Bibliothek – CIP-Einheitsaufnahme

Botta, Mario:
Mario Botta / Emilio Pizzi. [Übers.: vom Ital. ins Dt. Andreas Simon ;
vom Ital. ins Franz.: Francis Blouin]. – 3. Aufl. – Basel ; Boston ; Berlin : Birkhäuser, 1998
  (Studio-Paperback)
  Einheitssacht.: Mario Botta <dt.>
  ISBN 3-7643-5438-0

Dieses Werk ist urheberrechtlich geschützt. Die dadurch begründeten Rechte, insbesondere die der Übersetzung, des Nachdrucks, des Vortrags, der Entnahme von Abbildungen und Tabellen, der Funksendung, der Mikroverfilmung oder der Vervielfältigung auf anderen Wegen und der Speicherung in Datenverarbeitungsanlagen, bleiben, auch bei nur auszugsweiser Verwertung, vorbehalten. Eine Vervielfältigung dieses Werkes oder von Teilen dieses Werkes ist auch im Einzelfall nur in den Grenzen der gesetzlichen Bestimmungen des Urheberrechtsgesetzes in der jeweils geltenden Fassung zulässig. Sie ist grundsätzlich vergütungspflichtig. Zuwiderhandlungen unterliegen den Strafbestimmungen des Urheberrechts.

Titel der Originalausgabe / Titre de l'édition originale: Mario Botta
© 1991 Editorial Gustavo Gili, S. A., Barcelona

Erste deutsch-französische Auflage / Première édition allemand-français
© 1991 Birkhäuser – Verlag für Architektur

3., erweiterte und aktualisierte Auflage 1998
3e édition augmentée et actualisée 1998

© 1998 Birkhäuser – Verlag für Architektur, Postfach 133, CH-4010 Basel, Schweiz
Gedruckt auf säurefreiem Papier, hergestellt aus chlorfrei gebleichtem Zellstoff. TCF ∞
Printed in Germany
ISBN 3-7643-5438-0

9 8 7 6 5 4 3 2 1

Inhaltsverzeichnis

Sommaire

8	Vorwort zur neuen Ausgabe		8	Préface à la nouvelle édition
9	Einleitung		9	Introduction

13	**Einfamilienhäuser**		13	**Maisons familiales**
17	Pfarrhaus in Genestrerio		17	Maison paroissiale à Genestrerio
18	Einfamilienhaus in Stabio		18	Maison familiale à Stabio
20	Einfamilienhaus in Cadenazzo		20	Maison familiale à Cadenazzo
22	Einfamilienhaus in Riva San Vitale		22	Maison familiale à Riva San Vitale
24	Einfamilienhaus in Ligornetto		24	Maison familiale à Ligornetto
26	Umbau eines Gutshofes in Ligrignano		26	Transformation d'une ferme à Ligrignano
28	Einfamilienhaus in Pregassona		28	Maison familiale à Pregassona
30	Einfamilienhaus in Massagno		30	Maison familiale à Massagno
32	Einfamilienhaus in Viganello		32	Maison familiale à Viganello
34	Einfamilienhaus in Stabio		34	Maison familiale à Stabio
36	Einfamilienhaus in Origlio		36	Maison familiale à Origlio
38	Einfamilienhaus in Morbio Superiore		38	Maison familiale à Morbio Superiore
40	Einfamilienhaus in Breganzona		40	Maison familiale à Breganzona
42	Einfamilienhaus in Manno		42	Maison familiale à Manno
44	Einfamilienhaus in Vacallo		44	Maison familiale à Vacallo
46	Einfamilienhaus in Losone		46	Maison familiale à Losone
48	Einfamilienhaus in Daro		48	Maison familiale à Daro
50	Einfamilienhaus in Cologny		50	Maison familiale à Cologny
52	Einfamilienhaus in Montagnola		52	Maison familiale à Montagnola
54	Einfamilienhaus und Ausstellungsraum in Zofingen		54	Maison familiale et espace d'exposition à Zofingen
56	Reihenhäuser in Bernareggio		56	Maison contiguës à Bernareggio

58	**Wohnbauten**		58	**Bâtiments résidentiels**
61	Wohnüberbauung in Rancate		61	Etablissement résidentiel à Rancate
62	Neugestaltung eines Areals in Basel		62	Restructuration d'un îlot à Bâle
64	Wohnbauten auf der Giudecca in Venedig		64	Groupe d'habitations à la Giudecca à Venise
66	Neugestaltung des «Molino Nuovo»-Platzes in Lugano		66	Restructuration de la place Molino Nuovo à Lugano
68	Wohnkomplex auf dem Areal «Ex Venchi Unica» in Turin		68	Etablissement résidentiel à Turin sur le site de l'ex Venchi Unica
72	Wohn- und Geschäftshaus Via Ciani in Lugano		72	Bâtiment résidentiel et administratif via Ciani à Lugano
74	Wohn- und Geschäftshaus in Lugano Paradiso		74	Bâtiment résidentiel et commercial à Lugano Paradiso
76	Wohnüberbauung in Novazzano		76	Etablissement résidentiel à Novazzano
78	Wohn- und Geschäftsüberbauung in Castelfranco Veneto		78	Ensemble résidentiel et commercial à Castelfranco Veneto
80	Wohnhäuser in Melide		80	Bâtiments résidentiels à Melide

82 Wohn-, Geschäfts- und Bürogebäude, Steinfelsareal in Zürich
84 Wohngebäude in Montecarasso

Sakralbauten

89 Bigorio-Kapelle
90 Kirche in Mogno
92 Kirche in Pordenone
94 Kirche in Sartirana
96 Kathedrale in Evry
100 Kapelle auf dem Monte Tamaro

Verwaltungsbauten

106 Handwerkerzentrum in Balerna
108 Staatsbank in Freiburg (Fribourg)
112 Verwaltungsgebäude in Brühl (BRD)
114 Gebäude «Ransila 1» in Lugano
118 «Banca del Gottardo» in Lugano
122 Siemens-Verwaltungsgebäude in München
124 Sitz der «Schweizerischen Bankgesellschaft» in Basel
126 «Caimato»-Gebäude in Lugano Cassarate
128 «Bruxelles Lambert»-Bank in Genf
130 Verwaltungs- und Wohngebäude Via Nizzola in Bellinzona
132 Verwaltungszentrum für das Fernmeldewesen in Bellinzona
134 Geschäftszentrum Esselunga in Florenz
136 Wohn- und Bürogebäude in Maastricht
138 Industriegebäude Thermoselect in Verbania

Öffentliche Bauten

144 Neubau der Eidgenössischen Technischen Hochschule Lausanne
146 Schule in Locarno
148 Sekundarschule in Morbio Inferiore
152 Bibliothek im Kapuzinerkloster von Lugano
156 Gemeindeturnhalle in Balerna
158 Alterspflegeheim in Agra
160 Sitz des Picasso-Museums in Guernica
162 Theater und Kulturzentrum in Chambéry
166 Haus der Medien in Villeurbanne
168 Kunstgalerie Watari-Um in Tokio
170 Galerie Thyssen-Bornemisza in Lugano
172 Archäologisches Museum in Neuenburg (Neuchâtel)
174 Museum für Moderne Kunst in San Francisco
178 Mobiles Zelt für die Jubiläumsfeiern der Schweizerischen Eidgenossenschaft
180 Theater- und Geschäftszentrum in Varese
182 Kulturzentrum in San Sebastian

82 Edifice d'habitation, de commerce et bureau, Steinfels-Areal à Zurich
84 Habitation à Montecarasso

Edifices religieux

89 Chapelle de Bigorio
90 Eglise de Mogno
92 Eglise de Pordenone
94 Eglise de Sartirana
96 Cathédrale d'Evry
100 Chapelle Monte Tamaro

Bâtiments administratifs

106 Centre artisanal à Balerna
108 Banque de l'Etat de Fribourg
112 Bâtiment administratif à Brühl (RFA)
114 Bâtiment Ransila 1 à Lugano
118 Banque du Gothard à Lugano
122 Bâtiment administratif Siemens à Munich
124 Siège de l'Union de Banques Suisses à Bâle
126 Bâtiment Caimato à Lugano Cassarate
128 Banque Bruxelles Lambert à Genève
130 Bâtiment administratif et résidentiel, rue Nizzola à Bellinzone
132 Centre administratif des Télécommunications à Bellinzone
134 Centre commercial Esselunga à Florence
136 Edifice pour habitations et bureaux à Maastricht
138 Bâtiment industriel Thermoselect à Verbania

Bâtiments publics

144 Nouvelle Ecole Polytechnique Fédérale de Lausanne
146 Ecole à Locarno
148 Ecole secondaire à Morbio Inferiore
152 Bibliothèque du Couvent des Capucins à Lugano
156 Salle de gymnastique communale à Balerna
158 Maison de soins à Agra
160 Siège du musée Picasso à Guernica
162 Théâtre et Maison de la Culture à Chambéry
166 Médiathèque à Villeurbanne
168 Galerie d'art Watari-Um à Tokyo
170 Galerie Thyssen-Bornemisza à Lugano
172 Musée Archéologique de Neuchâtel
174 Musée d'Art Contemporain à San Francisco
178 Tente mobile pour les festivités de la Confédération helvétique
180 Théâtre et bureaux à Varese
182 Centre culturel à San Sebastian
184 Palais du cinéma à la Biennale de Venise

184 Palazzo del Cinema für die Biennale von Venedig
186 Museum für Zeitgenössische Kunst in Rovereto
188 Museum für Zeitgenössische Kunst in Zaragoza
190 Alters-und Pflegeheim in Novazzano
192 Neues Parlamentsgebäude in Namur
194 Tinguely-Museum in Basel

196 **Projekte für die Stadt**
200 Neues Verwaltungszentrum in Perugia
202 Erweiterung des Hauptbahnhofs Zürich
206 Wissenschaftszentrum in Berlin
208 Neugestaltung des Lido-Areals in Lugano
210 Kommunikationszentrum in Lyon
212 Neugestaltung der Bicocca-Gelände in Mailand
214 Neugestaltung des Pilotta-Platzes in Parma
216 Neuordnung der Piazza Corte Vecchia in Ferrara
218 Neuordnung der Vallée du Flon in Lausanne
220 Nationalbibliothek in Paris
222 Erweiterung des Bundeshauses in Bern

224 **Design**
226 Stuhl Prima / Stuhl Seconda
227 Tisch Terzo / Fauteuil Quarta
228 Stuhl Quinta / Fauteuil Sesta: «König und Königin»
229 Lampe Shogun / Türgriff
230 Doppelkaraffe / Lampe Melanos
231 Tisch Tesi / Lampe Fidia
232 Stuhl Latonda / Sessel Obliqua
233 Lampe Zefiro / Uhr Eye
234 Stehpult Robot / Stuhl «Botta 91»
235 Doppelkaraffe / Teppiche
236 Wandschirm «Nilla Rosa» / Sessel «Charlotte»
237 Blumenvase / Tischuhr
238 Bühnenbilder / Bühnenbild für den Nußknacker in Zürich
239 Bühnenbild für Medea in Zürich / Bühnenbild für Ippolito in Basel

240 Bibliographie monographischen Charakters
242 Filmographie
243 Schriften von Mario Botta
246 Biographie
249 Werkverzeichnis
260 Verzeichnis der Mitarbeiter
261 Verzeichnis der Photographen

186 Musée d'art contemporain à Rovereto
188 Musée d'art contemporain à Saragosse
190 Maison pour personnes agées à Novazzano
192 Nouveau siège du parlement à Namur
194 Musée Tinguely à Bâle

196 **Projets pour la ville**
200 Nouveau centre directionnel à Perugia
202 Extension de la gare ferroviaire de Zurich
206 Centre des sciences à Berlin
208 Restructuration du site du Lido à Lugano
210 Centre de la Communication sur la place de la gare du TGV à Lyon
212 Aménagement du site de la Bicocca à Milan
214 Aménagement de la place de la Pilotta à Parme
216 Restructuration de la place Corte Vecchia à Ferrara
218 Réaménagement de la Vallée du Flon à Lausanne
220 Bibliothèque de France à Paris
222 Agrandissement du Palais Fédéral à Berne

224 **Design**
226 Chaise Prima / Chaise Seconda
227 Table Terzo / Fauteuil Quarta
228 Chaise Quinta / Fauteuil Sesta: «Re e Regina»
229 Lampe Shogun / Poignée
230 Double carafe / Lampe Melanos
231 Table Tesi / Lampe Fidia
232 Chaise Latonda / Fauteuil Obliqua
233 Lampe Zefiro / Montre Eye
234 Secrétaire Robot / Chaise Botta '91
235 Carafes / Tapis
236 Paravent Nilla Rosa / Fauteuil Charlotte
237 Vase porte-fleurs / Horloge de table
238 Scénographie / Scénographie du ballet Casse-noisette à Zurich
239 Scénographie de Medea à Zurich / Scénographie Ippolite à Bâle

240 Bibliographie à caractère monographique
242 Filmographie
243 Ecrits de Mario Botta
246 Note biographique
249 Liste des œuvres
260 Liste des collaborateurs de l'atelier
261 Liste des photographes

Vorwort zur neuen Ausgabe

Préface à la nouvelle édition

Nur sieben Jahre trennen diese Ausgabe von der ersten, und dennoch ist mit den neu hinzugefügten Bildern, Projektskizzen und Plänen ein anderes, in mancherlei Hinsicht komplementäres Buch entstanden, das nicht nur die Verwandlungen nachvollziehbar macht, die einzelne Projekte in ihrer Verwirklichung erfahren haben, sondern auch den Ideenreichtum und die planerischen Anregungen dokumentiert, die Mario Botta aus den vielfältigen Kontexten zieht, in denen er arbeitet.

Ein Vergleich der beiden Ausgaben offenbart über die enorme Produktivität des Architekten hinaus auch die außergewöhnliche Kohärenz, mit der Botta seinem fundamentalen Ansatz gerecht wird, seine Arbeiten zur großen Architektur der Vergangenheit in Beziehung zu setzen, aber auch zum Werden der Stadt und des jeweiligen Territoriums.

Die Bilder dieses Buches entsprechen dem Wunsch, die Ideen und Anregungen physisch verwirklicht zu sehen, die auf den Seiten der ersten Ausgabe in der perfekten Geometrie der vielen Projektentwürfe aufscheinen. Hinter ihnen verbergen sich jedoch auch Jahre der Auseinandersetzung und des zähen Ringens um eine Architektur, die sich erfolgreich gegen die Anfeindungen jener behauptet, die in ihr nur ein vordergründiges Spiel der Phantasie sehen und nicht unauslöschliche Zeichen der Hoffnungen und Erwartungen unserer Zeit.

Seules sept années séparent cette réédition de la première. Pourtant, cette représentation de nouveaux projets et des nombreuses constructions réalisées durant ce court laps de temps en constitue un livre différent, voire complémentaire. On peut y saisir la transposition du projet à la réalité construite mais aussi une grande richesse d'idéation, continuellement enrichie par la variété des contextes dans lesquels Mario Botta s'est trouvé à œuvrer.

La comparaison entre les deux éditions révèle l'intense productivité de Mario Botta ainsi que son extraordinaire cohérence en respect des convictions profondes qui alimentent chacun de ses projets. Ceci, dans l'appétence perpétuelle d'une confrontation entre le passé et le devenir de la ville et du territoire.

Ce livre semble en outre répondre au désir de voir physiquement réalisé les idées et propositions architecturales dotées de la géométrie parfaite dont tant de projets illustrent les pages du volume précédent. Derrière ces images, apparaissent des années de combats et batailles pour affirmer la victoire de l'architecture sur les dénigrements médisant l'unique geste graphique plutôt qu'une marque indélibile des aspirations et des espérances de notre temps.

Einleitung

Introduction

Das Erscheinen einer Monografie, die das gesamte Werk Mario Bottas über einen Zeitraum von mehr als dreißig Jahren intensiven Schaffens katalogisiert und ordnet, läuft leicht Gefahr, lediglich als Bilanz verstanden zu werden, welche alle Aspekte dieser unverwechselbaren Künstlerpersönlichkeit und ihres gewichtigen Beitrages an die Architektur dieses Jahrhunderts vorlegt. Wäre dies die Hauptabsicht der vorliegenden Arbeit, würde sie eine der wichtigsten Intentionen mißachten, die die von Botta angefangene Erkundung und Suche mitbestimmt. Einem abschließenden Urteil entginge die Relevanz seines öffentlichen und kulturellen Engagements, welches nicht bloß Beachtung verdient seiner bereits erzielten Resultate wegen, sondern vor allem im Hinblick auf die Auswirkungen seiner Suche auf die zukünftigen Geschicke der Architektur.

Die vorliegende Zusammenstellung möchte also die wesentlichen Elemente dieser Erkundung herausarbeiten und deren Verständnis mit Hilfe der chronologischen und inhaltlichen Darstellung der Projekte erleichtern. Besonders aber möchte sie das Interesse und die Lust zur Teilnahme an einer Auseinandersetzung wecken, deren Ausgang zeigen wird, ob die Architektur noch in der Lage ist, den Bedürfnissen unserer Zeit zu genügen bei gleichzeitiger Wiederaufnahme und Belebung der Werte früherer Epochen (inmitten einer Gesellschaft, welche diese Werte immer weniger gelten läßt).

Es handelt sich dabei um ein schwieriges und mühsames Ringen: Mario Botta hat sich seit dem leidenschaftlichen Beginn seiner architektonischen Laufbahn mit gleichsam missionarischer Beharrlichkeit daran beteiligt. Ein Ringen, woran er mit den spezifischen Mitteln seines Berufs teilnimmt, mit der Bescheidenheit und Meisterschaft des wahren Handwerkers. Ein Ringen, welches mit Ehrlichkeit und Einfachheit den Zweiflern in allen Winkeln der Erde vorgeführt hat, daß es noch möglich ist, ohne die Komplikationen und Kompromisse,

L'occasion de réaliser un volume destiné à cataloguer et à ordonner l'œuvre entière de Mario Botta, qui s'étend sur plus de trois décennies d'intense activité, risque fatalement de prendre la connotation d'un bilan à travers lequel il serait possible d'apprécier tous les aspects de sa personnalité et de la contribution fondamentale qu'il a apporté à l'architecture de notre siècle. Si telle était l'intention de ces pages, on aurait trahi un des aspects les plus importants contenu dans son travail de recherche et on aurait nié, par la formulation d'un jugement de synthèse, l'importance de l'engagement civil et culturel auquel il faut prêter attention, non seulement en raison des résultats déjà atteints, mais aussi en raison des conséquences qu'une telle recherche produira sur le destin de l'architecture.

Ce recueil cherche donc à mettre en évidence les éléments essentiels de cette recherche, d'en faciliter la compréhension à travers la succession chronologique et le contenu des projets, avec comme but premier de passionner et de faire participer aux destinées d'un conflit qui met en jeu la capacité de l'architecture d'interpréter les nécessités de notre temps, en affirmant simultanément les valeurs du passé dans une société qui semble être toujours moins disposée à les reconnaître.

Il s'agit d'une bataille difficile, fatigante et parsemée de mille événements dans laquelle Mario Botta s'est engagé avec un dévouement missionnaire depuis ses débuts passionnés dans la profession d'architecte; une bataille qu'il a conduit avec les instruments propres à un métier toujours exercé avec l'humilité et l'habilité de l'artisan; une bataille qu'il a livrée avec franchise et simplicité contre tous ceux qui doutaient de la possibilité de donner un visage aux aspirations de toujours, sans les complications et les compromis auxquels notre civilisation nous soumet; une bataille qu'il continue à mener quotidiennement même lorsque le consensus général que son œuvre a suscité semblerait lui offrir un temps d'arrêt qui lui permettrait de se contenter du patrimoine des œuvres réalisées ainsi que de la

denen sich gemeinhin unsere Zivilisation unterwirft, den immer gültigen Bedürfnissen eine Form, ein Gesicht zu verleihen. Ein Ringen schließlich, das Mario Botta noch jetzt täglich weiterführt, obwohl die allgemeine Anerkennung, die sein Werk nunmehr findet, das befriedigte Verweilen beim Reichtum der realisierten Werke nahelegen könnte und bei der Reife und Eigenständigkeit einer Sprache, die den Beginn einer neuen Expressivität markiert. Botta scheint vielmehr auf Distanz zu gehen vor möglichen manieristischen Rückschritten dieser Sprache. Die ständige Quelle seiner Inspiration liegt in den Gewißheiten der ihm eigentümlichen Art, Architektur zu machen, sowie in seiner Geduld, die in jedem neuen Projekt eine Gelegenheit zur Vertiefung sieht, eine Chance, aus den originalen Eigenheiten des jeweiligen Ortes eine Bereicherung des Bauentwurfs zu erzielen.

Bis zuletzt wurde innerhalb der dieser Studiopaperback-Reihe gesetzten Umfanggrenzen versucht, die aktuellsten Werke miteinzubeziehen, so als ob die große Vielfalt der spezifischen Eingriffe an einem bestimmten Platz noch einer Ergänzung bedurft hätte. Was nun vorliegt, bezeugt jedenfalls die unerschöpflichen Möglichkeiten, welche die Architektur besitzt, um trotz aller Elementarität der angewandten Sprache zum Ausdrucksmedium zu werden für komplexe Bedürfnisse und Botschaften. Mario Bottas außerordentlicher Werdegang, der ihn in direkte Begegnung brachte mit großen Meistern der Modernen Bewegung wie Le Corbusier und Louis Kahn und mit Lehrergestalten wie Carlo Scarpa und Ignazio Gardella, kann hier nur angedeutet werden; ebenso wie seine schöpferische Vitalität, die ihn schon in jungen Jahren innerhalb des so vielversprechenden Umfelds der Tessiner Schule eines Carloni, Galfetti, Snozzi und Tami an die Spitze brachte.

Seine künstlerische Laufbahn erhielt schon bald die Bestätigung durch die einhellige Zustimmung der zeitgenössischen Architekturkritik; man sah in Botta den idealen Fortsetzer der letzten bedeutenden Meister der Architektur unserer Zeit und ihrer Botschaft. Man sah und sieht in Botta die Persönlichkeit, der es gelungen ist, eine Brücke zu schlagen zwischen den Utopien der Modernen Bewegung und den Unsicherheiten, die der Architektur unserer Tage eigen sind.

Dem grenzenlosen Vertrauen in die Fähigkeit der Architektur, geschichtliche Veränderungen zu antizipieren, einer Haltung, die schließlich zum Niedergang der Ideologien der Modernen Bewegung ge-

maturité et de l'originalité du langage qui placent Mario Botta à l'origine d'une nouvelle tendance expressive.

Il semble au contraire prendre des distances par rapport à de possibles dégénérations maniéristes de ce langage qu'il alimente continuellement par les certitudes élaborées dans sa propre façon de faire l'architecture, patiemment, pour que chaque nouvelle occasion soit un moment d'approfondissement, un moment dans lequel la connaissance des caractères originels du lieu enrichit la potentialité de la proposition du projet.

En cherchant, jusqu'à la fin, à condenser l'ensemble des projets dans le programme éditorial de ce volume qui était limité par le nombre de pages, nous avons saisi l'opportunité de joindre les derniers travaux, comme s'ils étaient indispensables pour résumer, en l'enrichissant, la grande variété de situations proposées par l'intervention dans un site particulier, et témoigner des inépuisables potentialités de l'architecture à se faire l'interprète de messages et d'exigences complexes en adoptant une simplicité de langage.

Il n'est pas utile de resouligner dans ces brèves notes, ni l'extraordinaire genèse qui a permis à Mario Botta la singulière expérience d'un contact direct avec les grands maîtres du mouvement moderne tels que Le Corbusier, Louis Kahn de même qu'avec des personnalités d'enseignants tels que Carlo Scarpa et Ignazio Gardella, ni la grande vitalité créatrice qui lui a permis d'émerger et de dominer très jeune dans un milieu aussi prometteur que celui de l'école tessinoise de Carloni, Galfetti, Snozzi et Tami.

Il n'est pas nécessaire non plus de retracer les étapes de ce parcours fascinant durant lequel il a été salué par l'opinion unanime de la critique contemporaine comme l'idéal successeur du message des derniers grands maîtres de l'architecture de notre époque, comme un personnage qui a eu la capacité de faire la relation entre l'utopie du mouvement moderne et les incertitudes, propres à notre temps, du destin de l'architecture.

A l'attitude de confiance illimitée en la capacité de l'architecture d'anticiper la transformation de l'histoire qui a caractérisé le déclin des idéologies du mouvement moderne, Mario Botta oppose sa propre synthèse subjective solidement basée sur la conscience de la positivité du construire. «Une chose construite», ne se lasse-t-il pas de répéter, «est infiniment plus riche que des idées, des dessins, des projets des architectes-mêmes. La chose

führt hat, setzt Mario Botta die eigene Synthese subjektiver Prägung entgegen, die tief im Bewußtsein der Positivität des Bauens verwurzelt ist. «Ein ausgeführter Bau», so wird er nicht müde zu betonen, «ist unvergleichbar reicher selbst als die Ideen, Zeichnungen und Projekte der Architekten. Das Bauwerk ist nämlich um die Beziehung zur Wirklichkeit bereichert. Bereichert auch um die Mühsal der Arbeit, um die Auseinandersetzung mit Risiken, was diese Idee zukunftsträchtig macht, kostbares Gut und zugleich Zeugnis der Widersprüche, aber auch Sehnsüchte unserer Gesellschaft.»

Aus dieser Überzeugung heraus beansprucht Botta für die Architektur eine entscheidende Rolle bei den geschichtlichen Veränderungen der uns umgebenden Landschaft, indem sie, die Architektur, eine feste Beziehung zur Örtlichkeit stiftet, aber vor allem alte Neigungen und Erbschaften mit den neuen Erwartungen zu einer Einheit führt.

Er ist sich voll bewußt, daß man nicht einfach einen neuen Ordnungsplan einem über lange Zeiträume angewachsenen Siedlungsgewebe aufoktroyieren kann; trotzdem vermag er mit seinen gebauten Eingriffen deren Wirkungskraft offenkundig werden zu lassen, denn selbst kleinräumige Bauwerke beziehen ihre Ausstrahlung aus der Tatsache, daß sie in höherem Grade als die umliegenden Elemente mit dem Ort eine unlösbare Bindung eingegangen sind.

Bei den sehr zahlreichen Wettbewerbsbeteiligungen fällt stets die Qualität der architektonischen Lösung auf, ihre genaue Bestimmung, auch wenn dies nicht verlangt wurde: so als wollte Botta darauf hinweisen, wie unverzichtbar eine engagierte Auseinandersetzung mit den bereits vorhandenen Gegebenheiten der Umgebung ist.

Ein Zeugnis solcher ausdauernden und intensiven Auseinandersetzung ist die Vielzahl der Skizzen, die Botta mit der Schnelligkeit desjenigen zu Papier bringt, der sich über das anvisierte Ziel im klaren ist. Durch diese Zeichnungen vermag er mit einzigartiger Sicherheit die Gesamtheit der Eindrücke und Empfindungen wiederzugeben, die dann erst im ausgeführten Bau Wirklichkeit sein werden.

Denn ans Bauen ist es, woran Botta denkt, und zwar vom ersten Moment an, da er ein neues Projekt angeht; es gilt, sich mit Gebautem und mit seiner ihm innewohnenden Geschichte zu messen. Darum besitzen seine Bauwerke die außerordentliche Eigenschaft, eine Dauerhaftigkeit auszudrükken, sie erscheinen als eine «befreundete» Gegenwart, die es schon immer gab.

construite s'enrichit du rapport avec la réalité. Elle s'enrichit avec la peine du travail, avec les compromis nécessaires qui rendent une idée possible, la rendent patrimoine, témoignage des contradictions, mais aussi des aspirations de notre société.» Fort de cette conviction il revendique un rôle décisif pour l'architecture en tant qu'unique vrai interprète de l'histoire, des mutations et des transformations du paysage qui nous entoure, dans le rapport qu'elle établi avec le site, et surtout dans la capacité d'assumer d'anciennes vocations et de nouvelles perspectives.

Pleinement conscient de l'impossibilité de superposer un nouveau dessin ordinateur à des tissus longuement formés à travers le temps, il démontre toutes les potentialités d'une intervention construite, même composée de petites parties qui, néanmoins, prennent leur force d'émerger parmis les autres éléments des alentours enracinés dans ce lieu.

Dans le grand nombre de concours auxquels il a participé la qualité de la solution architecturale proposée frappe toujours; sa définition, même si les données du concours ne l'exigent pas, semble suggérer combien il est indispensable de se mesurer à force égale avec les éléments préexistants de l'entourage. Le continuel et incessant travail d'étude et de mise au point que nous lisons dans les multiples esquisses qu'il dessine avec la rapidité de celui qui est certain du résultat final en est bien le témoignage.

Il réussit, au moyen de ces croquis, à représenter avec sûreté l'ensemble des sensations que seul l'édifice construit sera en mesure de restituer.

Dès le moment où il aborde un nouveau projet, il pense à la construction et à l'importance de se mesurer avec le bâti et l'histoire qui y est contenue; c'est la raison pour laquelle ses œuvres ont l'extraordinaire capacité de refléter une constance et de se révéler «amie» comme une présence de toujours.

Mario Botta dit dans une interview: «L'architecture est impossible sans la construction. L'architecture est une œuvre de construction, le résultat de l'idéologie de l'architecte et de la réalité des mémoires physiques et historiques.

Je pense que la culture qui entoure la construction n'est pas simplement un privilège de l'architecte mais un devoir qui lui est attribué. Il faut employer la meilleure des technologies de son temps, mais ne pas l'utiliser de façon à le confondre. Ce qu'un architecte doit faire finalement, c'est employer les

Botta äußerte in einem Gespräch: «Die Architektur ist nicht möglich ohne den Bau. Die Architektur ist ein Werk des Bauens, sie ist das Resultat aus der Gedankenwelt des Architekten und der Realität der physischen und geschichtlichen Spuren. Ich denke, daß die kulturellen Gegebenheiten, die ein Gebäude umgeben, vom Architekten nicht einfach als ein Privileg, sondern ebenso sehr als eine Verpflichtung aufgefaßt werden sollten. In einem Bauwerk muß das Beste an moderner Technologie eingebracht werden, sie darf nicht so eingesetzt werden, daß sie seine Eigenheit verwischt. Was schließlich ein Architekt zu tun hat, ist die praktische Anwendung und Umsetzung jener Elemente, die ihm anvertraut wurden: so die gründliche Kenntnis des Ortes, des Bauvorganges und der Zeit.»

Mit gleichsam handwerklicher Meisterschaft wählt Botta aus der babylonischen Verwirrung der heute verfügbaren Technologien jene aus, die am besten Dauerhaftigkeit und Solidität ausdrücken, und zugleich jene, die am geeignetsten sind, mit neuen Formen altüberlieferte Archetypen mitsamt einfachen Materialien – wie etwa Sichtbackstein, Stein, Zementblöckchen – wiederaufzunehmen. Die Gebäude gewinnen so eine Festigkeit zurück, die man für immer verloren glaubte, die Wände sind wieder kompakt, sie wecken Vertrauen, an den Ecken weisen sie klare und bestimmte Ab- und Einschließgebärden auf. Mit diesen Materialien setzt sich Botta ständig auseinander, um sie zu verfeinern, um ihre kompositiven Möglichkeiten immer differenzierter zu ergründen – er macht sie einem immer sich wandelnden und erneuernden Beziehungsgeflecht auf sanfte Art dienstbar.

Es handelt sich um eine Umwälzung des Bauens, die, so Tita Carloni, ihre tiefen Wurzeln hat «in der stillen Belehrung durch die Bauernarchitektur der Voralpenländer und der Poebene [...] in der romanischen, vornehmlich lombardischen Architektur, wo die festgefügte Mauer lediglich den Hohlraum definiert [...] in der Kahnschen Auflösung der verschiedenen Raum-Behälter in aufeinanderfolgende Momente mit der Loslösung des Fensters von der Mauerfassade».

éléments qui lui ont été confiés, comme la connaissance approfondie du site, de la construction et du temps.» Il choisit avec habilité, dans la confusion des technologies aujourd'hui disponibles, celles qui sont davantage capables de représenter une condition de durabilité et de solidité et, en même temps, celles qui se prêtent davantage à reparcourir, avec de nouvelles formes, d'anciens archétypes en utilisant des matériaux simples comme la brique apparente, la pierre ou les plots de ciment.

Les bâtiments acquièrent ainsi une solidité qu'ils semblaient avoir définitivement perdue, les murs redeviennent compacts, rassurants, se refermant sur les arêtes d'un geste net et décisif.

Avec ces matériaux, il commence un travail d'affinement qui l'amène à expérimenter continuellement les potentialités de composition, les soumettant docilement à un dessin de textures toujours changeant et nouveau.

Une révolution constructive qui, comme Tita Carloni le rappelle, trouve ses origines profondes «dans la silencieuse leçon de l'architecture rurale des vallées des Préalpes et de la plaine du Pô ..., dans l'architecture romane, principalement lombarde, ... dans la décomposition kahnienne des différents ‹conteneurs› de l'espace en des moments successifs, avec la dissociation de la fenêtre par rapport au mur de la façade».

Einfamilienhäuser

Maisons familiales

Deutliche Linien, welche klar die Umrisse der Form herausarbeiten und sie von der umgebenden Natur abheben; Oberflächen, sachte modelliert durch regelmäßige geometrische Gliederungen, widerspiegeln das Licht, indem sie es in ein leuchtendes Bewegungsspiel verwandeln; der Halbschatten einer Einbuchtung, die dich schützend aufnimmt, und dann – im Innern – die großartigen Blicke auf die eben verlassenen Außenräume, eingerahmt von Mauern, Bögen, Pilastern.

Selten, daß die, selbst zufällige, Begegnung mit Bauten Mario Bottas nicht tiefe Gefühle und Eindrücke in uns zu wecken vermöchte. Und indem wir diese Empfindungen zu hinterfragen suchen, wird uns die Komplexität deutlich von einfach erscheinenden Zeichen, einer gestalterischen Ordnung, welche aus den sie konstituierenden Materialien zu wachsen scheint.

Schon von ferne zeigen uns die geometrischen Linien, die die Hauptvolumen klar hervorheben und die Gebäudeumrisse vom Hintergrund einer je eigenen natürlichen Landschaft herausschneiden, an, daß wir es hier mit einer ungewöhnlichen Präsenz zu tun haben; mit einer Gestaltung, die als in jenem Orte verwurzelt erscheint, seit je im Kampf befindlich gegen die Zeit und gegen die Ansteckung durch eine Umgebung, deren Erschließung durch die Menschen je länger, desto unbeholfener und zufälliger wirkt.

Mario Botta widmet dem Ort eine ganz eigene Aufmerksamkeit, wenn er sich anschickt, ein neues Haus in die Landschaft hineinzustellen; es handelt sich dabei um einen wohlüberlegten Akt, der sich dem Geist der alteingesessenen Bewohner dieser Landstriche verpflichtet weiß. Der Eindruck von Dauerhaftigkeit, von Überzeitlichkeit, den Bottas Bauten wecken, ist damit aber noch nicht genügend erklärt. Hier ist eine atavistische Haltung am Werk, ein entschiedenes Sich-der-Natur-Entgegenstellen, das seit je die Tätigkeit des Menschen kennzeichnet. Seine Gegenwart zeigt sich hier an Gebilden, die sich jeglichem mimetischen Kompromiß verweigern ebenso wie der resignativen Anpassung an überkommene Bebauungsgepflogenheiten. Dies wird noch verdeutlicht durch die Zuwendung von elementaren Formen: des Würfels, des Zylinders, des dreieckigen Prismas. Formen, durch die jener «archaische Charakter des Neuen» faßbar wird, der die ganz persönliche Ausdrucksleistung Mario Bottas kennzeichnet, geläutert in den über vierzig Bauprojekten der letzten dreißig Jahre.

Des lignes saillantes qui détachent net les profils d'une silhouette qui se découpe dans la nature environnante; des surfaces à peine sculptées de géométries régulières qui renvoient la lumière dans un jeu de vibrations; la pénombre d'un abri accueillant et, de l'intérieur, la redécouverte des espaces à peine abandonnés, encadrés par les lignes simples des murs, des arcs et des colonnes.

Il est rare que la découverte, même fortuite, d'un des bâtiments projetés par Mario Botta ne suscite en nous des sensations et des émotions profondes. Et c'est peut-être en s'interrogeant sur ces sensations que nous réussirons à mieux saisir la complexité d'un signe apparemment simple, d'une règle de composition qui semble naître des matériaux-mêmes qui la composent.

De loin, les lignes géométriques qui soulignent nettement les volumes primaires, redéfinissant les contours du bâtiment sur le fond d'un paysage naturel singulier, nous avertissent d'une présence insolite qui néanmoins semble prendre racine dans ce lieu, depuis toujours défiant le temps et la contamination d'une humanisation du territoire toujours plus encombrée et fortuite.

L'extraordinaire attention que Mario Botta apporte au site chaque fois qu'il s'apprête, d'un geste mesuré et animé de la sagesse des anciens habitants de ces terres, à placer une nouvelle maison sur le territoire, ne suffit pas à expliquer cette sensation de pérennité. En elle s'exprime la racine atavique d'une opposition concrète à la nature qui, depuis toujours, marque chaque acte de l'homme, signalant sa présence par des objets qui refusent tout compromis mimétique, toute acceptation résignée des règles établies, opposition rendue plus évidente encore par l'utilisation de formes primaires: le cube, le cylindre, le prisme triangulaire; des formes à travers lesquelles il est possible de saisir ce «caractère archaïque du nouveau» qui représente le résultat d'une synthèse linguistique subjective affinée par Mario Botta en l'espace de trente ans, dans les projets représentant plus d'une quarantaine d'édifices. Cette recherche trouve ses racines dans l'histoire de l'architecture, réinterprétant les formes et les éléments propres de la tradition rurale, conjointement aux archétypes et aux signes enracinés dans la culture architectonique, qui nous amène, comme Botta nous le rappelle, à reconnaître dans chaque édifice «son propre passé, son grand passé, la mémoire des personnes disparues, les forces ataviques, les mystères magiques venus de la nuit des temps».

Eine Erkundung, die ihre Wurzeln tief in die Architekturgeschichte hineintreibt, indem sie die Gegebenheiten der ländlichen Tradition aufnimmt und neu deutet ebenso wie die Archetypen und Zeichen früherer Bauweisen. So werden wir befähigt, in jedem Bauwerk, wie Botta sagt, «unsere eigene Vergangenheit, die große Vergangenheit, das Gedächtnis verstorbener Menschen, uralter Kräfte, magischer Geheimnisse aus dunkler Vorzeit» wahrzunehmen.

So bietet die Aufgabenstellung «Einfamilienhaus» die Gelegenheit, die Werte des Wohnens wieder zu überdenken, angefangen von ihren fernen Ursprüngen bis hin zur Verarmung, die unsere jetzige Zivilisation mit sich gebracht hat.

Jedes Haus, das Mario Botta entwirft, enthält die Elemente dieses erneuten Erfindens: stets werden die Haupträume so zueinander in Beziehung gebracht, daß in diesem Kompositionsschema die Einfachheit und die Ordnung der traditionellen Bauwerke aufscheint. So entsteht das Haus als Ort des dauerhaften Wohnens, als ein Refugium, wo die Architektur «schützt, ein Gefühl der Sicherheit schenkt und der Dauer» – im Gegensatz zum Typ der Villa als einer Residenz, die lediglich einen ganz bestimmten sozialen Rang zur Schau stellen soll.

Indem außenherum gleichsam Filterräume hinzugefügt werden, kann die unselige Trennung von Außen und Innen solcherart modifiziert werden, daß der gesamte Organismus eine neue Funktionalität erhält.

Die großen Öffnungen, geschützt und zurückversetzt, ebenso wie die kleineren Spalten und Schießscharten werden zu bevorzugten Beobachtungspunkten, von wo aus man die umliegende Landschaft überblickt und sie nach innen nimmt, wobei zugleich ihre Wichtigkeit für den Akt des Wohnens überprüft wird.

Diese Beziehungen werden noch verstärkt durch die großen Oberlichter im Dach, die mit ihrer Abfolge oft das Gebäude in der Längsachse unterteilen und daselbst neben dem Licht auch anderen Naturphänomenen wie Regen, Schnee und Hagel Gegenwärtigkeit verschaffen. Es handelt sich dabei um zarte Gliederungen, die feste und noch kompakte Teile miteinander verbinden. Wie eine rissig werdende Schale, die sich anschickt, aufzuspringen, scheint die Architektur dieser Bauten die Geburt eines neuen Menschen zu verkünden, dessen Bedürfnis nach Schutz und Geborgenheit einem wiederbelebten Vertrauen und Sich-Öffnen gegenüber der Außenwelt Platz macht.

Le thème de la maison familiale devient ainsi l'occasion d'une reconsidération des valeurs de l'habiter, de leur origine antique et de leur appauvrissement qui est l'œuvre de notre civilisation.

Chacune des maisons que Mario Botta réalise contient les éléments de cette réinterprétation; dans chacune d'elles, les espaces élémentaires sont recomposés selon un schéma associatif qui reprend la simplicité et l'ordre des constructions traditionnelles. Une maison qui s'affirme comme une résidence stable, comme un refuge dans lequel l'architecture «protège, rassure, dure», en opposition à l'identification d'un autre type de résidence, celui de la ville qui s'identifie seulement en tant que représentation d'une condition sociale.

La condition de la séparation inévitable entre l'intérieur et l'extérieur est modifiée par l'adjonction d'espaces-filtres externes, proposant ainsi une nouvelle fonctionnalité de tout l'organisme.

Tout comme les petites fentes et meurtrières qui interrompent la continuité des murs, devenant ainsi des points d'observation privilégiés sur le paysage environnant, les grandes ouvertures protégées en retrait, introduisent la présence de ce paysage à l'intérieur, mesurant l'essentiel nécessaire à la condition de l'habitation.

Cet ensemble de relations est encore renforcé par la continuité des grands éclairages zénithaux qui divisent souvent l'édifice longitudinalement, nous apportant, en plus de la lumière, la présence de forces naturelles telles que la pluie, la neige ou la grêle.

De fragiles membrures relient les parties solides et encore compactes. Comme une carapace fissurée qui s'entrouvre, l'architecture de ces édifices semble vouloir marquer la naissance d'un nouvel homme pour lequel l'exigence d'un refuge, d'une protection, cède la place à un esprit nouveau de confiance renouvelée et d'ouverture vers le monde extérieur.

Ces architectures sont solidement enracinées dans la terre tessinoise, dans ces lieux extraordinaires, où les ombres allongées que la montagne redécoupe sur le paysage, transforment la lumière en une chose précieuse et indispensable à la vie. Il s'agit là d'une architecture engendrée par cette terre, comme beaucoup l'ont compris, et néanmoins une architecture qui semble traverser les frontières pour devenir le symbole d'une nouvelle façon d'habiter.

Bauwerke, die fest im Tessiner Boden verankert sind, in der Eigentümlichkeit dieser Orte, wo die langen Schatten, die die Berge auf die Landschaft werfen, gerade auch das Licht zu einem wertvollen und unverzichtbaren Gut werden lassen. Bauten, aus diesem Landstrich heraus entstanden und aus der Art, wie viele Menschen ihn verstanden haben, aber auch eine Architektur, die dessen Grenzen überschreitet und zum Symbol wird für eine neue Befindlichkeit des Wohnens.

Pfarrhaus in Genestrerio
Projekt 1961   Bau 1963
Berater: Tita Carloni

Scheinbar verraten das abgeschrägte Dach und die große Einfachheit der Anlage die Entstehungszeit dieses Projektes: es ist das erste Werk Mario Bottas. In Wirklichkeit wurzeln hier wohl Prinzipien und reife Entscheidungen, die die kommenden Bauwerke ständig mitbestimmen werden: So die Zurücksetzung der Linie der Fensteröffnungen, wodurch die Mauerdicke zur Geltung gebracht wird und Schatten auf die rückwärtigen Fenster fallen. Und auch das Volumen des Wohnzimmerkamins, der vorgängig ausgekernt und nach vorne geschoben wurde, um damit einen blinden Strebepfeiler zu erhalten, der die Landschaftsansichten vom Inneren her beeinflußt und verändert.

Es handelt sich um ein merkwürdiges Zergliederungsspiel durch ein entschiedenes Sich-Entgegen-Setzen traditionellem Empfinden gegenüber, wobei die dahinterliegende Kirche gleichsam als Spiegel dient. Somit entsteht aus dieser Wechselbeziehung so etwas wie die Suche nach jenen in der Bautradition abgelagerten Elementen, deren man heutzutage anscheinend unwiderruflich verlustig gegangen ist.

Maison paroissiale à Genestrerio
Projet 1961   Réalisation 1963
Conseiller: Tita Carloni

Le toit à pans et la grande simplicité de l'implantation semblent trahir les origines de ce projet, considéré comme la première œuvre de Mario Botta. En réalité, les principes et les choix mûrement réfléchis, qui accompagneront constamment les œuvres futures, semblent déjà s'y enraciner: tel le retrait des ouvertures vitrées, de manière à nous permettre d'apprécier l'épaisseur des murs par les ombres qui s'y projettent. Le volume de la cheminée du séjour, énucléé et poussé vers l'avant, forme un contrefort aveugle, capable d'influencer et de modifier les percées sur le paysage depuis l'intérieur.

Ce curieux jeu de décomposition à travers une opposition, sciemment décidée à la manière et avec les moyens traditionnels, se reflète cependant dans les caractères de l'église placée à l'arrière, comme pour marquer le besoin de redécouvrir exactement ces éléments, ancrés dans la culture et la tradition constructive, dont on a, semble-t-il, irrémédiablement perdu le sens aujourd'hui.

Einfamilienhaus in Stabio
Projekt 1965   Bau 1967

Maison familiale à Stabio
Projet 1965   Réalisation 1967

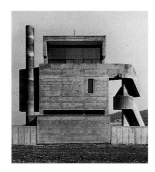

Dieses Gebäude, in dem man eine Hommage für Le Corbusier hat sehen wollen – nach den vom jungen Mario Botta im Atelier Rue de Sèvres verbrachten Monaten –, umfaßt mehr als einen Versuch, einige wichtige Kompositionsthemen des Meisters wiederaufzunehmen. Themen, die in vielen der kommenden Werke zum Gegenstand der künstlerischen Suche und Erfindung werden sollten. So die Verteilung der Wohnung auf mehrere Ebenen, eine erste wesentliche Zurücksetzung der Fensteröffnungen gegenüber der Gebäudehülle (was in den zukünftigen Bauten noch entschiedener der Fall sein wird), schließlich eine Gliederung der Innenräume mit besonderer Betonung der Sichtverbindung durch die Verwendung von Zimmern in doppelter Höhe, auf die man von den Verbindungsgängen aus blicken kann. Das Gesamtresultat führt – auch wenn die Formen und die Raumgestaltung noch nicht die Regelmäßigkeit späterer Bauten von Botta aufweisen – doch zu einem eigenwilligen Kompositionsgefüge. Bemerkenswert die zwei Scheidewände aus Sichtbeton, die nicht nur die Ausdehnung der Baueinheit wandmäßig bestimmen, sondern auch das tragende Skelett darstellen.

Défini comme un hommage à Le Corbusier, après les mois passés par le jeune Mario Botta dans le bureau de la rue de Sèvres, on remarque en réalité dans cet ouvrage plutôt une tentative destinée à reprendre du maître quelques thèmes de composition importants. Ceux-ci deviendront, par la suite, objets de recherche et de réinvention dans de nombreux ouvrages successifs: le développement sur plusieurs niveaux de l'habitation; un premier retrait substantiel des ouvertures par rapport à l'enveloppe de l'édifice qui s'affirmera encore plus dans les œuvres futures; une organisation des espaces intérieurs, dans laquelle prévaut une condition de liaison visuelle, à travers l'utilisation d'espaces en double hauteur et des parcours s'y référant. Le résultat global, même s'il n'est pas encore contenu dans les formes et les volumes stéréométriques plus réguliers des œuvres futures de Botta, ramène à un ordre de composition singulier souligné par les deux cloisons en béton brut, qui en plus de définir, par ses murs, la dimension du corps constructif, en constituent, en même temps, l'ossature porteuse.

Einfamilienhaus in Cadenazzo
Projekt 1970   Bau 1971

Maison familiale à Cadenazzo
Projet 1970   Réalisation 1971

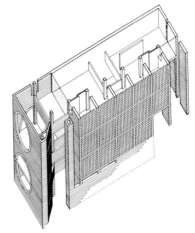

Als ein entschiedenes Zeichen der Opposition wirkt dieser Bau angesichts des Umfeldes von zerstreuten kleinen Villen; er erweckt den Eindruck, als sei er unauflöslich verwurzelt mit diesem Stück hügeliger Tessiner Landschaft, die zur Ebene hin abfällt. Eine streng stereometrische Form, deren Öffnungen sich auf die großen Bullaugen der nördlichen und südlichen Stirnseite beschränken; ein Raumgebilde, das gleichsam aus geheimnisvollen Vorzeiten herüberragt. Das Haus von Cadenazzo bildet den Anfangspunkt von Mario Bottas seither ununterbrochener Erkundung des Themas «Wohnen». Es finden sich hier einige große Neuerungen vorweggenommen, die Raumgliederung betreffend, welche in den folgenden Bauten zu voller Entfaltung kommen werden. Das Beleuchtungssystem der Räume ist nie direkt, sondern durch die doppelvolumigen Loggien an den beiden Stirnseiten vermittelt. Diese Loggien werden nach außen hin mittels der großen Rundöffnungen abgeschirmt, welche die Landschaft auf eine von der Architektur bestimmten Weise einfassen. Das Licht fällt von oben ein, und dank den versetzten Stehflächen der Terrassen bietet es eine weitere Beleuchtungsquelle für das Wohnzimmer in doppelter Höhe. Die Räume öffnen sich so auf verschiedenen Niveaus ins Innere, wodurch ein gesammelt-intimes Wohnambiente entsteht. Die Wände sind aus kleinen Zementwerksteinen gebaut, die, unverputzt belassen, den Willen bekunden, auf jede Verkleidung verzichtend, die Bedeutung der traditionellen Materialien wiederzuentdecken.

Signe décisif d'une opposition au désordre de l'implantation parsemée de petites villas environnantes, cet édifice apparaît enraciné, d'une façon indissoluble, au contexte montagneux de cette partie du territoire tessinois qui descend vers la plaine. Il s'impose presque comme une préexistence mystérieuse de la forme rigoureusement stéréométrique, dans laquelle les ouvertures se limitent aux grands hublots situés sur les pignons, au nord et au sud. La maison de Cadenazzo se place comme le point de départ de la recherche ininterrompue de Mario Botta sur le thème de l'habitation. Dans celle-ci, sont condensées quelques-unes des anticipations, d'une grande nouveauté du point de vue de la composition, qui seront exaltées dans les habitations réalisées par la suite. Le système d'éclairage des locaux n'est jamais direct, mais mis en relation par les espaces en double hauteur. Ils se situent sur les deux têtes, et sont protégés, de l'extérieur, par les grandes ouvertures circulaires, qui encadrent le paysage avec des percées, définies par l'architecture même de cette partie de l'édifice. La lumière pénètre par le haut et, grâce au décalage des niveaux des terrasses, offre une source ultérieure d'illumination au double volume du séjour. Les locaux donnent ainsi sur les différents niveaux de l'intérieur, et affirment de cette manière le caractère intime de l'habitation. L'utilisation d'un système de maçonnerie en briques de ciment non crépies accentue la volonté expressive de renoncement à tout camouflage, redécouvrant, par contraste, l'essentialité des matériaux traditionnels.

Einfamilienhaus in Riva San Vitale
Projekt 1971   Bau 1973

Maison familiale à Riva San Vitale
Projet 1971   Réalisation 1973

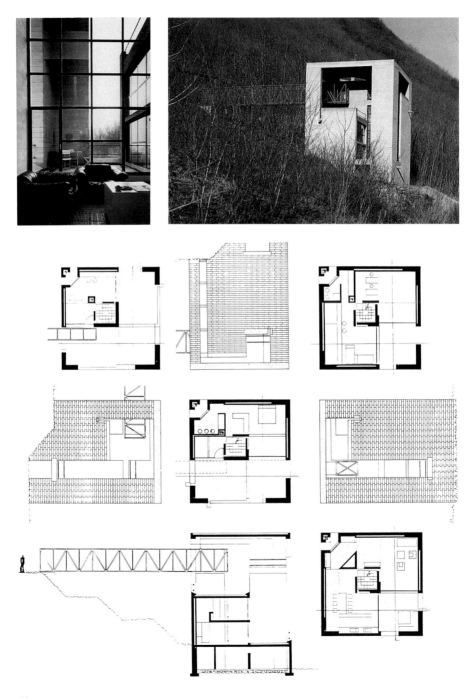

Bei diesem Turm, der sich auf dem Abhang des Monte San Giorgio am Luganersee erhebt, erfährt die Gesamtheit der Blickpunkte eine Ausweitung gegenüber der bestimmteren Fokussierung beim Haus in Cadenazzo mit seinen zwei großen Objektiven. Hier nun wird die umgebende Landschaft stärker in das Gebäude miteinbezogen, auch dank den ausgedehnten Leerräumen, die im Prisma ausgespart sind. Der Bau ist streng quadratisch im Grundriß und weist in der Mitte eine Treppenanlage auf, die ebenfalls eine quadratische Basis besitzt. Er verändert sich mit jedem Geschoß, wobei die Dichte an geschlossenem Wohnraum nach oben hin abnimmt, indem an dessen Stelle interne Terrassen und Leerräume treten, auf die man von den Zimmern aus schaut. Der Zugang zum Gebäude erfolgt von oben mittels einer Passerelle aus Metallprofilen und Gitternetz: Man hebt sozusagen vom sicheren Grund ab und schwebt auf suggestive Weise einige Momente lang über der Leere, bevor man das Dach im obersten Teil dieses Bollwerks erreicht. Von da führt dann der Treppenschacht zu den inneren Räumen.

Dans cette tour qui s'élève sur le flanc du mont San Giorgio, sur les rives du lac de Lugano, l'ensemble des percées visuelles subit une dilatation quant à l'angle de prise de vue plus restreint, obtenu par les deux grands objectifs de la maison de Cadenazzo. Ici le thème d'une plus grande relation de l'édifice avec la dimension du territoire environnant s'enrichit grâce aux grands vides creusés dans le volume du prisme. L'implantation de base, rigoureusement carrée et au centre de laquelle est placé l'escalier, se modifie aux différents niveaux avec une densité peu à peu décroissante du volume habitable, faisant place aux terrasses internes et aux vides sur lesquels s'ouvrent les divers locaux. L'accès au bâtiment se fait par le haut, au moyen d'une passerelle en treillis métalliques. Cela accentue le détachement du milieu extérieur, avec des instants suggestifs de suspension dans le vide avant d'aboutir à l'abri de la partie haute du bastion, et de s'introduire dans les espaces intérieurs à travers le vide des escaliers.

Einfamilienhaus in Ligornetto
Projekt 1975   Bau 1976

Maison familiale à Ligornetto
Projet 1975   Réalisation 1976

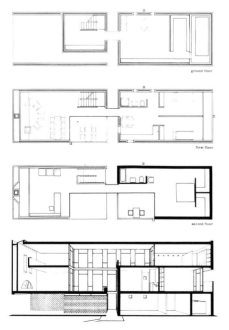

ground floor

first floor

second floor

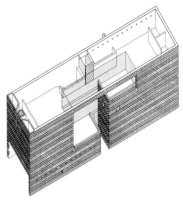

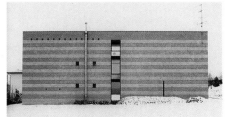

Das Gebäude erhebt sich am Rande des Ortes, an günstiger Lage, weil an der Grenze zwischen überbautem Gebiet und offener Landschaft. Aus dieser Situation heraus erhält der Bau den Charakter einer Bastion, dies im Zusammenwirken mit seiner rechteckigen Form und dem Mauerwerk mit seinen reduzierten Öffnungen.

Einzig eine weite Höhlung, die nach innen von Glasoberflächen begrenzt wird, scheint das Bild von Solidität und Verschlossenheit zu durchbrechen, welches das Haus an den übrigen Seiten darbietet. Es handelt sich um eine Hohlform, die zur Beleuchtung der Räume dient, welche um sie herum angelegt sind. Diese Zimmer sind weniger nach außen gerichtet, als daß sie vielmehr untereinander mittels jener visuellen Vermittlung verbunden sind, die die in voller Höhe sich erhebenden Fensterflächen gewährleisten. Durch diese Höhlung und durch eine schmale Öffnung auf der Gegenseite ergibt sich ein Durchblick, welcher die ganze Gebäudebreite überwindet. Wer vom Dorf aus durch diesen Mauerspalt hindurchblickt, gewahrt die jenseits liegenden Felder und zugleich auf den hochragenden Fensterflächen das Abbild von Kaminen, Dachtraufen und Gesimsen der letzten Häuser am Dorfrand.

L'édifice se situe en bordure du plan d'expansion de la zone d'habitation, sur une limite abstraite de démarcation entre le paysage construit et la campagne. Grâce à de telles conditions, le caractère de repère s'affirme, déterminé par la forme orthogonale de l'édifice, mais rendu encore plus emphatique par la prédominance des surfaces murales pleines sur les vides.

Seule une grande cavité, délimitée vers l'intérieur par des surfaces vitrées, semble casser l'image de solidité et de fermeture, que l'édifice présente sur les autres façades. Il s'agit d'un vide destiné à favoriser l'éclairage des locaux qui l'entourent, et qui, plutôt que de s'ouvrir vers l'extérieur, sont reliés visuellement à travers les mêmes surfaces vitrées qui s'étendent sur toute la hauteur. Grâce à elles et à une étroite ouverture sur le front opposé, une transparence se détermine à travers toute l'épaisseur du corps constructif. Cette transparence permet à celui qui regarde depuis le village de percevoir, à travers une brèche dans le mur artificiel du bâti, la campagne immédiatement au-dehors, et, dans le reflet du vitrage la dominant, l'image des cheminées, des avant-toits et des corniches des dernières maisons de la zone d'habitation.

Umbau eines Gutshofes in Ligrignano
Projekt 1977   Bau 1978

Transformation d'une ferme à Ligrignano
Projet 1977   Réalisation 1978

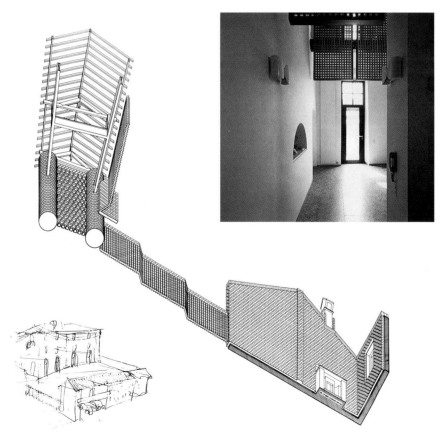

Diese Umstrukturierung erfolgte durch eine Aus-
dünnung der zuvor bestehenden Bausubstanz; der
weite Raum des ehemaligen Hofes wurde zur
Grünfläche gemacht. Der Abbruch alter Bauteile ist
nicht etwa ein Akt der Auslöschung altehrwürdiger
Strukturen, sondern wird zum Ausgangspunkt für
die Wiederherstellung der ursprünglichen Umrisse,
die zum Teil zu bloßen Zeichen einer nunmehr funk-
tionslos gewordenen Vergangenheit entleert waren. Neue Formen und Materialien bereichern die
einfache Sprache dieser Architektur. So etwa die
großen zylindrischen Gebilde aus Ziegelsteinen, die
durch ein regelmäßiges Gitterwerk verbunden sind,
oder die Metallprofile, welche den Dachstuhl aus
Holzbalken ersetzt haben.

Le projet de restructuration a été réalisé au travers
d'un éclaircissement du bâti existant, libérant le
vaste espace de la cour originelle, actuellement recouvert de gazon. La démolition des vieux bâtiments, en opposition à une attitude d'effacement
et de destruction des vieilles structures, devient le
prétexte de la récupération des profils originaux,
parfois évidés et réduits au signe d'une préexistence dont la fonction a été perdue. De nouvelles
formes et matériaux semblent vouloir enrichir le
langage simple de cette architecture, à l'image des
grands volumes cylindriques en briques, reliés par
un treillage régulier, où des profilés métalliques
substituent les fermes de bois.

Einfamilienhaus in Pregassona
Projekt 1979   Bau 1980

Maison familiale à Pregassona
Projet 1979   Réalisation 1980

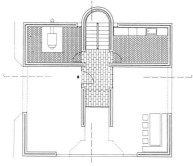

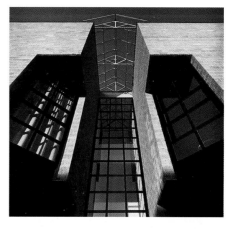

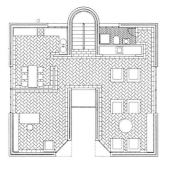

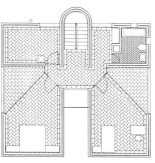

Ein streng würfelförmiges Gebilde, aus dem die offenen Räume der Wohnung herausgeschnitten sind. Der Aufbau ist symmetrisch: im Parterre befindet sich ein weiter portikusähnlicher Raum; im ersten Stock findet man die Wohnräume, das Studierzimmer, den Eßraum und die Küche; im zweiten Stock sind die Schlafzimmer untergebracht. Diese Klarheit der typologischen Gliederung entspricht einem Modell, das auch in zukünftigen Projekten Anwendung finden wird.

Im räumlich sich ausweitenden Portikus ist ein Ort geschaffen, der jenen Tätigkeiten Platz bietet, welche traditionellerweise an überdachter Stelle ausgeübt werden. Dank diesem Raum, der, beschützt und beschattet durch die abgewinkelten Mauerteile, in der Mitte sich nach oben hin öffnet, scheint die Gebäudemasse in eine Aufwärtsbewegung versetzt zu sein. Der umliegende Wald kann durch diese Öffnung aus wechselnden Perspektiven betrachtet werden.

Das Oberlicht – eine Glaskonstruktion, die von dünnen, weißgestrichenen Metallrohren getragen wird – schützt den treppenartig bis zum Portikusboden absteigenden Hohlraum; es erinnert an die Dachstühle früherer Zeiten, und zugleich evoziert es durch seine Transparenz zum Himmel hin das antike Wohngefühl, das einer den Wechsel der Jahreszeiten miteinbeziehenden Behausung eigen ist.

Il s'agit là d'un volume rigoureusement cubique dans lequel sont creusés les espaces ouverts de l'habitation. La clarté de l'organisation typologique du bâtiment, suggérée par son implantation symétrique, place, au rez-de-chaussée, un espace sous portique; au premier étage, les espaces de séjour, d'étude, de repas et de cuisine; au dernier étage, les chambres à coucher. Cet ordre correspond à un modèle qui sera répété dans des projets ultérieurs.

On redécouvre, dans le portique dimensionnellement dilaté, la vocation traditionnelle du lieu des activités qui se déroulent à l'abri. Grâce à cet espace ombré, protégé par les murs d'angle, mais dont le centre s'ouvre vers la lumière, le volume du bâtiment semble se soulever, en offrant des percées et des transparences sur le bois avoisinant.

Un lanterneau, soutenu par des fermes subtiles en tubes métalliques vernis de blanc, protège le grand vide qui descend jusqu'au niveau du portique, et évoque la structure des anciens abris et le sens antique de la demeure ouverte au changement des saisons, par la transparence vers le ciel.

Einfamilienhaus in Massagno
Projekt 1979   Bau 1981

Maison familiale à Massagno
Projet 1979   Réalisation 1981

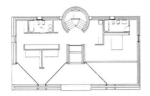

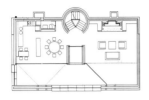

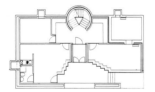

Die große kreisförmige Öffnung, die auf der Ostseite zum Tal hin ausgerichtet ist, erfüllt jetzt mehr als nur die Aufgabe, ein weitgeöffnetes Objektivauge zu sein, das aus dem Innern des Hauses die Blicke freigibt. Diese Öffnung ist zum Bauelement geworden, das erlaubt, die unterschiedliche Solidität der Mauer abzulesen, den Wechsel auch der Transparenzen und Reflexe der weiten Fensterflächen, die sich von der Frontseite ins Innere ziehen. Die Außenräume werden durch dieses nach oben hin strebende, durchsichtige Element insofern bereichert, als dadurch im loggiaähnlichen Vorraum ein kontrolliertes Mikroklima geschaffen wird im Schutze der Rundöffnung. Darum herum sind nämlich Wohn- und Eßzimmer angelegt, ferner, im oberen Stock, die Schlafzimmer. Dieselbe Rundöffnung beleuchtet auch die Vertiefung des Portikus auf dem unteren Niveau, dessen Zugang seitlich liegt, an jenem Punkte, wo ein diagonaler Schnitt den Zusammenhang der Vordermauer unterbricht. Die Verwendung von verschiedenfarbigen Zementwerksteinen bringt das dekorative Element der Streifen besonders ausgeprägt zur Geltung.

La grande ouverture circulaire qui s'ouvre sur le front est, vers la vallée, ne correspond plus seulement au grand objectif s'ouvrant sur des percées visuelles saisissables de l'intérieur de la maison, mais est devenue un élément, à travers lequel il est possible de lire: une solidité différente du mur; une variété de transparence et de reflets dans les vastes vitrages, en retrait de la façade; et une condition d'utilisation des espaces extérieurs, grâce à la présence de la grande baie vitrée. Celle-ci, en se retirant dans l'épaisseur du mur, permet de créer un microclimat contrôlé dans la galerie. Autour d'elle se développent le séjour, la salle à manger et, à l'étage supérieur, les chambres. La même ouverture circulaire illumine encore le repli du portique, situé à l'étage inférieur et auquel on accède par le côté en un point où une coupure en diagonale marque la terminaison du mur antérieur. L'utilisation de briques en ciment de différentes couleurs permet de reproduire d'une façon plus marquée le dessin décoratif des bandes.

Einfamilienhaus in Viganello

Projekt 1980   Bau 1981

Maison familiale à Viganello

Projet 1980   Réalisation 1981

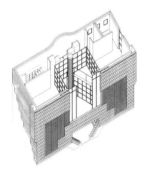

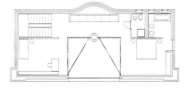

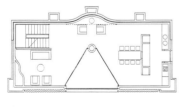

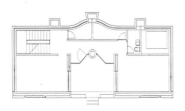

Ein einziges großes Sich-Aufbäumen aus Glaselementen, oben abgeschlossen vom halbkreisförmigen Giebel des gewölbten Oberlichtes, unterbricht die Kontinuität der fensterlosen Frontseite aus Zementwerksteinen, die durch eine wiederkehrende Struktur gegliedert wird. Darunter der Hauszugang: ein schattiger Durchgang, der aus dem Gebäudesockel ausgespart worden ist. Man gelangt über ein paar Stufen hierher, nachdem man auf dem kleinen Vorplatz nochmals einen Blick von oben auf die Stadt Lugano hat werfen können. Oberhalb, hinter der verschiebbaren Fensterfront, befindet sich die große loggiaähnliche Höhlung – sie wird zum Bezugspunkt für alle Räume des Gebäudes, angefangen vom Wohnzimmer und Eßzimmer im Parterre bis zu den Zimmern im oberen Stock. Die Suche nach einem einzigen Verbindungs- und Vermittlungselement zwischen Innen und Außen gelangt in diesem Gebäude zu einer reifen Lösung: in der Funktionalität des großen Zentralraumes, der in der Art eines Treibhauses allen anderen Räumen ein kontrolliertes Mikroklima sichert. Einige wenige weitere Öffnungen des Hauses gewähren den Ausblick auf winzige, aber kostbare Ausschnitte der umliegenden Landschaft; so etwa das Seitenfenster der Küche, das von einer fächerartigen Öffnung des Wohnzimmers aus sichtbar ist.

Une seule grande baie vitrée, complétée à son sommet par le fronton semi-circulaire d'un lanterneau, interrompt la continuité du front antérieur aveugle, sculpté par la modulation des briques de ciment. En dessous, à l'ombre d'un passage creusé dans le socle, on accède au bâtiment après avoir gravi quelques marches depuis la plate-forme, d'où l'on a une dernière vue plongeante sur la ville de Lugano. Au niveau supérieur, derrière le vitrage coulissant, se trouve la grande cavité d'une galerie, sur laquelle s'ouvrent tous les locaux de la maison, depuis le séjour et la salle à manger au rez-de-chaussée jusqu'aux chambres à l'étage supérieur. La dernière synthèse, dans ce bâtiment, recherche un élément unique de relation entre l'intérieur et l'extérieur, résolu à travers la fonctionnalité de cette grande serre centrale assurant, à chaque espace, un microclimat contrôlé. Les rares autres ouvertures présentes dans l'édifice restituent de minuscules mais précieux fragments du paysage environnant, comme la fenêtre latérale de la cuisine visible du séjour par une ouverture à éventail.

Einfamilienhaus in Stabio
Projekt 1980   Bau 1982

Maison familiale à Stabio
Projet 1980   Réalisation 1982

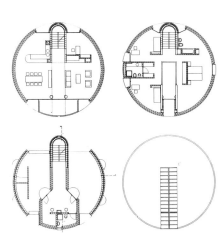

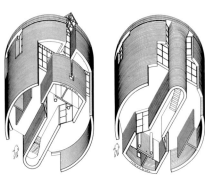

Das Thema des Rundhauses stellte seit jeher, von Palladio bis Melnikov, das architektonische Gestalten vor eine kaum zu lösende Aufgabe, so daß kein typologisches Modell geschaffen wurde, das man hätte wiederholen können. Dieser Entwurf erweist die Möglichkeit einer Anwendung des runden Grundrisses auf ein Wohnhaus; er zeigt dabei auf, welche enormen Ausdruckskräfte und zugleich funktionalen Vorteile aus dieser Anlage ableitbar sind. Das Fehlen einer Fassade, einer eigentlichen Frontseite «entzieht das Gebäude jeglicher Möglichkeit einer direkten Konfrontation mit den umliegenden Bauten». Das Haus ist mit dem Boden verwurzelt, und dies trotz den weiten Einschnitten, die den Portikus zu ebener Erde bilden sowie Farben und Ausschnitte der Landschaft nach innen dringen lassen.

Le thème de la maison circulaire, de Palladio à Melnikov, a toujours constitué une limite, apparemment infranchissable de la composition architectonique, au point de ne permettre la reproduction d'aucun modèle typologique. Ce projet est la démonstration de la possibilité d'appliquer le plan circulaire à une habitation, et constitue en même temps le témoignage des énormes potentialités expressives mais aussi fonctionnelles de ce plan. L'absence d'une façade, d'un vrai front, marque la volonté de «soustraire l'édifice à toute possibilité de confrontation directe avec le bâti environnant». Le bâtiment prend racine dans le sol, malgré les grandes percées du volume qui creusent le portique au rez-de-chaussée, et qui permettent d'y amener à l'intérieur les couleurs et les visions du paysage environnant.

Einfamilienhaus in Origlio
Projekt 1981   Bau 1982

Maison familiale à Origlio
Projet 1981   Réalisation 1982

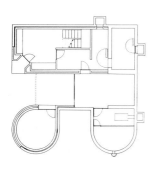

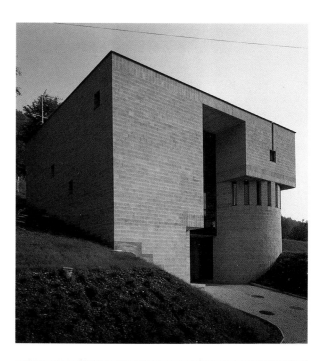

Ein kleeblattähnlich in vier Zonen ausgreifendes Gebäude, das schon in den Fundamenten die Autonomie der verschiedenen Räume unterstreicht; diese sind nämlich nur lose mit dem großen Zentralraum des Wohnzimmers verbunden.

Der Hauseingang befindet sich auf der Hinterseite, der am wenigsten durch Einbuchtungen veränderten Partie des würfelförmigen Gebäudes. Dies erlaubte, auf der Vorderseite die mit dem Wohnraum verbundenen zwei Studierzimmer sowie darüber die Schlafzimmer unterzubringen – über einem kreisförmigen beziehungsweise streng quadratischen Grundriß. Die Selbständigkeit der beiden gleichen auf der Hauptfront aufgereihten Bauvolumen wird noch betont durch die feingliedrige Struktur des Oberlichtes, welches auf ihnen ruht. Eine ungewöhnliche Lichtfülle ergießt sich in die Zentralräume, die auf drei Seiten von großen Glaswänden eingefaßt sind. Diese Wände bilden zugleich den Hintergrund für die Eckteile des Hauses.

C'est une implantation carrée qui, jusqu'aux fondations du bâti, souligne la présence d'une autonomie des différents espaces, qui n'entretiennent que des relations minimales avec le grand volume central du séjour.

L'accès décentré sur la façade postérieure, dans la partie la moins excavée du volume cubique du bâtiment, a permis de ramener sur la façade opposée les deux locaux annexés au séjour; et à l'étage supérieur, les chambres à coucher sont désormais inscrites, soit dans un plan circulaire, soit dans un plan carré. L'autonomie des deux volumes répétés, qui s'alignent ainsi sur la façade principale, est soulignée par la mince structure du lanterneau qui s'y appuie. Une luminosité extraordinaire inonde les espaces centraux, ouverts sur les trois côtés, à travers les grandes parois vitrées qui servent de fond aux volumes d'angle.

Einfamilienhaus in Morbio Superiore
Projekt 1982   Bau 1983

Maison familiale à Morbio Superiore
Projet 1982   Réalisation 1983

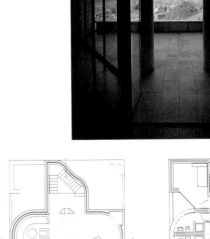

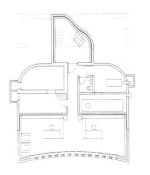

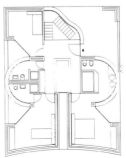

Mit diesem Haus läßt uns Mario Botta auf spannende Weise in jenes «ordnende Zeichen» (Francesco Dal Co) eindringen, womit er die Baukörper seiner Gebäude bald ritzt und mit Gravuren versieht, bald mit einprägsamer Deutlichkeit gliedert.

Die Hauptfassade des Hauses, dessen Silhouette sich über dem Kamm eines terrassierten Abhangs erhebt, wird durch die alleinige Anwesenheit dieses Zeichens beherrscht: ein tiefer Einschnitt, der nach unten hin die Umrisse eines im Halbschatten versteckten, rechteckigen Atriums bestimmt.

Der Schatten dieses «Hohlraums» kontrastiert mit den leuchtenden Maueroberflächen rundherum. Die normale Laufrichtung der Zementwerksteine alterniert mit einer um 45 Grad gedrehten, deren Elemente in Silberfarbe bemalt sind.

Wie eine Klammer wirkt das leichte, aus Eisen und Glas gebaute Oberlicht. Das von hier aus einfallende Zenitallicht stellt die räumliche Einheit der verschiedenen Zimmer wieder her, die auf den verdoppelten Innenraum blicken.

Dans la maison familiale de Morbio Superiore, Mario Botta nous fait vivre l'émotion de parcourir l'intérieur de ce «signe ordonnateur», comme le définit Francesco Dal Co, par lequel les volumes de ses édifices sont tantôt incisés, tantôt soulignés.

La façade principale de la construction, dont la silhouette se découpe au-dessus de la ligne de faîte d'une pente terrassée, est dominée par la présence unique du signe de cette profonde incision, qui redécoupe, vers le bas, les contours d'un portique rectangulaire situé dans la pénombre.

L'ombre de ce «vide» est accentuée par la luminosité des surfaces murales qui le bordent, et dans lesquelles les briques de ciment sont alternées en bandes normales et en bandes d'éléments tournés à 45 degrés, peints superficiellement d'une couleur argentée.

En couronnement, un lanterneau en fer et en verre relie, comme un fermoir à travers la lumière zénithale, l'unité spatiale des locaux qui s'ouvrent sur le double volume intérieur.

Einfamilienhaus in Breganzona
Projekt 1984 Bau 1988

Maison familiale à Breganzona
Projet 1984 Réalisation 1988

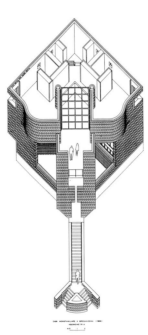

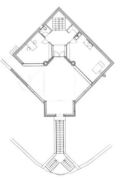

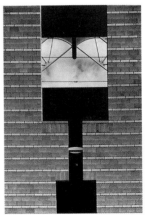

Das Einfamilienhaus von Breganzona – an der Kreuzung zweier Parzellierungswege eines hügeligen Terrains in der Nähe von Lugano gelegen – scheint eine deutliche Wende in der Auffassung des Wohnhauses zu markieren. In Tat und Wahrheit, Mario Botta selbst stellt es fest, handelt es sich hier um die konsequente Ausformung jener «Filter»-Räume, die Außen und Innen gleichsam vermitteln. Die vorlappenden Gebäudeteile bieten Platz für Lösungen, wie sie die ländliche Bautradition kannte. So etwa die Loggia und das Belvedere in luftiger Höhe mit seinem oberlichtartigen Glasdach; oder auch der Raum des kleinen geschützten Hofes, der auf dem Niveau des Zugangs angelegt ist.

Die Gesamtform dieses Hauses ist nicht mehr von der strengen Stereometrie der Vorgängerbauten bestimmt. Ein Gebilde bietet sich uns dar, dessen Bewegungsablauf an mechanische Vorgänge erinnert: die Frontpartie mit Loggia und Oberlichtteil scheint mit leichtem Zugriff aus dem Hausbehälter herauslösbar.

Située à l'intersection de deux rues d'un lotissement, sur un terrain en pente près de Lugano, la maison familiale de Breganzona semble marquer un tournant dans la façon de concevoir le thème de l'habitation. En réalité, comme l'affirme Mario Botta, le rôle dans cet édifice des espaces filtres entre l'intérieur et l'extérieur, constitués par les contreforts de l'habitation, est mis en évidence par la tentative de reproposer des solutions dérivées de la construction rurale traditionnelle, comme la galerie et le belvédère surélevé, dominé par le lanterneau, ou encore l'espace de la petite cour protégée qui se développe au niveau de l'entrée.

La même forme globale, abandonnant la stéréométrie rigoureuse des œuvres précédentes, se décompose en un objet de nature mécanique, dont la façade, contenant la galerie et le lanterneau, semble se détacher de l'édifice.

Einfamilienhaus in Manno
Projekt 1987   Bau 1990

Maison familiale à Manno
Projet 1987   Réalisation 1990

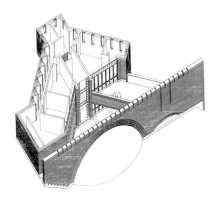

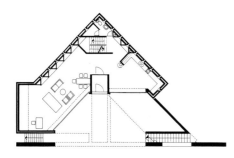

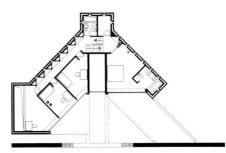

Das Haus nimmt die höchste Stelle eines sanft zum Tal hin abfallenden Grundstücks ein. Sein Grundriß ist weniger von einer starren planimetrischen Regelmäßigkeit als von dem Bestreben bestimmt, beispielhaft einige Ordnungsprinzipien zu bündeln, die das Wechselspiel mit dem landschaftlichen Kontext leiten.

Der großzügig aus der Fassadenwand ausgeschnittene Bogen gibt den Blick auf das Gelände, die lange Pappelreihe entlang der Straße und die gegenüberliegenden Berge frei. Die Wand nimmt den geraden Verlauf der Straße jenseits der ebenen Rasenfläche auf und ruft mit ihrer Bogenöffnung traditionelle Bauformen der Gegend in Erinnerung. Der offene Raum dahinter vermittelt zwischen den beiden Baukörpern und dem zwischen ihnen eingeschlossenen Garten. In rechtwinkliger Verlängerung des Bogenscheitels laufen zwei Wände bis zur hinteren Hauswand durch, die das Zentrum zweier Gebäudeflügel bilden, die über ein Glasdach erleuchtet werden. Alle Gebäudeteile sind so auf die große Bogenöffnung ausgerichtet.

In einiger Entfernung fungiert das kleine Hauswartsgebäude, das wenige Jahre später errichtet wurde, als künstliche Grenze des Geländes zur Straße hin, an die es sich mit einer geschwungenen Front und einem transparenten Bogengang anschließt, der die Kompaktheit des Baukörpers in der Mitte aufbricht.

Situé à la limite d'un plateau qui descend doucement vers la vallée, le bâtiment est implanté sur la partie supérieure de la parcelle en légère déclivité. Plutôt qu'obéir à la rigide logique planimétrique d'un plan orthogonal, cette implantation semble reprendre comme modèle une série de principes ordonnateurs du rapport au contexte.

La grande arcade découpée dans le mur maçonné ouvre l'ensemble sur le terrain avec son rideau de peupliers longeant la route, les montagnes qui se profilent au-delà du pré gazonné et le corps élancé de la dépendance. Cette grande arcade nous rappelle à la mémoire la tradition constructive locale. Derrière ce mur s'organise un espace ouvert qui constitue l'élément de relation entre la construction et le jardin contenu par les deux bâtiments. Le faîte de l'arcade soutient perpendiculairement la prolongation des deux cloisons qui traversent de part en part l'habitation. Ce double volume extérieur, coiffé d'un lanterneau, unit entre elles chaque pièce à la grande ouverture frontale.

A l'autre extrémité du terrain, la dépendance du jardinier construite peu après 1990, définit une limite artificielle avec la rue. Cette interface se crée grâce à la façade courbe et la transparence du portique qui rompt le volume compact de la construction.

Einfamilienhaus in Vacallo

Projekt 1986   Bau 1989

Maison familiale à Vacallo

Projet 1986   Réalisation 1989

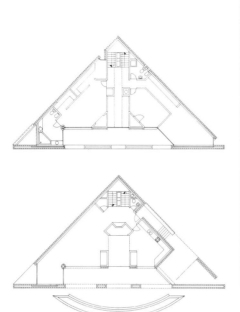

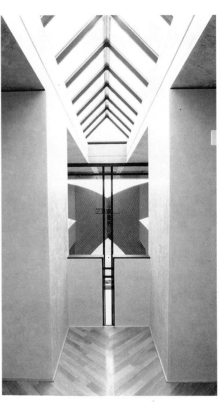

Das außergewöhnliche Bauterrain verläuft in großen Steilabhängen zur Ebene von Chiasso hin. Das Gebäude wurde im hinteren Teil der Parzelle errichtet, um die große Wiese im Vordergrund freizuhalten. Nach einer entsprechenden horizontalen Nivellierung entzieht die Wiese nun die banalen Häuser der Umgebung dem Blick.

Die Achse der Zentralsymmetrie, im Hohlraum eines doppelten Volumens, wird zum Verbindungsstück zwischen den beiden Teilen des Gebäudes. Dieses beherbergt im oberen Stock zwei große Schlafzimmer, im Erdgeschoß ein weiträumiges Wohnzimmer, das im Portikus und in der Terrasse eine direkte Fortsetzung erfährt. Die Terrasse öffnet sich, jenseits der sich kreuzenden Bögen, mit einem Halbrund in den Garten hinein.

Das Fehlen von Fensteröffnungen auf den beiden Seiten des Hauses bezeugt den Willen, die Umgebung mit ihren zufällig-ungeordneten Überbauungen auszuschließen. Dafür wird mit der Frontseite eine beinahe emphatische Beziehung zum offenen Raum hin aufgenommen: durch den dekorativen Reichtum der beiden sich kreuzenden Rundbögen, ebenso durch die raffinierte Anordnung der Ziegelsteine, deren Webemuster die Leuchtkraft der Fassade erhöht.

Situé sur un terrain extraordinaire qui descend par grands bonds vers la plaine de Chiasso, le bâtiment a été repoussé dans la partie supérieure de la parcelle, de manière à libérer le grand pré en contrebas qui, par son nivellement horizontal, soustrait à la vue les constructions banales des alentours.

L'axe de symétrie central, dans le vide du volume sur double hauteur, devient l'élément de relation entre les deux parties de l'édifice. Dans ce dernier se creusent deux grandes chambres à l'étage supérieur et, au rez-de-chaussée, un vaste espace de séjour s'ouvrant directement sur le portique et sur la terrasse qui, après avoir franchi l'ouverture définie par les grandes arcades croisées, s'avance dans le jardin.

L'absence de fenêtres sur les deux façades postérieures témoigne de la volonté de nier toute relation avec les constructions casuelles et désordonnées du quartier environnant. Tandis que sur la façade principale, le rapport avec l'espace ouvert est marqué par l'emphase de la richesse décorative des deux arcs croisés, ainsi que par la disposition savante des échappées entre les rangées de briques, accentuant ainsi la luminosité de la texture de la façade.

Einfamilienhaus in Losone
Projekt 1987   Bau 1989

Maison familiale à Losone
Projet 1987   Réalisation 1989

Das kleine Bauterrain liegt weit unterhalb des Straßenniveaus. Um diese ungünstigen Voraussetzungen zu meistern, sieht das Projekt einen Turm vor, der sich auf vier Etagen in die Höhe erhebt. Der Eingang erfolgt vom oberen Teil her auf einem mittleren Niveau.

Diese Gesamtkonzeption führte zu einer besonderen Anordnung der Räume: die Schlafzimmer sind im Erdgeschoß untergebracht, die Zimmer für den Tagesbereich hingegen auf den oberen Etagen.

Die zylindrische Gebäudeform verweigert die Kontakte mit den umliegenden Häusern und betont den Gestus der Abkapselung. Dafür aber öffnet sich das Gebäude zum Garten hin mit tiefen Einschnitten und Glasflächen.

Pour modifier les conditions désavantageuses d'un petit terrain en contrebas de la route, le projet a été conçu comme une tour s'élevant sur quatre niveaux où l'on accède, depuis la partie supérieure, sur un niveau intermédiaire.

La conséquence de cette implantation a été la modification de l'emplacement des locaux, avec les chambres au rez-de-chaussée et la partie jour située aux niveaux supérieurs.

La forme cylindrique, niant les rapports avec le tissu formé par les habitations environnantes, souligne le caractère d'isolement de l'édifice qui s'ouvre, au contraire, en direction du jardin dans ses parties creusées par des plans de coupe vitrés.

Einfamilienhaus in Daro
Projekt 1989   Bau 1992

Maison familiale à Daro
Projet 1989   Réalisation 1992

48

An einem abschüssigen Hang der Berge gelegen, die sich über die Ebene von Bellinzona erheben, präsentiert sich dieses Wohnhaus mit einer einzigen breiten und hellen Front, die sich oben öffnet und von einem Glasdach überwölbt wird.

An den Seiten sind die Mauern gänzlich blind und laufen an der Rückseite, die sich, wie eine Pflugschar nach Halt suchend, fest in den Berg zu graben scheint, keilförmig zusammen.

Vom Vorplatz der Garage aus bilden wenige Stufen den Zugang zum Hauseingang, wo auf noch unterirdischem Niveau die technischen Einrichtungen angelegt sind.

Von hier aus verbindet im Inneren eine Treppe, die sich um eine Konstruktion aus gleichmäßig gesetzten Metallrohren windet, welche einen dreieckigen Luftraum umreissen, nämlich die verschiedenen Wohnbereiche, die sich nach und nach immer mehr dem Außenraum öffnen, bis sie in das Musik- und das Bibliothekszimmer münden. Diese letzten Räume verlängern sich auf die zum Tal hin zugewandten und vom Glasdach geschützten Terrassen.

Implantée contre une pente escarpée de la montagne qui s'élève au-dessus de la plaine de Bellinzona, la construction se présente par une large et singulière façade dominée d'une verrière aérienne. Les façades latérales, totalement aveugles, convergent jusqu'à former un angle qui s'enracine profondément dans le terrain comme une bêche de crosse à la recherche d'un encrage solide à la montagne.

Quelques marches définissent le parcours d'accès depuis la voie carrossable jusqu'à une cote encore souterraine où se trouve l'entrée et les pièces de services. Depuis ce niveau, l'escalier gravite autour d'un vide triangulaire rythmé par la répétition modulaire des tubes métalliques. Elle dessert les pièces qui s'ouvrent de plus en plus vers l'extérieur jusqu'à l'espace vaste et lumineux prévu pour la musique et la lecture. Ces deux galeries se prolongent en belvédères extérieurs tournés vers la vallée.

Einfamilienhaus in Cologny
Projekt 1989   Bau 1993

Maison familiale à Cologny
Projet 1989   Réalisation 1993

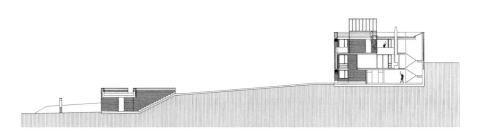

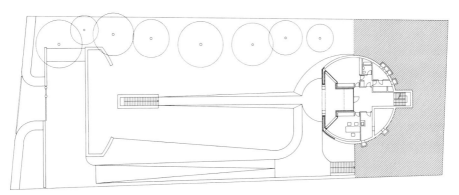

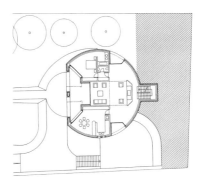

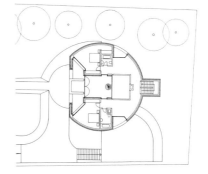

Der Querschnitt des Zylinders, der den geometrischen Umfang dieses Wohnbaus mit Ausblick auf den Genfersee bildet, offenbart die ungewöhnliche Konstruktion einer Front, die zugleich den planimetrischen Aufbau des Hauses wiedergibt.

Hinter dem großen, gemauerten Arkadenkreis im Viereck dieser Fassade läßt sich die Vielfältigkeit der räumlichen Gestaltung der einzelnen Wohnbereiche erkennen.

Diese Bereiche mit ihren unterschiedlichen Nutzungen gruppieren sich um diesen Raum, der sich nach oben öffnet, ausgehend vom Eingangsniveau, über die «Wohnterrasse» im ersten Geschoss, die an der konkaven Umgrenzungsmauer endet, bis hin zum kleinen Aussichtspunkt (Belvedere) im Zentrum, der die natürliche Verlängerung des Wintergartens bildet. Um diesen vom darüberliegenden Oberlicht erhellten Raum im letzten Stockwerk, ordnen sich zwei Schlafzimmer sowie zwei Galerien mit Ausblick auf den Wohnbereich an.

Tournée vers le lac Léman, la face plane du cylindre qui constitue l'enveloppe géométrique de l'habitation révèle une façade insolite dont l'expression traduit l'organisation planimétrique du bâtiment.

Derrière l'arc cintré de brique inscrit dans le quadrilatère de cette façade, se déploient avec une étonnante ampleur les espaces domestiques.

A chaque étage, les pièces sont en rapport heureux avec ce vide qui s'ouvre vers le haut depuis le niveau de l'entrée jusqu'au belvédère prolongeant le jardin d'hiver. Au dernier étage, cette serre dominée d'un laterneau relie les zones «nuits» et les galeries ouvertes sur le vide du séjour, lui-même délimité par la concavité de la circonférence du mur.

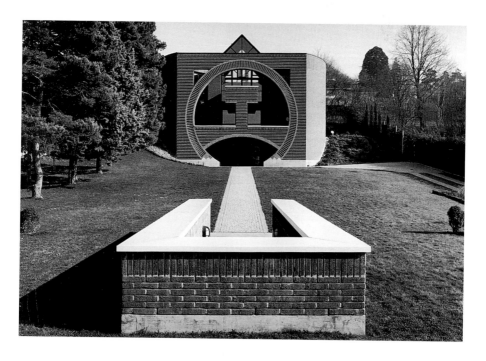

Einfamilienhaus in Montagnola
Projekt 1989   Bau 1994

Maison familiale à Montagnola
Projet 1989   Réalisation1994

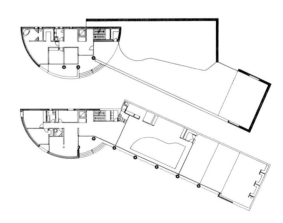

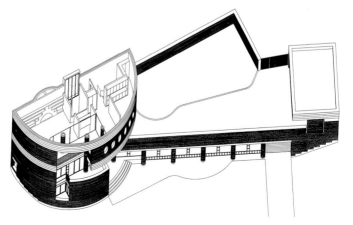

Vom Fuß des Hügels nimmt man das geschwungene, durch eine Reihe von Bullaugen unterstrichene Profil der Front wahr, die das Wohngebäude gegen das Dickicht des hinter ihm liegenden Waldes abhebt.

Das Muster der Ziegelsteinreihen betont die mächtigen Formen des als Halbkreis konstruierten Hauses noch stärker, die von einer geschlossenen Glaswand unterbrochen und aufgegliedert werden, jenseits derer sich auf verschiedene Ebenen die Wohnräume verteilen. Die Schlafzimmer liegen in den unteren beiden Stockwerken, das Wohnzimmer im obersten Stock. Durch die Rundfenster und eine Loggia bietet es einen Blick auf das Tal.

In diesem Fall erweitert ein niedriger, geradliniger Baukörper das gewohnte Wohnhaus-Programm, der einem Sportraum und einem Schwimmbad mit Sauna Platz bietet. Eine Glaswand trennt diesen Bereich von der Garage mit den Privat- und Geschäftsfahrzeugen des Eigentümers ab. Ihr Dach, das auch den Zugang von der angrenzenden Straße zum Wohngebäude herstellt, verlängert als Sonnenterrasse die Innenräume nach außen.

Le profil curviligne de la façade, visible depuis le bas de la colline et marquée d'une ceinture d'hublots, découpe le volume d'habitation de l'épais boisé en arrière-plan.

L'impétueuse forme de la construction semi-circulaire est célébrée par l'appareillage de la maçonnerie. Les bandeaux de briques sont interrompus et sectionnés d'un plan vitré derrière lequel s'agencent les différents niveaux des espaces d'habitations. La zone «nuit» est distribuée sur les deux niveaux inférieurs alors que le séjour se trouve au dernier étage et s'ouvre sur la vallée à travers le percement des hublots et d'une loggia rentrante.

L'organisation de la résidence se complexifie ici par l'ajout d'un corps de bâtiment bas et rectiligne pour les espaces destinés à la salle d'exercice avec piscine et sauna. Une paroi vitrée sépare ces installations du garage et son atelier pour la collection de voitures. Au-dessus, une terrasse qui constitue aussi l'accès à la demeure depuis la rue, prolonge à l'extérieur les espaces d'habitations jusqu'à l'abri pour les voitures.

Einfamilienhaus und Ausstellungsraum in Zofingen
Projekt 1989 Bau 1993

Maison familiale et espace d'exposition à Zofingen
Projet 1989 Réalisation 1993

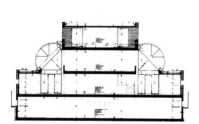

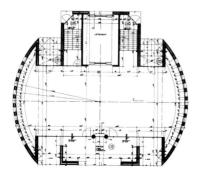

Das Haus liegt zwischen einer Villa aus dem Anfang dieses Jahrhunderts und einer Allee, die an dem neuen Gebäude entlangführt. Es findet sein Gleichgewicht im engen Bezug zur Straße und gleichzeitig in der ideellen Verbindung, die es zum dahinter liegenden Baukörper herstellt.

Die zwei halbrunden Dächer aus Stahl und Glas, die zwei niedrige Baukörper an das Hauptgebäude anschließen, unterstreichen durch ihre Transparenz und die Evokation alter Gewächshäuser den Dialog zwischen den beiden Gebäuden.

Das kompakte Volumen der Konstruktion wird in der Mitte von einem tiefen Einschnitt durchzogen, der sich an der Basis zum Eingang der Ausstellungsfläche erweitert. Sie erstreckt sich vom geräumigen Erdgeschoß bis zur schwebenden Plattform des Obergeschosses.

Ein kleiner Wohnbereich im zweiten Obergeschoss ist mit dem Außenraum nur über winklige Fenster und große Terrassen verbunden, die an den Gebäudeseiten dem Grün des Parks zugewandt sind.

Insérée entre une villa 1900 et son allée plantée d'arbres, la nouvelle construction trouve un juste équilibre entre la rue et le bâtiment existant avec lequel un rapport précis est établi.

Les verrières en voûte hémicylindrique attachent les deux corps bas du bâtiment au volume principal. Le dialogue entre les parties s'engage ainsi grâce à la transparence et à l'évocation du thème de la serre.

Le volume compact de la construction est entaillé au centre d'une fente profonde qui s'élargit à la base pour recevoir l'entrée de l'espace d'exposition. Ce dernier occupe le vaste rez-de-chaussée et se prolonge à l'étage sur une plate-forme suspendue. L'espace d'habitation, coiffé d'un puit de lumière, s'ouvre vers l'extérieur seulement à travers des fenêtres d'angles et, latéralement, par de spacieuses loggias orientées vers le parc verdoyant.

Reihenhäuser in Bernareggio

Mit Fabiano Redaelli, Bruno Vertemate
Entwurf 1991   Ausführung 1997

Maisons contiguës à Bernareggio

Avec Fabiano Redaelli, Bruno Vertemate
Projet 1991   Réalisation 1997

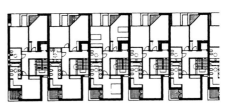

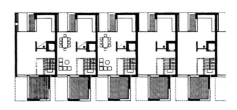

Die Einfamilienhäuser reihen sich entlang der aus der Stadt nach Norden führenden Verkehrsachse. Sie zeigen deutlich Bottas Bemühen, dem zunehmenden Wildwuchs der Bebauung im Bezirk Brianza, wo längst keinerlei geordnete Besiedlung mehr stattzufinden scheint, entgegenzuwirken. Jede Wohneinheit schließt an die nächste mit alternierenden geschlossenen und offenen Fassadenteilen an. Diese Aushöhlungen in den Volumina, auf die auch die Schlafzimmer blicken, werden nach oben hin kleiner. Abgeschlossen wird das Reihenhaus-Ensemble durch ein größeres Gebäude mit einer geschwungenen Fassade, die noch von kleinen runden Öffnungen betont wird. Ein tiefer Einschnitt im Parterre erfüllt hier das Atrium und die großzügigen Räume des angrenzenden Swimming Pools und Fitness-Bereichs mit Licht. So scheint das gespitzte Volumen, dessen Innenraum sich über mehrere Geschosse fließend öffnet, geradezu frei in der Luft zu schweben.

Disposée le long de l'axe nord provenant du village, la rangée de maisons se présente singulièrement alignée pour relever le défi que pose le désordre toujours plus diffus du territoire de la Brianza qui a aujourd'hui perdu toute référence urbanistique.

Chaque unité d'habitation s'attache à la suivante en alternant, aux pleins des surfaces maçonnées, les vides découpés dans le volume dont la proportion diminue graduellement vers le haut et sur lesquels s'ouvrent les pièces de chaque habitation.

L'enchaînement des corps de bâtiments s'achève par une habitation plus large au front curviligne et soulignée par des découpes ponctuelles. Le retrait de la base porte la lumière au hall d'entrée et au vaste espace de la piscine et de la salle d'exercice. Ce recul soulève le volume pointu dont l'espace intérieur se développe sur plusieurs niveaux.

Wohnbauten

Bâtiments résidentiels

Ein zylindrischer Turm aus roten Backsteinen, bekrönt durch eine Abfolge von Rundöffnungen, versehen mit tiefen Einschnitten, die auf große Glasöffnungen im Inneren des Baukörpers blicken lassen. Ein totemhaftes Bild, das die Kraft besitzt, Spannung zu erzeugen, und dies inmitten einer baulichen Umgebung, die sich resignativ einer Logik der zunehmenden Auffüllung mit gesichtslosen Gebäuden unterworfen hat. Bauten, die lediglich den Zufallsgesetzen gehorchen, welche sich aus dem willfährigen Zusammengehen von lokalen Baugesetzen und den spekulativen Bedürfnissen eines Areals ergeben, das an die dichtest bebauten Kernzonen der Stadt Lugano anschließt.

Es ist bemerkenswert, daß Mario Botta mit diesem seinem ersten baulich verwirklichten Mehrfamilienhaus zugleich ein Gebäude geschaffen hat, das mehr als andere sich dem gewohnten städtischen Wachstum entgegenstellt. Nicht minder als in den bereits erprobten Einfamilienhaus-Bauten mit ihrem speziellen Verhältnis zur überbauten und natürlichen Umgebung wird hier das gängige Gleichgewicht des Überbauens gestört.

Ebenso bemerkenswert ist der Umstand, daß Mario Botta in diesem Gebäude sein neues Atelier eingerichtet hat. Es ist hoch oben auf den letzten beiden Geschossen untergebracht und wird von einem Tonnengewölbe überdacht – ein privilegiertes Observatorium gleichsam, das sich auf die Stadt hin öffnet und auf ihre Widersprüche.

Die Aufgabenstellung der Kollektivbehausung bereichert die vorgängigen Erfahrungen mit dem Wohnhaus unweigerlich um eine urbanistische Komponente.

Botta jedenfalls scheint die kompositorischen Einengungen nicht zu verspüren, welche von einem Zustand ausgehen, der stark geprägt wird durch die sich immer wiederholenden morphologischen und typologischen Modelle. Modelle, die zunehmend der Erkennungsmerkmale verlustig gehen, sofern sie nicht in Bezug gebracht werden können mit einem baulichen oder städtebaulichen Hintergrund, der von der Vergangenheit mitbestimmt ist. Mitsamt der Unduldsamkeit gegenüber dem baulichen Niedergang der Umgebung äußert sich in Bottas Vorschlägen die Ablehnung einer scheinbar unausweichlichen Gesetzmäßigkeit; dies geschieht nicht so sehr im Erarbeiten der Typologien als im volumetrischen und dimensionalen Aufbau der Gebäude.

Im Inneren dieser Einheiten werden auch die Wohnbedingungen zwangsläufig miteinbezogen in

Une tour cylindrique en brique rouge dont le couronnement est formé par une série d'ouvertures circulaires, creusée par des incisions profondes qui révèlent de grandes ouvertures vitrées à l'intérieur. Une image totémique capable de recréer une situation de tension dans une implantation désormais résignée à la logique d'un remplissage progressif d'éléments bâtis anonymes qui, respectueux d'une loi arbitraire imposée par l'heureux mariage entre les règlements de construction locaux et les exigences de la spéculation propres à une zone contiguë à celles, plus densément urbanisées, du centre de la ville de Lugano.

Il est singulier que le premier bâtiment de logement collectif réalisé par Mario Botta coïncide avec un projet qui, plus que d'autres, semble voué à dénoncer les modes de croissance de la ville et à évoquer un rôle de rupture d'un équilibre, de la même façon que dans les expériences vérifiées des habitations familiales dans leur rapport avec la nature et le paysage environnant.

Et il est aussi particulier que Mario Botta ait placé son nouvel atelier dans ce bâtiment, en occupant les deux derniers étages où, sous une voûte en berceau, il semble vouloir créer un observatoire privilégié s'ouvrant sur la ville et sur ses contradictions.

Le thème du logement collectif introduit inévitablement une composante urbaine aux éléments éprouvés du discours sur l'habitation.

Botta cependant ne semble pas percevoir les limites de composition d'une situation fortement marquée par la perpétuité des modèles morphologiques et typologiques toujours plus dépourvus de caractères d'identification, lorsqu'il ne sont pas inscrits dans une courtine construite ou dans un ensemble établi emprunté à la vieille ville.

En sus d'une intolérance pour les conditions de dégradation de la construction environnante, il alimente dans ses propositions une opposition à un dessin apparemment inéluctable qui s'exprime moins dans le dessin des typologies que dans l'implantation volumétrique et dimensionnelle des bâtiments.

A l'intérieur de ces unités, même la condition de l'habitation participe fatalement à un tel objectif réformateur en se proposant toujours plus comme prétexte d'interprétation en tant qu'élément singulier pour les caractères et les qualités du nouvel ordre invoqué.

Même si dans les typologies des habitations sont présents des fragments du discours sur les habitations familiales, avec la création d'espaces filtres et

einen solchen Reformwillen, der zu unverbrauchten Deutungen reizen und singuläre Zeichen jener erhofften Neuordnung setzen will.

In den Wohntypologien sind einzelne Elemente der Einfamilienhaus-Bauten gegenwärtig, so die Schaffung von «Filter»-Räumen oder die Respektierung, wo immer auch der Baustandort liegen mag, der idealen Licht- und Sichtverhältnisse. Die neue und hier immer wirksame Errungenschaft findet man im Verhältnis der einzelnen Wohneinheiten zum Bauwerk als Ganzem sowie zwischen diesem und der Stadt.

Der einem Stadthaus innewohnenden Bescheidenheit und Einfachheit wird die Dimension der bedeutenden Veränderungen hinzugefügt, welche das Gebäude der Stadt und ihrer Entwicklungsgeschichte unweigerlich bringen wird.

Im Projekt für Turin lassen sich die Prämissen, die den größten Teil der Entwürfe für die Wohnsiedlung mitformen, auf den gemeinsamen Willen zurückführen, die historischen Elemente des Gewordenseins zu retten.

Betrachtet man den großen Gebäudeblock näher, so bemerkt man ein detailliertes Wiederanknüpfen von funktionellen Beziehungen, eine geduldige Wiederherstellungsarbeit, die die direkte Verbindung gerade mit der Stadt festigt, einer Stadt, welche man fatalerweise doch so gerne aus dem Gedächtnis bannen möchte, indem man zugleich als Weg der Rettung das Bild einer zwischen Himmel und Erde aufgehängten Stadt anbietet.

Nicht eine utopische Stadt ist hier anvisiert, sondern die einzige Stadt, welche als Antwort möglich ist auf die Bedingungen und Hemmnisse, die der gegenwärtige Zustand unkontrollierten Wachstums aufzwingt.

Nicht das suggestiv-verführerische Bild einer Verdünnung und Entflechtung, der man womöglich als Korrelat eine räumliche Konzentration mit typologisch und ausdehnungsmäßig aus dem Rahmen fallenden Gebäuden zuordnet, sondern das Wiederaufnehmen von Höhenverhältnissen und Distanzen zwischen den einzelnen Baukörpern, die dem Bauerbe der Stadt entnommen sind.

Und trotzdem ist es ein großer architektonischer Entwurf, der die Möglichkeit einer Verwirklichung jener Wohnverhältnisse erahnen läßt, die – in der Stadt vermeintlicherweise so unrealisierbar – für die Häuser inmitten der Tessiner Grünzonen gelten.

un respect, quel que soit l'emplacement du bâtiment, des conditions idéales d'ensoleillement et d'orientation, la nouveauté – toujours présente – est à rechercher dans le rapport entre les habitations particulières et la construction dans son ensemble ainsi qu'entre cette dernière et la ville.

A l'intrinsèque pauvreté et simplicité qui connote une habitation urbaine vient se superposer la présence de modifications profondes que l'édifice est inévitablement destiné à apporter à la ville et à l'histoire de son développement et des facteurs culturels que cela représente.

Dans le projet pour Turin, l'ensemble des prémices qui animent la grande partie des projets d'habitation prend forme dans une proposition qui se caractérise justement par la volonté de sauver les éléments historiques de la croissance de la ville.

En observant de près le grand îlot, on remarque une reconstruction minutieuse des rapports fonctionnels, un travail patient de recomposition qui permet la continuité directe avec la ville qu'on aimerait fatalement effacer de la mémoire en offrant en même temps une voie de sauvegarde à travers l'image d'une ville suspendue entre ciel et terre.

Ce n'est pas une ville utopique, mais la seule ville possible dans les conditions et les obligations imposées par l'actuel régime de croissance incontrôlé.

Ce n'est pas la suggestion d'un éclaircissement, auquel on fait peut-être correspondre la concentration de volumes d'édifices de typologies et de dimensions anomales, qui appartient au patrimoine bâti de la ville, mais la reproposition des hauteurs et des distances entre les volumes.

Et malgré cela un grand dessin d'architecture qui nous laisse entrevoir la possibilité de mesurer combien la réalisation peut être plus proche qu'on ne le pense, même dans une ville, avec des conditions d'habitat apparemment éloignées des maisons implantées dans la campagne tessinoise.

Wohnüberbauung in Rancate

Mit Luigi Snozzi
Wettbewerb 1974

Das Projekt ist für eine hügelige Bauzone in der Nähe von Mendrisio bestimmt. Die kompakte Sequenz der Wohnbauten bildet eine fortlaufende Überbauung, die jedoch durch die rhythmische Abfolge der schmalen Wege, welche zu den einzelnen Wohneinheiten führen, gegliedert wird. Den Mittelpunkt der gesamten Siedlung bildet eine Piazza. Die hohe Überbauungsdichte erlaubt es, die südlich gelegene Grünzone unangetastet zu belassen mitsamt einem Waldbereich und dem daranstoßenden alten Bauernhof. Das Kompositionsschema ist so angelegt, daß ein stufenweises Wachstum möglich ist. Und zwar derart, daß auch in Zwischenphasen nicht ein einheitlicher Überbauungsplan vermißt wird. Die serielle Modulation der einzelnen Einheiten führt zu einem Wechselspiel von leeren und ausgefüllten Räumen; man wird also weniger an die Typologie des Dorfes oder der linearen Stadt erinnert als an die strenge Geometrie von industriellen Produkten.

Etablissement résidentiel à Rancate

Avec Luigi Snozzi
Concours 1974

L'intervention, projetée en collaboration avec Luigi Snozzi, occupe une zone de collines près de Mendrisio avec une suite compacte d'habitations alignées, destinées à former une construction continue groupée autour d'une place centrale et, toutefois, ordonnée par le rythme d'interruptions qui constituent d'étroits parcours d'accès aux différentes unités. L'implantation d'habitations à densité élevée est destinée à sauvegarder la zone de végétation qui s'étend au sud, dont une partie est boisée, où une vieille ferme est maintenue. Le schéma de composition est structuré de façon à prévoir une croissance du tissu par phases qui ne dénonce pas inévitablement, pendant les étapes de réalisation, l'absence d'un dessin unitaire. La sériation modulaire des différentes unités produisant un dessin de pleins et de vides, nous renvoie, plutôt qu'aux typologies de village ou de la ville, à celles, géométriquement bien plus rigoureuses, de la production industrielle.

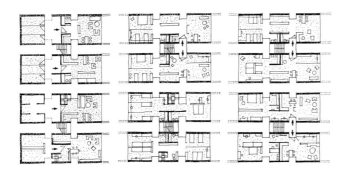

Neugestaltung eines Areals in Basel
Wettbewerb 1979

Restructuration d'un îlot à Bâle
Concours 1979

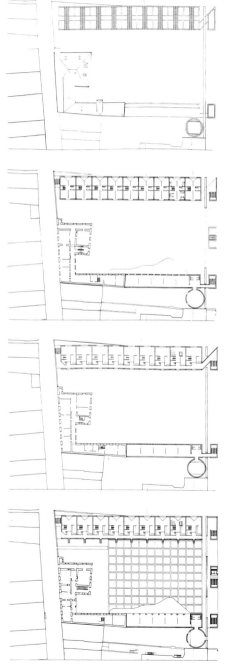

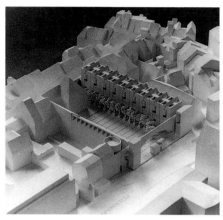

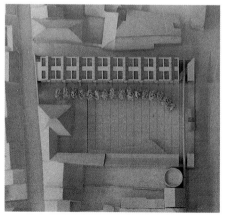

Das fragliche Areal liegt zwischen einem Altstadt-quartier und neueren Überbauungen. Der Vor-schlag sieht eine Verdünnung des bebauten Raums durch eine Piazza vor. Ferner ist eine wallartige Front geplant.

Das Projekt schlägt eine Wand aus Wohnbauten vor: zwei Duplexeinheiten werden übereinanderge-stellt; der Zugang erfolgt direkt über die Piazza und eine interne erhöhte Galerie. Diese Typologie spielt auf die für die mittelalterliche Stadt charakteristi-sche Wiederholungsstruktur an; es ist eine Alterna-tive zu den derzeit gängigen Mehrstocktypologien.

Une zone d'articulation entre un nouveau et un an-cien tissu devient l'occasion d'une proposition d'un front en rempart, et d'une mise en évidence du tissu existant par la création d'une place.

Le projet prévoit la réalisation d'un front bâti, dont la typologie naît de la superposition de deux unités en duplex, auxquelles on accède directement de-puis la place ou depuis un couloir situé à l'étage. La proposition semble faire allusion à la répétition ca-ractéristique de la ville médiévale, comme alter-native aux implantations conventionnelles des typologies multiétages d'aujourd'hui.

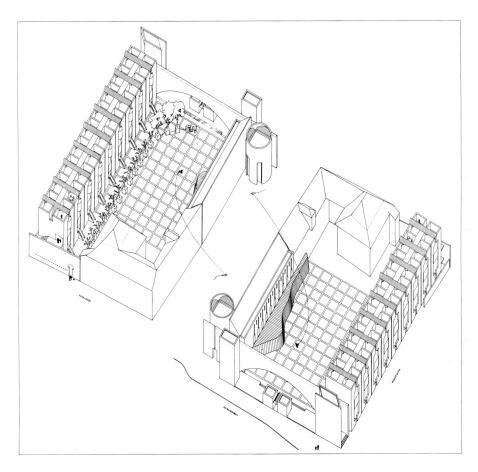

Wohnbauten auf der Giudecca in Venedig
Wettbewerb 1985

Groupe d'habitations à la Giudecca à Venise
Concours 1985

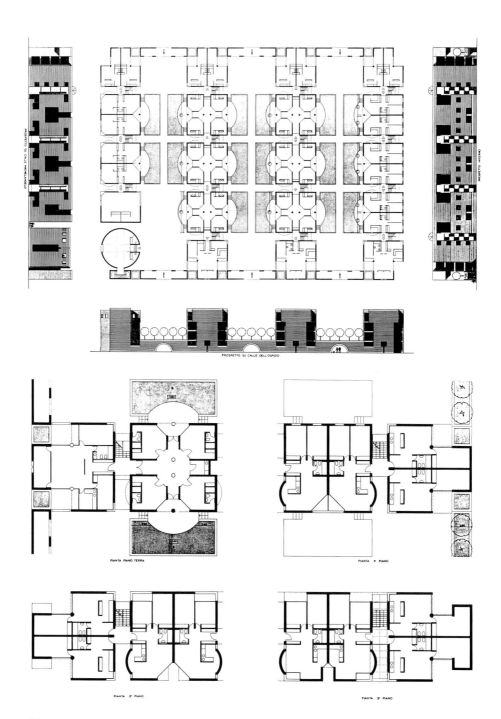

Das für die Überbauung vorgesehene Areal liegt im Zentrum der Giudecca-Insel. Das vorgeschlagene Projekt sieht für die Fußgängerzugänge ein Schema von großer Durchlässigkeit vor, was auch der kompakten baulichen Textur der historischen Stadt entspricht.

Das neue Gewebe wird im rechten Winkel von den Zugängen geschnitten, in Übereinstimmung mit den ebenerdigen Vorhöfen zu den einzelnen Blökken: diese entsprechen den lichtdurchlassenden Öffnungen der Gebäude, wo die Treppen hochführen.

Ein zweites System von Gehwegen steht rechtwinklig zum ersten, in Achse mit den Zugängen zur außen entlangführenden öffentlichen Straße. Dazu sind Öffnungen in der Mauerwand vorgesehen, die in Längsrichtung die inneren Höfe durchquert und die oben mit Bäumen bepflanzt sein soll.

La proposition du projet de reconstruction d'un nouveau tissu bâti sur une zone placée au centre de l'île de la Giudecca se fonde sur une définition des parcours d'accès réservés aux piétons, selon un schéma caractérisé par une grande perméabilité propre au tissu dense de la ville historique.

Les parcours découpent ce tissu orthogonalement et correspondent avec les espaces d'accès des divers blocs au rez-de-chaussée, qui coïncident avec les percements transparents des bâtiments dans lesquels s'élèvent les escaliers.

Un autre système de cheminements, axé sur la viabilité publique des alentours, est disposé orthogonalement au premier, défini par des ouvertures dans une muraille arborisée supérieurement, et traverse les cours intérieures dans le sens longitudinal.

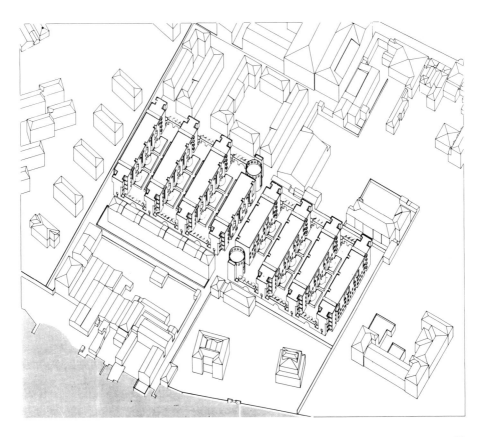

Neugestaltung des «Molino Nuovo»-Platzes in Lugano
Projekt 1985

Restructuration de la place Molino Nuovo à Lugano
Projet 1985

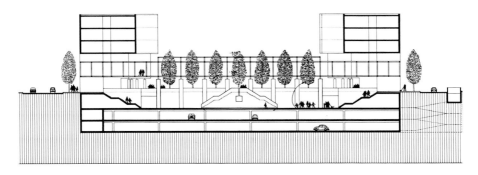

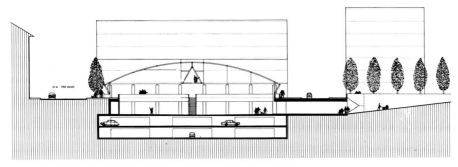

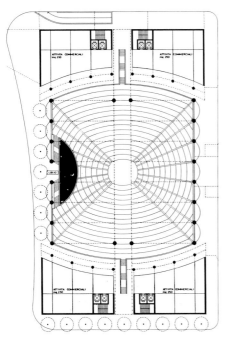

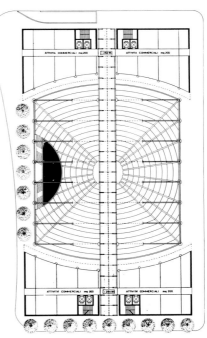

Dieser detaillierte Gestaltungsplan bildet den Versuch, einen neuen städtischen Bezugspunkt zu schaffen, der sowohl dem Quartier zugute kommt wie auch Auswirkungen auf die Gesamtorganisation der Stadt hat.

Das Areal liegt nämlich inmitten von differenzierten Baugeweben, die charakterisiert sind durch die Expansion der Bauten unseres Jahrhunderts auf Kosten der älteren Substanz, so daß das alte Zentrum von «Molino Nuovo» aus einem Vorstadtquartier zu einem Kernstück der städtischen Agglomeration geworden ist.

Le plan d'aménagement particularisé de la zone de Molino Nuovo à Lugano constitue la tentative de définir un nouveau pôle urbain d'intérêt pour le quartier qui investit directement l'organisation globale de la ville.

La zone se situe entre des tissus différentiés, constitués surtout par le développement et l'expansion de la ville du XXe siècle, au détriment des bâtiments plus anciens, jusqu'au point d'affirmer que le vieux centre de «Molino Nuovo» s'est transformé de faubourg en centre interne de l'agglomération urbaine.

**Wohnkomplex auf dem Areal
«Ex Venchi Unica» in Turin**
Arbeitsgemeinschaft mit Pierpaolo Maggiora,
Filippo Barbano, Maria Deaglio
Projekt 1985

**Etablissement résidentiel à Turin sur le
site de l'ex Venchi Unica**
Avec Pierpaolo Maggiora, Filippo Barbano,
Mario Deaglio
Projet 1985

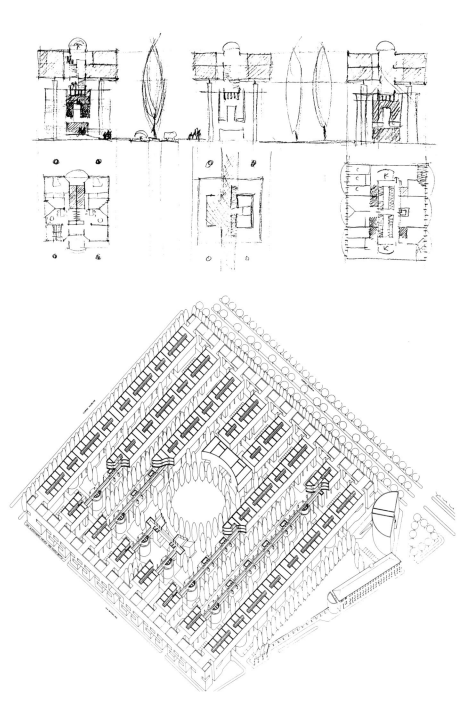

Mario Botta wurde von der Turiner Stadtverwaltung beauftragt, für das große Areal der Fabrik «Venchi Unica» einen Überbauungsplan zu entwerfen. Die neuen Wohngebäude sollten ein Gegengewicht darstellen zum Verfall der Bausubstanz in dieser Peripheriezone der Stadt. Das von ihm vorgelegte Projekt überstieg wohl die Erwartungen des Auftraggebers, indem es einen neuen Stadtteil vorschlug, der mit der Geschichte ebendieser Stadt Verbindungen aufzunehmen bereit war, ja gar Entwicklungsperspektiven aufzeigte.

Das Projekt bezieht seine Struktur aus der Kenntnis und Deutung der lokalen Gegebenheiten, aus Elementen der Stadtentwicklungsgeschichte, die einer neuen Ordnung und funktionalen Hierarchie unterstellt werden.

Die neuen Organisationsgesetze, welche Wachstum und Weiterentwicklung der geplanten Gebäude lenken, sollen dabei in Analogie zum quadratischen Wohnblock definiert werden, der noch heute den ursprünglichen Charakter der römischen «insulae» widerspiegelt.

Durch diese Typologie vermag das Projekt überdauernde Strukturen ausfindig zu machen, also auch die ältesten Spuren des Lebens dieser Stadt.

Die Dimensionen der Überbauung sind beträchtlich: ein Quadrat von nahezu 270 Metern Seitenlänge. In ihrem Innern allerdings findet nicht eine den Bedürfnissen des banalen Spekulationsbauens gehorchende «Auffüllung» statt. Vielmehr gelten andere Wertsetzungen mit dem vornehmlichen Ziel, den städtischen Kollektivsinn zu fördern, die Vielfalt der Interessen zu gewährleisten, neue Verhaltensweisen anzuregen durch eine innovative funktionale Lösung.

Appelé par l'administration communale de Turin pour répondre, à travers un projet, au problème de la substitution d'un grand îlot, occupé par l'usine Venchi Unica, par un nouvel établissement résidentiel qui s'opposerait à la dégradation du tissu urbain de la périphérie de la ville, Mario Botta élabore une proposition à échelle urbaine qui semble dépasser les attentes du commettant public en dessinant un nouveau morceau de ville capable d'établir des relations avec l'histoire de la ville et avec ses perspectives d'avenir.

Fondé sur les certitudes de la connaissance et l'interprétation des caractères du site, le projet propose une lecture d'éléments propres à l'histoire du développement de la ville selon un nouvel ordre et une hiérarchie fonctionnelle.

Pour ce faire, de nouvelles règles d'organisation sont créées, sur lesquelles se fondent la croissance et le développement des nouvelles unités, par analogie au schéma de l'îlot carré qui, encore aujourd'hui, révèle l'implantation originale des «insulae» romaines de la ville.

Le projet permet, grâce à la typologie, de reprendre ce qui est durable et donc, ainsi, les traces les plus anciennes de la ville.

La dimension de l'îlot effectue un saut d'échelle en se plaçant sur un carré de presque 270 mètres de côté. Toutefois, à l'intérieur, les conditions de remplissage dues aux exigences banales de la spéculation immobilière ne sont pas recréées, cependant qu'une hiérarchie des valeurs urbaines différente est instaurée, tournée davantage vers la valorisation du sens collectif de la ville, de son «être lieu» d'intérêts multiples, et du sens infini de nouveaux comportements définis par une hypothèse fonctionnelle innovatrice.

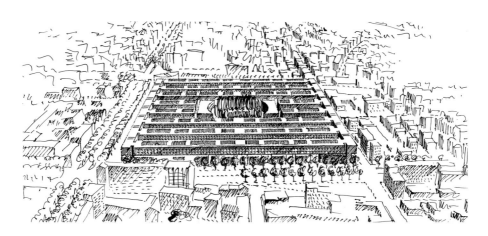

Die Nordseite des Gesamtkomplexes, dem Corso Francia entlang, und seine Südseite, der Via Vandalino entlang, beherbergen Räume für den Dienstleistungs- und Tertiärsektor und bilden somit einen idealen «Filter» in bezug auf den internen Quartierverkehr. Diese internen Bauten bestehen aus zwei Typen: Einzelgebäude, die nach einem regelmäßigen Muster alternieren; ein lineares Habitat, das sich darüber ausbreitet, es ruht auf Stützpfeilern, die zwischen den Blöcken plaziert sind und eine Höhe von drei Stockwerken aufweisen.

Ein System von Zugängen auf 15 Metern Höhe über dem Boden verbindet die beiden Gebäudestrukturen. Diese Gehwege, sie erhalten Licht von verglasten Oberlichtern, führen einerseits zu den Zugangstreppen für die oberen Gebäude, andererseits zu den zylindrischen Bauten, in denen die Verbindungstreppen zum Erdgeschoß untergebracht sind.

Grüne Bepflanzung füllt die Räume zwischen den einzelnen Einheiten und umschließt den zentralen Rundplatz. Der Autoverkehr ist auf die äußeren Pufferzonen sowie auf zwei Zugangsachsen beschränkt. Das ebenerdige Niveau ist von unnötigen Gebäulichkeiten befreit und öffnet sich so den Fußgängern; darüber schwebt der übrige Teil der gebauten Stadt. Diese und andere Aspekte von Bottas urbanistischem Gewebe, das einem Bürger- und Gemeinschaftssinn verpflichtet ist, sind es, die Alberto Sartoris dieses Projekt mit einer «italienischen Idealstadt» vergleichen ließen.

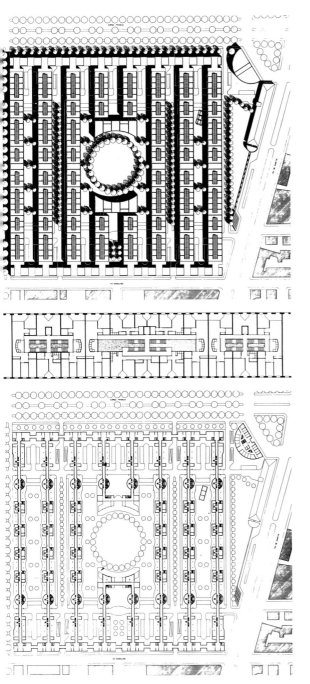

Les espaces du grand îlot orientés au nord le long de corso Francia et au sud le long de la rue Vandalino sont destinés à des activités tertiaires et de service, constituant des filtres idéaux par rapport à la circulation intérieure du quartier. Dans celui-ci existent deux modes d'implantation différentiés: celui des bâtiments isolés qui s'alternent suivant une maille régulière et celui de l'habitat linéaire qui se développe au-dessus des premiers, soutenu entre un bloc et l'autre par des pilotis se développant sur trois étages.

Les deux systèmes sont mis en rapport grâce à un parcours placé à 15 mètres du sol, illuminé par des lanterneaux vitrés qui mènent soit aux escaliers d'accès aux étages supérieurs soit aux volumes cylindriques dans lesquels sont placés les escaliers de liaison avec le rez-de-chaussée.

La végétation remplit les vides entre les unités et s'étend ensuite avec ordre pour contourner la place centrale circulaire. La circulation de voitures est limitée aux zones tampon du périmètre et à deux axes de pénétration; le parterre se libère de constructions encombrantes, afin de permettre un cheminement piéton, tandis que le reste de la ville bâtie demeure suspendue au-dessus de celui-ci. A cela s'ajoutent d'autres aspects de la composition de ce tissu urbain directement alimenté par un sens civique et communautaire, qui ont amené Alberto Sartoris à comparer le projet à une «ville idéale à l'italienne».

**Wohn- und Geschäftshaus Via Ciani
in Lugano**
Projekt 1986   Bau 1990

**Bâtiment résidentiel et administratif
via Ciani à Lugano**
Projet 1986   Réalisation 1990

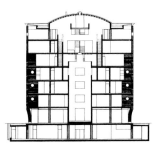

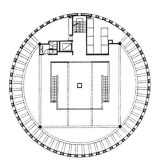

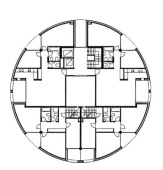

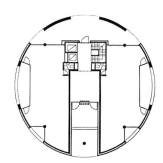

Die bauliche Verbindung von Wohnungen mit dem neuen Atelier Mario Bottas führte zur Idee eines Stadtturmes. Der Bau liegt in einer Zone raschen Wachstums der Stadt Lugano. Das Projekt ist charakterisiert durch die erstaunlichen Möglichkeiten, die in diesem Rundbau enthalten sind, und vor allem durch den Willen (wie schon im Bau von Stabio), das Gebäude der Gesichtslosigkeit der Nachbarsbauten zu entziehen. Laden- und Büroräume finden wir ebenerdig und im ersten Geschoß, dann folgen vier Geschosse mit Wohnungen; zuoberst des 22,7 Meter hohen Hauses ist das große Atelier auf drei Etagen untergebracht. Das Atelier: Um die Leere des zentral plazierten Eingangsatriums entwickelt sich kreisförmig ein großer Raum, der von einer Bullaugenserie umrahmt ist; überdacht wird das Ganze von einem weiten und flachen Kastengewölbe. Eine ganze Reihe von radial angelegten Oberlichtern spendet den einzelnen Arbeitsplätzen direktes Zenitallicht; der Gesamtraum wird so geprägt von einer suggestiven Atmosphäre schöpferischer Konzentration.

L'occasion de réaliser un nouvel atelier pour l'architecte, en coïncidence avec un programme de logement, a mené à la conception d'une sorte de tour urbaine sur un îlot d'une zone en expansion de la ville de Lugano. Le choix conceptuel est caractérisé par les suggestions du potentiel d'organisation d'un espace circulaire, mais surtout, comme dans la construction à Stabio, par l'intention de soustraire le bâtiment à la confrontation avec l'anonymat du milieu construit environnant. Aux divers étages se placent des espaces commerciaux et des bureaux au rez-de-chaussée et au premier étage, puis quatre étages d'appartements, et au sommet du bâtiment, d'une hauteur de 22,7 mètres, le grand atelier sur trois étages. Dans ce dernier, un grand espace, constitué d'une couronne circulaire qui s'étend autour du vide central de l'atrium d'entrée, et marqué à l'extérieur par une série de hublots, est couvert par une grande voûte structurée par des caissons. Une série d'ouvertures zénithales disposées radialement, illuminent directement les espaces de travail et donnent aux locaux une atmosphère suggestive de concentration créatrice.

**Wohn- und Geschäftshaus in Lugano
Paradiso**
Mitarbeiter: Gianfranco Agazzi
Projekt 1986   Bau 1992

**Bâtiment résidentiel et commercial à
Lugano Paradiso**
Collaborateur: Gianfranco Agazzi
Projet 1986   Réalisation 1992

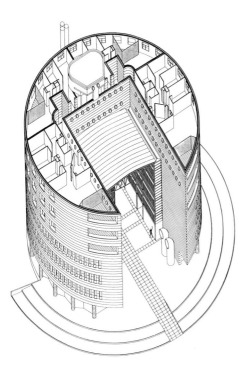

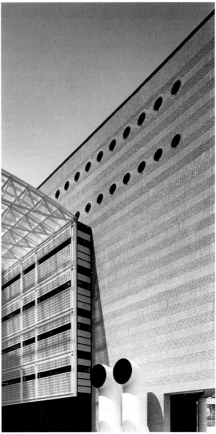

Das Bauareal liegt im Freiraum zwischen bereits bestehenden Gebäuden; immerhin erlauben diese eine offene Sicht in Richtung Norden zur Bucht des Luganersees hin.

Begünstigt durch diese Orientierung, sieht der äußerlich zylindrisch gestaltete Gebäudeentwurf eine große Öffnung vor, die nach innen zu einer zentralen Piazza und einem Hohlraum von quadratischer Form führt. Als Dach dient eine transparente Metall-Glas-Struktur. Ein Verbindungsplatz erlaubt den Zugang von der Via Guisan zu diesem geschützten Innenraum, auf den sich ebenerdig Ladenräumlichkeiten öffnen, während die drei darüberliegenden Geschosse Büros beherbergen.

Oberhalb der Überdachung erheben sich noch drei Geschosse mit Wohnungen, die dank ihrer Lage – in doppelter Ausrichtung zur Berg- und Seeseite hin – und den weitflächigen Terrassen eine besonders reizvolle Wohnsituation anbieten.

Das gesamte Gebäude wird von einer Hülle aus sichtbaren Backsteinen eingefaßt.

Il s'agit d'une intervention qui insiste sur un espace résiduel entre des constructions existantes tout en permettant une ouverture sur le golfe de Lugano au nord.

Favorisé par l'orientation, le projet, extérieurement cylindrique, s'ouvre en révélant une place et un centre creux de forme carrée couvert par une structure métallique transparente d'acier et de verre. Une place permet la liaison de la rue Guisan avec cet espace intérieur protégé sur lequel sont orientés au rez-de-chaussée des locaux commerciaux et, sur les trois étages supérieurs, des bureaux.

Au-dessus de la couverture se développent trois étages d'appartements qui, de par leur position, peuvent offrir, avec des vastes terrasses, une situation d'habitat tout à fait particulière avec une double orientation lac-montagne.

Toute la construction sera revêtue de briques apparentes.

Wohnüberbauung in Novazzano

Mitarbeiter: Ferruccio Robbiani
Projekt 1988   Bau 1992

Etablissement résidentiel à Novazzano

Collaborateur: Ferruccio Robbiani
Projet 1988   Réalisation 1992

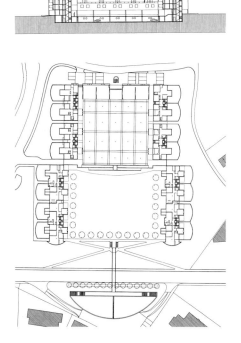

Es handelt sich um eine in sich geschlossene Siedlung mit rund hundert Wohnungen; die Bauzone liegt etwas abseits vom eigentlichen Dorf.

Besonderes Augenmerk ist auf die Gestaltung des großen Innenhofes gelegt worden: zwei weite Leerräume, darüber eine mit Bodenbelag versehene Piazza (die als Dach der Parkgarage dient), im unteren Teil eine großzügige Spielwiese für Kinder.

Die Sozialwohnungen sind in aneinandergereihten Gebäuden untergebracht, die auf vier Niveaus den großen Hof umstehen; auf den verschiedenen Stockwerken sind unterschiedlich große Wohnungen plaziert.

Auch in diesem Projekt werden die Fassadenfronten aufgetrennt durch die mehrfache Wiederholung der Vorbauten mit den Loggien sowie durch die tiefen Einschnitte, welche freilich die einzelnen Wohneinheiten nicht gänzlich voneinander trennen, weil sie beim Treppen- und Aufzugsbereich enden. Auf jeder Etage sind zwei oder drei Wohnungen vorhanden.

Der südlich gelegene Gebäudekomplex enthält eine Reihe von Duplexwohnungen, die man von einer auf der Nordfront des Platzes befindlichen Galerie aus erreichen kann.

Die Fassadenverkleidung mußte notgedrungen kostengünstig sein: der Verputz erfährt immerhin durch eine Färbung in leuchtenden Rot- und Blautönen in der Art Bruno Tauts eine gewisse Aufwertung.

Il s'agit du thème d'une petite «siedlung» contenant approximativement une centaine de logements dans une zone proche du village.

L'effort du projet a été orienté vers la structuration de l'espace intérieur en dessinant deux amples vides: une place pavée supérieure (qui constitue la couverture du système de parking) et, dans la partie basse, un terrain de jeux pour les enfants.

Le programme de logements sociaux est organisé dans des bâtiments linéaires de quatre étages disposés autour du grand vide central. Des appartements de tailles diverses occupent les différents étages.

Une image de fractionnement des fronts, obtenue par la répétition d'avant-corps contenant les terrasses et par de profondes incisions qui, toutefois, n'arrivent pas à séparer complètement les différentes unités de logement entre elles, car elles s'arrêtent devant les blocs d'escaliers et d'ascenseurs intérieurs desservant deux ou trois logements par étage, réapparaît dans ce projet.

La construction au sud contient une série d'appartements en duplex auquels on accède par une coursive située sur le front nord de la place.

Le choix imposé d'un revêtement de façade pauvre, en crépis, est partiellement revalorisé par l'adoption d'une coloration à teintes vives, avec des rouges et des bleus à la Bruno Taut.

Wohn- und Geschäftsüberbauung in Castelfranco Veneto

Mit Luciano Gemin
Projekt 1988

Ensemble résidentiel et commercial à Castelfranco Veneto

Avec Luciano Gemin
Projet 1988

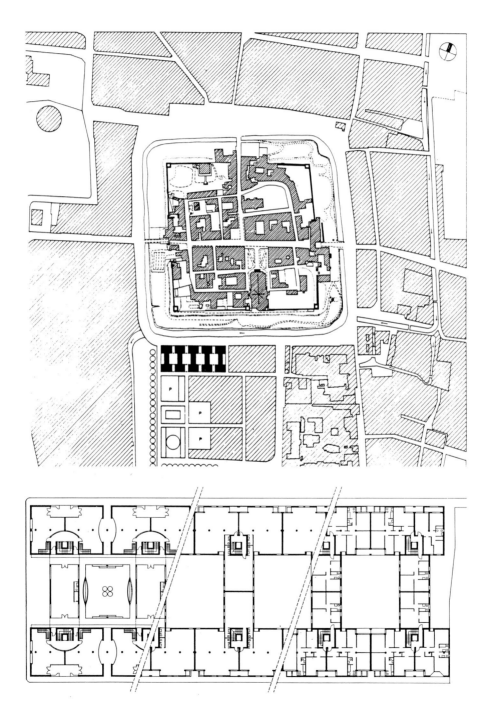

Der Komplex soll südlich der Altstadt erstellt werden, am Rande der Zitadelle, zu deren Mauern er in eine ideelle Beziehung tritt.

Gleichsam als Abschluß des grünüberwucherten alten Grabens liegt das Bauareal, worauf früher die Fabrik Scardassi stand, in der Nachbarschaft von Bauten unseres Jahrhunderts.

Die Neuüberbauung sieht die Verwirklichung einer Mauerfront vor, welche in ihrer Kompaktheit mit den historischen Mauern einen Dialog aufnimmt. Die neue Mauerfront wird aber von Fußgängeröffnungen durchbrochen, die ein System von Zugängen und Gehwegen bedienen, ähnlich demjenigen im alten Kern der Stadt. So tritt an die Stelle der früheren Trennung und Isolation durch die Industriebauten nun eine neue Begehbarkeit und ein bewohnbares Baugeflecht: ideale Voraussetzungen für eine Stadtentwicklung.

Der Gebäudekomplex ist gegliedert in eine doppelte Linie von Bauten, die eine Reihe von inwendig gelegenen Höfen umgrenzt. Die Geschäfte sind ebenerdig, im ersten Geschoß sind Büros für Verwaltungen untergebracht, in den oberen Etagen findet man die Wohnungen.

L'ensemble est situé au sud de la ville historique, au bord de la citadelle, avec les murs de laquelle il se confronte idéalement.

Positionné en effet en bordure de la végétation de l'ancien fossé, le projet intervient dans un tissu du XXe siècle sur l'emplacement où se trouvait l'ancienne fabrique Scardassi.

La nouvelle construction, due à la démolition des bâtiments industriels, prévoit la réalisation d'un front de murs compact qui dialogue intentionnellement avec la muraille historique; sur ce front s'ouvrent des pénétrations piétonnes qui reconstruisent un système d'accessibilité intérieur similaire à celui que l'on trouve dans le vieux centre historique de la ville. Ces nouvelles possibilités de parcours effacent le caractère de séparation et d'inaccessibilité de l'ancienne présence industrielle, rétablissant en même temps, avec le nouveau tissu de logements, une condition idéale de développement de la ville au-delà des murailles, dans la zone interrompue par l'introduction de l'industrie.

Le nouvel établissement, composé de doubles barres qui définissent une série de cours intérieures, organise au rez-de-chaussée des espaces commerciaux, au premier des bureaux d'administration et aux étages supérieurs des logements.

Wohnhäuser in Melide
Projekt 1988

Bâtiments résidentiels à Melide
Projet 1988

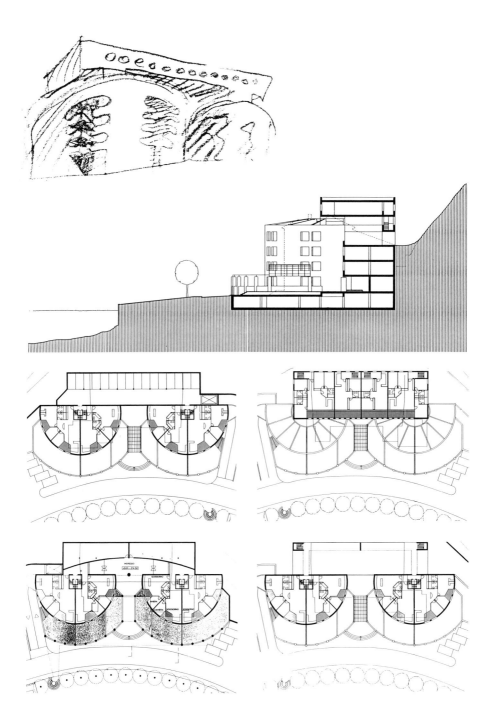

Anstelle eines älteren Gebäudes treten diese beiden Häuser; ihre bauliche Umgebung besteht aus den alten Kellereien, die der Seestraße entlang angelegt sind. Der Entwurf verweigert sich aber einer Anpassung an diese vorgegebene Vergangenheit, indem er zwei große, fest in den Hang eingefügte Bauvolumen vorsieht, die wie ein Gelenk zwischen den beidseits fortbestehenden Altbauten wirken. Dieser Eindruck wird noch bestärkt durch die Verwendung eines von der Nachbarschaft sich abhebenden Fertigungsmaterials: rote Ziegelsteine.

Das Wohnbauprogramm, welches verschieden große Unterkünfte vorsah, wird insofern neu definiert, als durch die Einteilung der halbkreisförmigen Grundfläche in Sektoren allen Wohneinheiten gleichwertige Sichtverhältnisse auf den See zugewiesen werden.

Ein lineares Bauelement verbindet von oben her die großen Baukörper; es enthält Spezialwohnungen. So entsteht in der Gebäudemitte ein beträchtlicher Leerraum, welcher den Durchblick auf die Ausläufer des nahen Berges freigibt.

Le projet qui substitue un ancien bâtiment dans un îlot constitué de vieilles caves le long de la route du lac, refuse la loi de contiguïté de l'ancien alignement en proposant deux grands volumes adossés à la montagne qui semblent exalter la fonction d'articulation entre les anciens tissus qui demeurent sur les côtés. L'image est accentuée par l'utilisation d'un matériau de finition différent tel que la brique rouge.

Le programme qui prévoyait des logements de tailles différentiées est réorganisé et ordonné grâce à une division en secteurs du plan semi-circulaire qui offre à toutes les unités des qualités identiques d'orientation sur le lac.

Un élément linéaire qui contient des logements spéciaux relie, dans la partie supérieure, les grands volumes en déterminant un grand espace vide au centre, ouvert sur les premiers contreforts de la montagne.

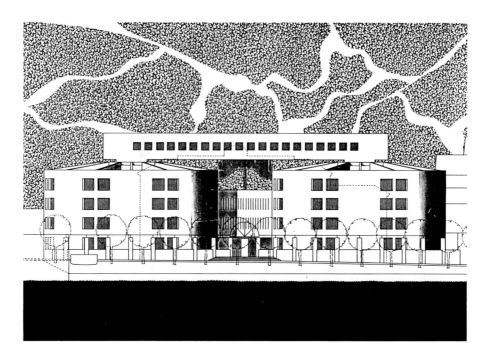

**Wohn-, Geschäfts- und Bürogebäude,
Steinfelsareal in Zürich**
Projekt 1990

**Edifice d'habitations, de commerces et
bureaux, Steinfels-Areal à Zurich**
Projet 1990

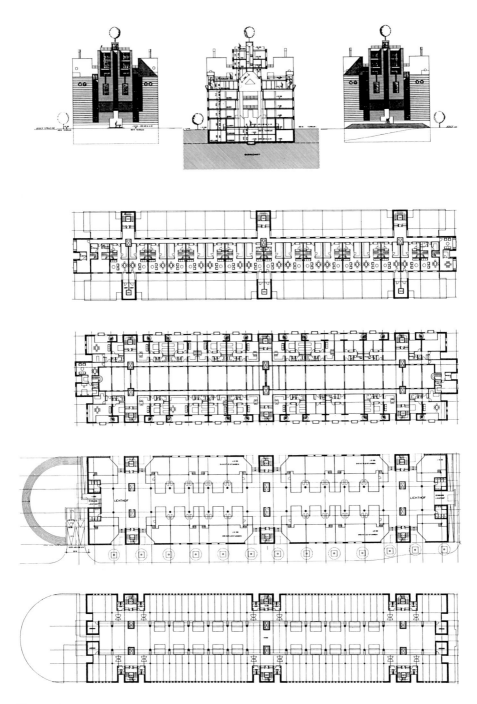

Das Thema der Umnutzung eines Industriegebiets zur Erweiterung des alten Stadtkerns geht dieses Projekt mit dem Entwurf eines linearen Gebäudes mit sehr tiefem Baukörper (30 Meter) an, das sich die Verkehrsachse der Hardstrasse entlangzieht und sich in ein Wohnareal mit kleineren Häusern einschiebt.

Mit seinen Proportionen und riesigen Ausmaßen ruft die Konstruktion den Eindruck eines großen, mehrgeschossigen Fabrikgebäudes hervor. Es strukturiert sich um eine zentrale Galerie, die dank der Aufstockung der letzten beiden Wohngeschosse von oben mit natürlichem Licht erhellt wird.

Im «Hauptschiff» liegen sich so auf dem Niveau des Erdgeschosses die Ladenflächen, auf den ersten drei Stockwerken die Büroräumlichkeiten gegenüber. Das erste Wohngeschoss wird durch lange Gänge abgetrennt.

Die Seitenfront wird durch die sich wiederholenden Türme der Treppenaufgänge rhythmisch gegliedert. Im Wechselspiel mit den Baukörpern geringerer Höhe zu beiden Seiten des großen, abgehobenen und auf seinem Dach von einer Baumreihe bestandenen Gebäudeteils, verleihen sie so der Konstruktion wieder die Proportionen und das urbane Aussehen städtischer Wohnbebauung.

Le thème de la modification du tissu industriel du début du siècle en une zone d'expansion de la ville historique se voit résumé dans le projet proprement dit. Ceci avec un édifice linéaire dont le corps très profond (30 mètres) s'étend de la Hardstrasse à grande circulation pour pénétrer à l'intérieur du tissu résidentiel.

Evoquant les proportions et l'ordre monumental des grands édifices multi-étages, le bâtiment se développe autour du vide d'une galerie centrale. La lumière y pénètre depuis le haut grâce à l'exhaussement des deux derniers étages d'habitations. A l'intérieur, les espaces commerciaux des boutiques au rez-de chaussée, les bureaux des trois premiers étages et les longues coursives desservant le premier niveau d'appartements, sont tournés sur cette nef.

Latéralement, deux volumes d'hauteurs plus restreintes s'appuient au corps surélevé et couronné d'une rangée d'arbres. Ces façades latérales sont rythmées par l'ordonnance des tours d'escaliers, dispositif qui confère à l'ensemble des proportions et des connotations urbaines propres au tissu dans lequel l'édifice s'insère.

Wohngebäude in Montecarasso
Projekt 1992   Bau 1996

Habitations à Montecarasso
Projet 1992 Réalisation 1996

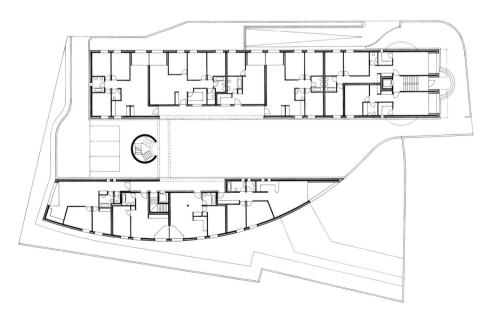

Diese kleine Gemeinde führte in den letzten Jahren eine beherzte, mit Kohärenz und Leidenschaft von Luigi Snozzi vorangetriebene Ortserneuerung durch. Botta wurde beauftragt, hier preisgünstige Wohnungen in einem Wohnbezirk nahe dem alten, restaurierten Kloster zu errichten.

Der Entwurf sucht den Vergleich mit den kleineren Häusern der unmittelbaren Umgebung und zielt gleichzeitig darauf ab, eine neue und größere räumliche Dimension zu schaffen.

Das Gebäude gliedert sich entsprechend in zwei Baukörper auf, von denen der eine direkt an die Straße grenzt, während der zweite parallel um zehn Meter zurückversetzt Raum für einen Innenhof schafft.

Um den so entstandenen Bereich verlaufen die Zugänge in Form von Galerien. Sie münden in einen freistehenden Treppenturm. Der Innenhof wird durch eine Dachkonstruktion aus Stahl und Glas vor der Witterung geschützt.

Hervorgehoben wird die Präsenz des neuen Gebäudes durch die Stirnseite des längeren Baukörpers, die durch eine zurückversetzte Innentreppe in der Mitte unterteilt wird und sich mit zwei hervorspringenden Wohnblöcken der Ortschaft zuwendet, während sich der geschwungene Baukörper mit einer Spitzkante geradezu auflöst.

Dans la petite commune marquée ces dernières années par un renouveau dynamique mené avec cohérence et passion par Luigi Snozzi, Mario Botta est appelé à se confronter avec le thème de l'habitation à loyer modéré sur une parcelle située à proximité du couvent restauré.

L'intervention se mesure continuellement aux éléments précis du construit environnant et de son échelle. Ceci, en recherchant simultanément une dimension spatiale nouvelle et plus ample.

L'édifice se décompose en deux corps de bâtiments dont le premier s'adosse à la rue. Dix mètres séparent le second, parallèle, formant ainsi l'espace d'une cour intérieure. Les coursives surplombant celle-ci convergent vers le volume cylindrique d'un escalier autonome. L'ensemble est protégé d'une couverture de verre et d'acier.

La présence de ce terrain récupéré à la ville est accentuée par les têtes respectives de ces corps de logis. Celle du premier, plus long et abritant les appartements tournés vers le village, est articulée par le retrait de l'escalier et des avancés formant saillie. La tête de l'élément fuselé, quant à elle, culmine par un angle maçonnée jusqu'à résoudre le bâtiment.

Sakralbauten

Edifices religieux

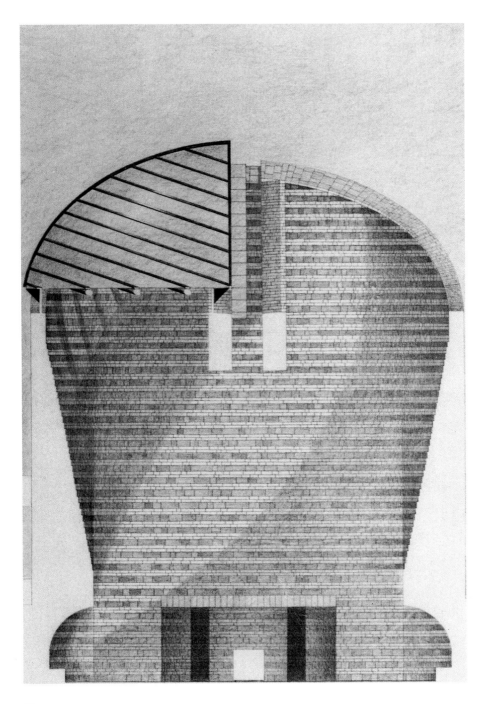

Der Wiederaufbau einer kleinen Kirche im Tessiner Bergland, die von einer Lawine zerstört wurde: Ein Projekt, das sich der zerstörerischen Natur entgegenstellen will, indem es ein Sinnbild schafft für die Sehnsucht des Menschen, alle Geschehnisse überdauern zu können.

Die Errichtung einer Kathedrale in unserer Zeit, hineingestellt in die Wirklichkeit einer «ville nouvelle» an der Peripherie von Paris, wobei sich offenkundig der Wille zeigt, eine ideelle Verbindung zur Tradition der Kathedralen der Vergangenheit einzugehen.

Zwei extreme Situationen sind damit benannt, die aber dennoch von unzähligen Fäden zusammengehalten werden, handelt es sich doch um das Problem, auf außerordentliche Herausforderungen, die den Bereich der Kultur und des Menschen schlechthin betreffen, möglichst angemessene Antworten – sprich: Projekte – anbieten zu können.

Der Entwurf für Mogno erscheint von allem Anfang an so angelegt, daß er Absichten und Hoffnungen zum Ausdruck bringt, die die bescheidene Dimension sowie den Standort des Werkes übersteigen.

In der geometrischen Einfachheit der Anlage liegt eine Suggestivkraft: zeichenhafte Anwesenheit, die sich der Natur widersetzt. Schlummernde Leidenschaft, sich als Geschaffenes, als ein Stück Architektur wiederzuerkennen, Ausdruck und Teilhabe der Hoffnungen der Gemeinschaft, ihres Lebens mit seinen Leiden und Verwundungen.

Evry ist die provokative Behauptung, daß solches Lebensgefühl noch wach sei in uns. Mario Botta sagt: «Eine Kathedrale bauen ist mehr, als dem Bischof eine Kirche zu bauen: es bedeutet vor allem die Behauptung aufstellen, daß die wahren Kräfte noch wirksam sind. Es bekundet den Willen, einen Raum für den Geist zu schaffen in enger Verflochtenheit mit dem städtischen Gewebe, einen Ort, der auf das Leben und den täglichen Kampf zurückstrahlt. Eine Kathedrale, heute, ist das Zeichen für eine neue Einstellung des Menschen. Für den Architekten bedeutet dies, bei seiner Arbeit, beim Bauen die Hoffnung nähren zu können, dem Bedürfnis nach Unendlichkeit, das in jedem von uns anwesend ist, zu begegnen.»

Im Projekt «Ville Nouvelle» für Evry sucht der große Bau gleichsam den Kontakt mit dem benachbarten städtischen Gewebe, um dadurch, wie dies in der mittelalterlichen Stadt der Fall war, den Lebenssaft einer Teilnahme am Alltag dieser menschlichen Gemeinschaft in sich aufnehmen zu können. In Mogno wird durch die Beibehaltung des alten Kir-

La reconstruction d'une petite église détruite par une avalanche dans un petit village de montagne au Tessin est un projet qui naît d'un défi envers la nature dévastatrice et de la volonté de réagir à cette menace par une image qui témoigne de la détermination de l'homme de survivre aux événements.

La construction d'une cathédrale de notre temps, construite dans la réalité d'une ville nouvelle à la périphérie de Paris, dans le but avoué de se rattacher idéalement à la tradition des cathédrales du passé.

Ce sont là deux situations extrêmes, mises toutefois en relation par un réseau de fils tressant les problèmes de la projetisation en événements extraordinaires pour la culture et pour l'homme.

Le projet de Mogno apparaît dès le début comme parcouru par une volonté et des espérances qui vont au-delà de la dimension et de l'emplacement de l'œuvre.

La suggestion d'une implantation simple, avec son bâti géométrique, et en même temps, la force d'un signe, d'une présence qui manifeste sa propre opposition à la nature, font revivre la passion assoupie de se reconnaître dans une création architectonique, en la percevant comme une expression qui participe aux espérances de la communauté, de sa vie, de ses souffrances, de ses blessures.

Evry est le pari qui veut démontrer que ce sentiment est encore présent en nous. Comme nous le dit Mario Botta: «Construire une cathédrale n'est pas seulement construire l'église de l'évêque, c'est surtout affirmer que les forces authentiques sont toujours présentes. C'est la volonté de réaliser un espace pour l'esprit, étroitement lié au tissu urbain, de manière à nous aider à affronter la vie et la lutte quotidienne. Une cathédrale aujourd'hui est le signe d'une nouvelle attitude de l'homme. Pour l'architecte, cela signifie travailler et construire dans l'espoir de se confronter au besoin d'immensité présent en chacun de nous.»

Si, dans le projet pour Evry «Ville Nouvelle», le grand édifice semble rechercher la contamination de l'existant en venant se placer de manière contiguë au tissu urbain environnant et en en extrayant, comme dans la ville médiévale, la sève vitale d'une participation aux événements et à la condition de vie de cet établissement des hommes, à Mogno, ce sera la présence des caractères de l'édifice préexistant, conservés dans l'orientation et dans la mémoire de l'ancien accès, qui perpétuera les valeurs de la communauté du village.

cheneingangs, durch dessen Einverleibung in das neue Gebäude und somit auch durch die Übernahme der früheren Ausrichtung das Fortleben der Werte dieser Dorfgemeinschaft unterstützt.

Gesteinsquader in abnehmenden Reihen türmen sich nach oben und bilden eine massive Mauer, welche ihr Maß lediglich in der Macht der Zerstörungskräfte findet, denen sich das kleine Bauwerk in Mogno entgegenstellen will.

Eine Bauidee, die sich an die Vergangenheit anlehnt und diese auch heute noch wachhalten möchte, und damit verbunden das Bild der Ruine des seiner hinfälligen Teile entblößten Gebäudes, welches aber noch immer die Botschaft seines zähen Widerstandes gegenüber der Natur mitzuteilen vermag.

«Beim Bauen eine Unvollkommenheit miteinzubeziehen bedeutet, jener Lücke auf unumstößliche Weise einen Sinn zuordnen», schreibt Giovanni Pozzi mit Bezug auf Mogno.

Die große Scheibe aus Metall und Glas, weder Dach noch Fenster, die die Steinellipse bekrönt, erscheint zunehmend als dasjenige Element, welches eine Bindung an die Natur wiederherstellt, mit dem Licht, mit dem Himmel, tiefe Empfindungen weckend.

In Evry hingegen wird das Licht gefiltert und fragmentiert, es hat sich den gebogenen Oberflächen im Innern des großen Rundbaues anzupassen.

Das Dach wird fest, anstelle des Ruinen-Mahnmals tritt nun eine Baumsequenz, welche ganz eigene Farben und Lichtschimmer ins Innere leitet. Mit dem Verstreichen der Zeit, mit dem Wachstum der Bäume werden diese Farben und Reflexe auch Veränderungen erfahren.

Die Wände aus Stahlbeton werden auf beiden Seiten mit Backsteinen verkleidet. Diese größere Mauerdicke erweckt den Eindruck solider Geborgenheit und weckt Erinnerungen an den mächtigen Gliederbau der früheren Kathedralen.

Die geometrischen Linien, welche die beiden nur scheinbar ähnlichen Bauten einfassen, zeichnen das Bild einer neuen Vollendetheit. Diese nimmt, jenseits der Spuren einer tausendjährigen Tradition, den Sinn in sich auf des tief gewandelten Bewußtseins der Menschen unserer Zeit.

Des moellons de pierre sont alignés en assises, se dégradant vers le haut pour enchaîner un mur massif qui trouve sa proportion uniquement face à l'intensité des forces dévastatrices auxquelles le petit édifice veut s'opposer.

Il s'agit là d'une règle constructive se référant à un passé dont on voudrait conserver encore aujourd'hui la présence et, avec elle, l'image de la ruine de l'édifice, dépouillé de ses parties caduques mais encore à même de nous transmettre le message et le souvenir de son opposition tenace à la nature.

«Construire en évoquant une imperfection signifie donner, d'une façon péremptoire, une signification à ce défaut», a écrit Giovanni Pozzi en évoquant Mogno.

Le grand disque de fer et de verre placé au sommet de cette ellipse de pierre, qui n'est ni une couverture ni une fenêtre, apparaît d'autant plus comme l'élément de recomposition d'un lien avec la nature, la lumière et le ciel, qui nous fait ressentir des émotions profondes.

A Evry, la lumière est filtrée et décomposée, contrainte à se fragmenter et à s'incurver sur les surfaces internes de la grande circonférence.

La couverture se stabilise, l'esprit de la ruine disparaît pour faire place à un rideau d'arbres qui amène à l'intérieur de l'édifice des couleurs et des vibrations que le temps modifie lentement.

Des murs en béton armé, revêtus des deux côtés de briques qui leur redonnent une épaisseur, semblent plus rassurants, nous rappelant les membrures solides des anciennes cathédrales.

Les lignes géométriques contenues dans les deux édifices, apparemment similaires, tracent l'image d'une nouvelle perfection, sortant du sédiment d'une tradition millénaire pour accueillir le sentiment du bouleversement profond de la conscience des hommes de notre temps.

Bigorio-Kapelle
Mit Tita Carloni
Projekt 1966   Bau 1967

Der Boden ist als schwarze, glänzende, kompakte Oberfläche mit geometrischen Umrissen gestaltet; er löst sich außenherum von den Mauerstrukturen, wie wenn er durch Kontrast die Ungenauigkeiten der alten Widerlager korrigieren möchte.

Die Oberflächen der alten Kreuzgewölbe in gebranntem Ton, das massive Mauerwerk aus Stein – sie sind von den Verputzschichten befreit und zurückgeführt zu ihrer konstruktiven Wesentlichkeit. Die Einrichtungen sind einfach, ihre Formen regelmäßig.

Diese erste Begegnung von Mario Botta mit religiöser Architektur ist bestimmt von einem Gestus, der an die Einfachheit und Armut der Dinge erinnert. Diese Restaurierungsarbeit ist weit mehr als eine schulmäßig-brave Wiederherstellung, sie öffnet vielmehr den Weg zu neuen Gestaltungen.

Chapelle de Bigorio
Avec Tita Carloni
Projet 1966   Réalisation 1967

Une surface noire, brillante et compacte dessine le sol. Son périmètre géométrique se détache des structures murales comme pour vouloir corriger, par contraste, l'imprécision des pied-droits de l'ancien bâti.

Le décor de la chapelle présente une ornementation simple et des formes régulières: telles les anciennes croisées d'ogives en terre cuite, ou les murs massifs en pierre, libérés des incrustations du crépis et réduits à leur caractère constructif essentiel.

La recherche de pauvreté et de simplicité semble avoir inspiré cette première rencontre de Mario Botta avec l'architecture religieuse. Le projet de restauration, issu d'un courant de récupération philologique, ouvre la route à de nouvelles configurations.

Kirche in Mogno
Mitarbeiter: Gian Luigi Dazio
Projekt 1986–92   Bau 1996

Eglise de Mogno
Collaborateur: Gian Luigi Dazio
Projet 1986–92   Réalisation 1996

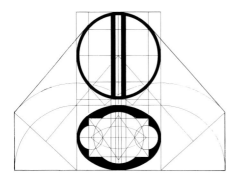

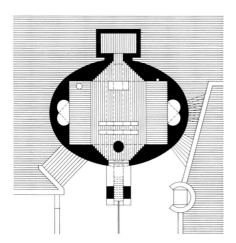

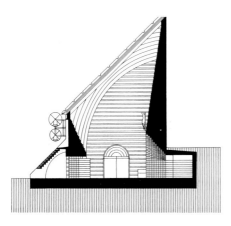

In einem Dorf des oberen Maggiatals, von einer Lawine stark in Mitleidenschaft gezogen, entdeckt Mario Botta für sich aufs neue die wesentlichen Bestimmungen des Architektenberufs. Er zögert nicht, die Einladung des Baukomitees für den Wiederaufbau der ebenfalls zerstörten kleinen Kirche anzunehmen. Dieses Johannes dem Täufer geweihte Gotteshaus bildet für die Dorfgemeinschaft eine Art Erkennungszeichen.

«Der Wille, dem Berg zu widerstehen; das Bedürfnis, ein Zeichen zu setzen, das das eigene Leben überdauert; das Erfordernis, ein Bauerbe zu festigen; der Wunsch, das Gefühl der Einsamkeit zu besiegen; die Forderung, von den Hoffnungen der eigenen Zeit ein Zeugnis abzulegen; die Notwendigkeit, wirken zu müssen zwischen der unbegrenzten Sehnsucht nach Unendlichkeit und dem Bewußtsein der eigenen Grenzen» – dies sind die Gegebenheiten, die den Entwurf tragen, die seine innersten Motive ausmachen.

Dans un village du haut Val Maggia ravagé par une avalanche, Mario Botta redécouvre les caractères essentiels du métier de l'architecte. Il n'hésite pas à répondre avec passion à l'invitation du comité pour la reconstruction de la vieille église dédiée à Saint-Jean-Baptiste, elle aussi détruite, qui représente le symbole de cette communauté.

Les données qui forment le projet et en illustrent les motivations profondes sont les suivantes: volonté de résister à la montagne, besoin de témoigner au-delà de leur propre vie, nécessité de consolider un héritage culturel, besoin de vaincre le sentiment de solitude, exigence de témoigner les espérances de notre propre temps, et nécessité d'agir entre l'immense besoin d'infini et la conscience de ses propres limites.

Kirche in Pordenone

Mitarbeiter: Piero Beltrami, Giorgio Raffin
Projekt 1987   Bau 1992

Eglise de Pordenone

Collaborateurs: Piero Beltrami, Giorgio Raffin
Projet 1987   Réalisation 1992

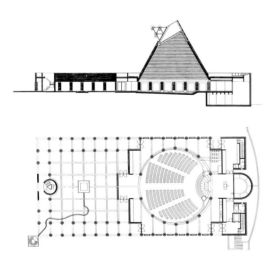 

Die Anlage der Kirche in Pordenone nimmt direkt die Anregung der römischen Basilika auf, die dann zur frühchristlichen wurde, auch wenn einige formale Besonderheiten des Werks auf näherliegende Beispiele verweisen, wie etwa der Kegelstumpf über dem Versammlungsraum an Le Corbusiers Entwurf für Firminy.

Die große äußere Kolonnade lädt mit ihrer Durchsichtigkeit zum Eintritt in diesen vierseitigen Säulengang, der sich zu einem großen Platz ausdehnt, worin dann der Baukörper der Kirche sich abhebt. In natürlicher Verlängerung der Reihung, einsehbar durch die Glaswände an den Ecken, nähern sich die Säulen der inneren, nun nicht mehr rechteckig, sondern rund angelegten Kolonnade. Diese bildet die durchsichtige Grenze zur Vorhalle des Kirchenraums; er wird von der großen konischen Pyramide überwölbt, welche auf jenen Säulen ruht.

L'implantation de l'église de Pordenone s'inspire directement de la basilique romane, transformée successivement en basilique paléochrétienne, même si certaines inspirations formelles de l'œuvre, comme le grand cône tronqué dominant la salle de l'assemblée, se réfèrent à d'autres exemples plus proches, comme le projet de Le Corbusier pour l'église de Firminy.

A l'extérieur, une grande colonnade, dont la transparence invite à accéder au portique carré, dilaté jusqu'à former une grande place marquée par la présence du volume de l'église, se prolonge naturellement à travers les vitrages d'angle vers la colonnade intérieure, développée selon une base circulaire, qui délimite l'espace de circulation de la salle de l'assemblée, dominée par le grand vide de la pyramide cônique.

Kirche in Sartirana
Mitarbeiter: Fabiano Redaelli
Projekt 1987   Bau 1995

Eglise de Sartirana
Collaborateur: Fabiano Redaelli
Projet 1987   Réalisation 1995

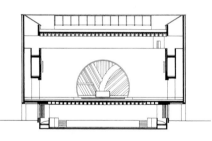

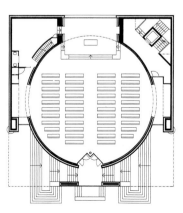
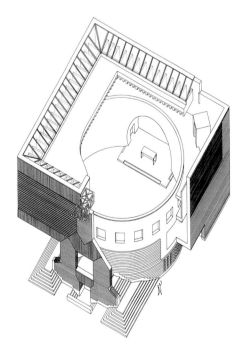

Der Primärkörper der Konstruktion aus Ziegeln, der sich über den Kirchplatz erhebt, wirkt wie ein Ausdruck der Forderung, gegen die wachsende Fragmentarisierung jedes Landstrichs der östlichen Brianza grundlegend andere Regeln der Siedlungsgestaltung zu suchen.

Der Raum der Kirche als Ort der Begegnung, der sich seinem unmittelbaren Umfeld entzieht, erhält eine noch tiefere Dimension der Andacht durch den architektonischen Kunstgriff eines zylindrischen Baukörpers in seinem Inneren.

Die gewölbte Oberfläche der Rundwand, rhythmisiert von den im Winkel von 45 Grad gemauerten Backsteinreihen, wird auf der gegenüberliegenden Seite der metallenen Eingangstür von der Bogenöffnung der Apsis unterbrochen, die durch feine Platten aus Onyxmarmor bündig zur Aussenmauer natürliches Licht einfängt.

Oben ist die zylindrische Hülle mit ihrer runden Empore offen und gibt den Blick auf die plane, gleichmäßige Kassettendecke frei, deren Rand durch den rundumlaufenden Wechsel von Stützwänden und Oberlichtern noch luftiger wirkt.

Le volume primaire de la construction de brique, s'élevant au-dessus du parvis, réassume en soi l'exigence profonde de parvenir à une regle d'édification en opposition à la fragmentation croissante qu'on observe depuis quelques années. Phénomène qui a pour effet de saturer chaque parcelle du territoire de la «Brianza lecchese».

L'espace de l'église comme lieu de rencontre est soustrait au milieu environnant. Il retrouve une dimension de recueillement profond à l'intérieur grâce à la création d'un cylindre inscrit en son volume.

La surface courbe des murs est rythmée par la répétition des assises de briques orientées à 45 degrés. Cet appareillage est interrompu sur le côté opposé du portail d'entrée métallique pour faire place à l'arcade de l'abside. Le chevet se prolonge jusqu'à la paroi externe pour capter la lumière naturelle à travers de fines plaques d'onyx.

Au sommet, l'enveloppe cylindrique qui définit le parcours des tribunes tournées vers la nef, circonscrit le vide en révélant le plan régulier de la toiture à caissons. La dalle apparaît encore plus aérienne par ses poutres d'appuis et la série de lanterneaux en périmètre.

Kathedrale in Evry
Projekt 1988   Bau 1995

«Den Entwurf für das Haus Gottes bin ich in dem Geist angegangen, das Haus des Menschen zu bauen.» So faßt Mario Botta die Geisteshaltung zusammen, mit der das Projekt für die Kathedrale des 21. Jahrhunderts in der Stadt Evry an der Peripherie von Paris erarbeitet wurde.

«Heute eine Kathedrale zu errichten ist die außergewöhnliche Möglichkeit, ein Stück Lebensraum zu bauen und zu bereichern, es ist ein neues Zeichen, das von den Menschen ersehnt wird [...] Sie bietet eine Pause an, einen Moment der Stille, eine Gelegenheit zum Nachdenken und zum Gebet – ein inneres Gespräch über den Menschen angesichts der raschen Veränderungen und der Widersprüche der Stadt von heute. Ich glaube, daß die Kathedrale für die Gläubigen wie für die Nichtgläubigen eine Notwendigkeit darstellt. Sie legt ein Zeugnis ab, daß uns mit der ‹großen Vergangenheit› verknüpft, als unsere schöne alten Städte noch neu waren.»

Daher ist die Kirche als große, gemauerte Oberfläche konzipiert, die außen kaum Öffnungen aufweist, aber oben durch zwei verglaste Lünetten an den Seiten des dreieckigen Metalldachs vom Himmel erleuchtet wird. Das Licht dringt hier vom Kranz der Bäume, der das Dach des Kirchenbaus umrahmt, je nach dem langsamen Wandel der Jahreszeiten verschieden getönt in den Innenraum.

Cathédrale d'Evry
Projet 1988   Réalisation 1995

«J'ai pensé au projet de la maison de Dieu dans l'esprit de construire la maison de l'homme». Mario Botta résume ainsi l'esprit avec lequel il a affronté le projet de la cathédrale du XXIe siècle dans la Ville Nouvelle d'Evry, en périphérie de Paris. «Une cathédrale, aujourd'hui, est une occasion extraordinaire pour la construction et l'enrichissement de l'espace vital, c'est un nouveau signe attendu des hommes. Elle offre une pause, un moment de silence, une occasion de réflexion et de prière qui nous parle de l'homme face aux changements rapides et aux contradictions de la ville actuelle. Je crois que la cathédrale est une nécessité, autant pour les croyants que pour les laïcs. C'est le témoignage qui nous relie au ‹grand passé› lorsque nos belles vieilles villes étaient nouvelles».

Pour cela, le projet fut conçu comme un grand ensemble maçonné essentiellement privé d'ouverture sur l'extérieur. Par contre, un regard sur le ciel s'offre au sommet à travers deux grandes lunettes vitrées sur les côtés de la toiture métallique à structure tridimensionnelle. Une lumière rasante pénètre ainsi à l'intérieur et se voie filtrée par le plus infime changement que produit l'alternance des saisons dans la couronne d'arbres au sommet de l'édifice.

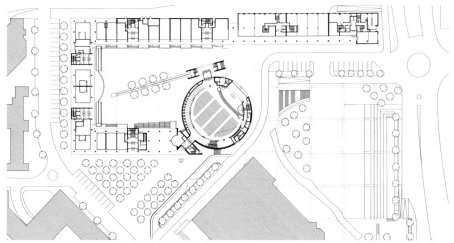

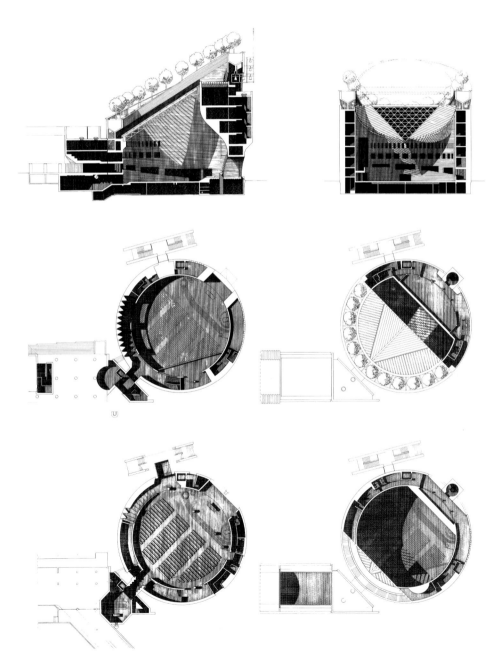

Der doppelte Mauerring, der den runden Grundriß der Kirche umschließt, bietet Raum für die Verbindungsrampe zwischen den beiden Eingängen, die auf unterschiedlichem Niveau angelegt sind, für die Treppen, die zu den Emporengängen hinaufführen sowie für das Zentrum sakraler Kunst, das den konvexen Raum über dem Altar ausfüllt und bis unter das Dach reicht.

An die Kapelle, die außen unter dem Eingangsvestibül liegt, schließt sich eine Wohnbebauung an, die sich um den Sakralbau herumzieht und so einen neuen Platz schafft, dessen unverzichtbares Zentrum die Kirche ist.

Le plan circulaire est organisé selon un système de double mur. Cette coursive contenue dans la couronne extérieure permet de relier à l'espace de la nef les principales circulations: une rampe joignant les deux entrées à des cotes différentes, les escaliers qui portent aux corridors superposés des tribunes et finalement, l'accès au centre d'art sacré. Celui-ci est aménagé dans la forme proéminente, surplombant l'autel, qui s'élargie vers le haut jusqu'à se rattacher à la base du triangle formant le toit.

La chapelle fériale est aménagée en retrait, sous le vestibule de l'entrée principale. Elle fait partie du complexe résidentiel attenant qui encadre la cathédrale jusqu'à l'inscrire au centre d'une place de laquelle elle devient indissociable.

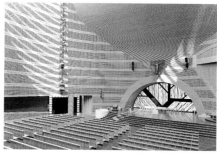

Kapelle auf dem Monte Tamaro
Malereien und Fresken von Enzo Cucchi
Projekt 1990   Bau 1996

Chapelle Monte Tamaro
Peintures et fresques d'Enzo Cucchi
Projet 1990   Réalisation 1996

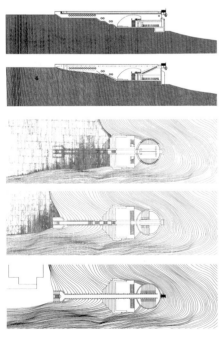

100

Schon von der Kabine der Seilbahn aus, die aus dem Tal zu den Ski-Pisten auf die Alpenberge führt, wird die Einzigartigkeit dieses architektonischen Bauwerks deutlich, das so positioniert ist, daß es an dem Punkt, an dem der Hang steil ins Tal abfällt, das natürliche Profil des Berges künstlich verwandelt.

Die Linie des langen Weges, die sich von der Seilbahnstation zur Kapelle spannt, löst sich über einem Mauerbogen vom Boden und läuft bis zum äußersten Punkt des zylindrischen Volumens weiter, wo ein auskragender Gitterkasten mit einer Glocke angebracht ist, der einen außergewöhnlichen Ausblick auf die umliegende Alpenlandschaft bietet.

Ein System von Stufen zieht sich über das Dach und läßt über Spalten natürliches Licht in den kleinen Raum der darunter liegenden Kapelle eindringen.

An der Basis dieser Treppe führt eine weitere Treppenrampe auf den geschützten Kirchplatz. In ihn mündet noch ein zweiter Weg, der zwischen den beiden Steinmauern unter dem langen Steg verläuft. An der Decke leiten die Sgraffiti zweier Bäume den Besucher bis zum Eingang der Kapelle. Eine Reihe runder Fensteröffnungen alterniert mit Kacheln, die Mariendarstellungen zeigen, und multipliziert die Fülle möglicher Ausblicke auf die umliegende Natur.

De la cabine du téléphérique qui porte aux installations de ski, on saisit immédiatement la singularité de l'événement architectural modifiant le profil de la montagne en un point où elle se casse brusquement vers la vallée.

La longue droite tendue du parcours relie la chapelle à l'arrivée du téléphérique. Un grand arc détache cette passerelle du sol pour s'appuyer à l'extrémité du volume cylindrique. A ce point, le treillis métallique de la cage de clocher se projette vers le vide en un belvédère extraordinaire sur le paysage alpin.

Un système de gradins découpe le toit et capture la lumière naturelle en la dirigeant vers l'espace circonscrit de la chapelle en-dessous. Depuis ces gradins, un escalier permet de rejoindre le parvis abrité qui constitue aussi l'aboutissement d'un second parcours, celui sous la passerelle entre les deux lames de pierre. Les fresques d'Enzo Cucchi, représentant deux arbres, longent le plafond et guident le visiteur vers l'entrée. A l'intérieur, une séquence de soupiraux multiplient les percées visuelles sur le milieu naturel environnant en alternance à la série de panneaux enduits évoquant l'iconographie de la Vierge Marie.

Verwaltungsbauten

Bâtiments administratifs

Beim Entwerfen der Gebäude, in denen die Menschen arbeiten, ist sich Mario Botta bewußt, daß er sich hier auf einem entscheidenden Terrain bewegt, was das Wachstum und die Entwicklung der heutigen Stadt betrifft.

Die immer aggressivere und unkontrolliertere Rolle der Prozesse funktionaler Umformung der städtischen Gewebe läßt ihn die Merkmale der Typologien und noch mehr die Eigenheiten der Arbeitsorte in der aktuellen Stadt überdenken.

In seinen Projekten wird das Thema Bank und ganz allgemein tertiärer Sektor nicht auf die Repräsentativität hin abgefragt, sondern als ein Leitelement für eine neue Entwicklung ganzer Stadtteile, nicht nur im quantitativen Sinn, vielmehr auch indem neue Verbindungen innerhalb der Abläufe in der Stadt angeregt und hergestellt werden.

Angesichts einer so tiefgreifenden Veränderung, die oft als traumatisch erlebt wird, reagiert Botta, indem er eine wachsende Aufmerksamkeit auf die Wesensbestimmung dieser Arbeitsorte wendet, auf der Suche nach einer neuen Würde und gewandelten Rolle für die Architektur, einer festeren Verwurzelung in der Stadt.

Die derzeitigen Bürobauten nehmen immer mehr den Charakter von Nichtarchitektur an: Behälter für Funktionen, die schwankend und oft kaum näher zu definieren sind, durch die unentwegte Benutzung der «curtain walls» und die Inthronisation der Flexibilität als einziges Distributionskriterium. Dem stellt Botta die Solidität eines funktionalen Gebildes gegenüber, das auf die Klarheit des Aufbaus setzt sowie auf eine neue Organisation der Beziehungen zwischen den einzelnen Teilen.

Diese Klarheit zeigt sich deutlich in den großen Hohlräumen, die er innerhalb seiner Gebäude beläßt – so etwa bei der «Banca del Gottardo» in Lugano, beim Gebäude für die «Schweizerische Bankgesellschaft» in Basel oder auch in der Bank «Bruxelles Lambert» in Genf –, gleichsam als wollte er dadurch eine natürliche Reserviertheit unterbrechen, um so neue Verhaltensweisen zu fördern und eine gewandelte Nutzung jener Zimmer, die auf diese ausgesparten Räume ausgerichtet sind.

Der Arbeitsraum wird dadurch Teil eines Ensembles, welches eng mit den Schicksalen der Stadt verwoben ist.

Den gewandelten Beziehungsmustern im Innern entsprechen im Außenbereich neue Verknüpfungsarten mit dem umliegenden städtischen Gewebe: die Zubringerwege und Zugänge sind auf neuartige Weise konzipiert, wobei die Architektur selbst dazu

En ce qui concerne les projets de bâtiments destinés au travail de l'homme, Mario Botta est conscient d'opérer sur un terrain décisif pour la croissance et le développement de la ville contemporaine.

Le rôle toujours plus agressif et incontrôlable des processus de transformation des tissus urbains l'amène à effectuer une réflexion sur les connotations des typologies et, plus encore, sur le caractère des lieux de travail dans la ville actuelle.

Dans ses projets, le thème de la banque et plus généralement celui de l'affectation fonctionnelle administrative du secteur tertiaire, ne sont pas perçus en relation aux exigences de représentation, mais en tant qu'élément directeur d'un nouveau développement de parties entières de ville, non seulement en termes de quantité urbanistique, mais aussi en termes d'importance des relations amorcées et produites à l'intérieur du fonctionnement urbain.

Face à une modification aussi profonde, souvent vécue péniblement par les villes, Mario Botta réagit en prêtant toujours plus d'attention à la définition de ces lieux de travail, recherchant une nouvelle dignité architectonique, ainsi qu'un rôle et un enracinement différent dans la ville.

Au caractère de «non-architecture», qui semble connoter toujours plus le langage actuel des bâtiments administratif, en tant que récipients de fonctions – dont la définition apparaît incertaine et instable dans le temps à travers une utilisation du «curtain wall» et la reconnaissance de la flexibilité comme caractère distributif dominant – Mario Botta oppose encore une fois la solidité d'une construction fonctionnelle fondée sur la clarté d'implantation et sur une nouvelle organisation des relations entre les différentes parties.

Une clarté qui devient aussitôt lisible dans les grands vides qu'il creuse à l'intérieur de ses bâtiments en voulant interrompre le caractère de privacité et jouir grâce à ceux-ci, comme dans la Banque du Gothard à Lugano, dans la construction pour l'Union de Banques Suisses à Bâle ou dans la Banque Bruxelles Lambert à Genève, d'un nouveau comportement et d'une nouvelle utilisation des espaces qui donnent sur ces vides.

Le milieu du travail fait ainsi partie d'un ensemble étroitement lié au destin de la ville.

A l'image modifiée des relations qui s'établissent à l'intérieur, Botta fait correspondre une reconfiguration des rapports avec le tissu urbain environnant à travers un redessin des parcours et des accès que

beiträgt, daß zwingende Lösungen zustande kommen. Ebenfalls verändert wird der von der Straße her zugängliche städtische Raum.

Dieses Bedürfnis nach Anknüpfung der äußeren öffentlichen Gehbereiche ans Gebäude findet in anderen Bauten – wie im Handwerkerzentrum in Balerna oder in den jüngsten Verwirklichungen in Cassarate und Lugano Paradiso – einen Ausdruck in den weiten Zentralräumen, die von großen Metall-Glas-Strukturen überdacht werden. In allen Projekten ist der spannungsgeladene schöpferische Versuch spürbar, die Frontalität und Abgeschlossenheit, welche seit jeher die Bürogebäude in der Stadt gekennzeichnet hat, abzulehnen und zu verhindern.

Die Suche nach einem Erscheinungsbild führt Botta dabei oft auf die Idee einer Türe, eines Durchgangs, der sich ins Gebäudevolumen einschneidet und

l'architecture même contribue à définir rigoureusement, en recherchant parallèlement de nouvelles occasions de transformation du paysage urbain accessible de la route.

Dans d'autres cas, comme celui du centre artisanal de Balerna ou ceux des bâtiments plus récents de Cassarate et de Lugano Paradiso, cette exigence, de rattacher à la construction l'ensemble des parcours publics extérieurs, tend à coïncider avec la formation de vastes espaces centraux couverts par de grandes structures d'acier et de verre. Dans tous les projets on perçoit un effort et une tension de l'idéation, destinés à empêcher et à négliger le caractère de frontalité et de fermeture qui depuis toujours a caractérisé la présence des espaces de travail dans la ville.

Dans le choix même de l'image, il recourt souvent à l'idée d'une porte, d'un passage, qu'il découpe

dieses gegebenenfalls auch gänzlich durchstoßen kann, wie beim Gebäude in Brühl, beim Haus von Via Nizzola in Bellinzona oder im Palais in Pordenone, das die Provinzverwaltung aufnehmen soll.

In jedem Fall bemerkt man eine neue Stadtarchitektur, die sich einer Kulisse von einander ablösenden Erscheinungen entgegenstellt, deren jede zwar durch die Fähigkeit zur Selbstdarstellung in Verwunderung setzt, aber immer weniger imstande ist, sich mit dem Kontext auseinanderzusetzen.

Für alle diese Gebäude wählt Botta den Stein und errichtet damit das Bild einer neuen Monumentalität; Glas und Aluminium der Verschlußleisten verschwinden darin und überlassen gleichsam das Feld den fortgesetzten vollen Oberflächen.

Im Sonnenbrecher-Element aus Stein und Beton in der Fassade der «Banca del Gottardo» wird die Erinnerung wach an jene Gliederungen aus Stein, die in der romanischen Architektur die Öffnungen innerhalb der Mauermasse umrahmten; eine implizite Antwort auf die neuen Technologien und ihre scheinbare Unausweichlichkeit, wo doch die Architektur nach wie vor einer eigenen Freiheit des Ausdrucks bedarf.

Jedes dieser Gebäude, die an der Kopfseite von Häusergruppierungen, beim Zusammentreffen von wichtigen Straßenzügen plaziert sind, versucht durch die eigene Gegenwart das verknotete Ineinander von Gegensätzen zu beruhigen, die besonders auffälligen Wunden zu schließen; dabei scheut es den direkten Vergleich mit den Elementen der alten Stadt keineswegs.

So etwa im Gebäude allerneuesten Datums in der Calle Florida in Buenos Aires, wo Botta auf Anregung seines Studienfreundes Haig Uluhogian auf ein schon bestehendes Strukturgerippe eine aggressive Fassade für den Sitz der Nationalen Bank der Arbeit setzt und damit ein Verbindungsglied schafft zwischen den angrenzenden eklektischen Gebäuden.

dans le volume du bâtiment, en le perçant même entièrement, comme dans l'édifice à Brühl, dans celui de via Nizzola à Bellinzone ou encore dans l'immeuble du siège de l'administration régionale de Pordenone.

Il y a en tout cas l'affirmation d'une nouvelle architecture civile qui s'oppose à un paysage continuellement alimenté par des épisodes surgissants, destinés à étonner de part leur propre capacité d'autoreprésentation, mais toujours moins propres à se mesurer au reste de la substance construite.

Botta choisit la pierre pour tous ces édifices et sculpte avec elle l'image d'une nouvelle monumentalité dans laquelle le verre et l'aluminium de la serrurerie disparaissent pour faire place à la continuité des surfaces pleines.

Le brise-soleil en pierre et béton de la Banque du Gothard, qui évoque les anciennes membrures en pierre qui, dans l'architecture romane, bordaient les ouvertures dans la masse murale, est une réponse directe aux nouvelles technologies, à leur infaillibilité présumée, alors que l'architecture demande encore sa propre liberté de langage et d'expression.

Placé dans des positions singulières sur des têtes d'îlots urbains, à la rencontre d'axes routiers importants, chacun de ces bâtiments tend, par sa propre présence, à résoudre l'ensemble des nœuds irrésolus de la ville, recousant les déchirements les plus visibles et affrontant avec sûreté l'épreuve d'une confrontation directe avec les éléments de la vieille ville.

Ainsi, dans le très récent bâtiment de la rue Florida à Buenos Aires, siège de la Banque Nationale du Travail, entraîné dans ce projet par l'ami d'étude Haig Uluhogian, Botta redessine un front agressif sur une ossature structurelle existante; ce bâtiment se place comme un élément charnière parmis les constructions éclectiques contiguës.

Handwerkerzentrum in Balerna

Projekt 1977 Bau 1979

Centre artisanal à Balerna

Projet 1977 Réalisation 1979

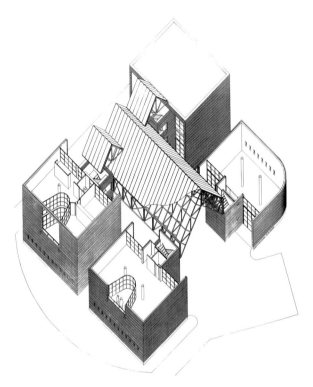

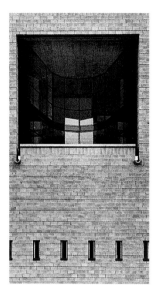

Die ganze Länge einer großen, glasüberdachten Öffnung wird von einem metallenen Dachgebälk begleitet – dominierender Blickpunkt eines Gebäudes, das den Versuch unternimmt, verschiedene Produktionsorte einer neuen funktionellen Ordnung zuzuführen. Tätigkeiten, die oft kaum miteinander vereinbar sind und deren weitere Entwicklung schlecht vorhersehbar ist, werden in diesem Bau zusammengeführt; ein Bauwerk, das ein Zeichen setzen will in bezug auf das problematische industrielle Gewebe seiner Umgebung, erstes Teilstück einer möglichen zukünftigen Neuordnung.

Das zentrale Dach will gleichsam die vier kubischen Baukörper eng zusammenhalten, in denen sich die unterschiedlichen handwerklichen Aktivitäten abwickeln; es bildet zugleich einen geschützten Serviceraum, der als funktionelles Gelenk dient: für die Zugänge und den Warenverkehr.

Le réseau des menuiseries métalliques, répétées sur toute la longueur d'une grande couverture vitrée, constitue le signe dominant de cette tentative de réorganisation fonctionnelle d'espaces de production. Soumettre à un ordre des activités souvent incompatibles, et dont le développement est imprévisible, représente le thème de ce bâtiment, considéré comme un exemple, face à la dégradation du tissu industriel environnant, et un premier point de repère, pour une réorganisation future.

La couverture semble vouloir rassembler les quatre volumes de forme cubique, dans lesquels sont organisées les différentes activités artisanales; et, simultanément, elle constitue l'articulation fonctionnelle d'un espace de service, abritant les accès et la circulation de la marchandise.

Staatsbank in Freiburg (Fribourg)
Wettbewerb 1977   Bau 1982

Banque de l'Etat de Fribourg
Concours 1977   Réalisation 1982

Das Gebäude steht an prominenter Ecklage mit Blick auf den Bahnhofsplatz; es bildet gleichsam den Kopfbau eines Komplexes mehrerer Bauten der letzten Jahrzehnte, die eingefaßt werden von zwei Alleen. Der Standort gewinnt zusätzlich an Bedeutung durch die verschiedenen Verwaltungsbereiche, die sich in den letzten Jahren in der Nachbarschaft niedergelassen haben.

Mehr als die bestehenden Bauten miteinander zu verbinden trennt Bottas Konzeption sie: sein Projekt sieht zwei seitliche Baukörper vor, die unvermittelt aufhören, um einem rechtwinkligen Block Platz zu machen, dessen Eckstellung die ursprünglichen Baulinien mißachtet. Einzig der darin eingefügte große, zylindrische Vorbau – er taucht mit seiner transparenten Glasstruktur aus der Steinfassade zum Platz hin auf – dient als Verbindungsgelenk des Gesamtkomplexes.

Le bâtiment occupe la tête d'un îlot du XXᵉ siècle, placée au croisement de deux grandes avenues, et orientée sur la place de la gare: un lieu significatif vu l'importance des fonctions administratives qui s'y sont récemment installées.

Le projet tend, plus qu'à l'unifier, à rompre la continuité de l'ancien îlot, en se fragmentant en deux corps latéraux. Ceux-ci s'interrompent brusquement, pour faire place à un bloc de forme rectangulaire, dans lequel les anciens alignements sont annulés et dans lequel la mise en évidence de la fonction de nœud de l'îlot est constituée par la saillie du grand volume cylindrique transparent, qui émerge de la surface de pierre orientée sur la place.

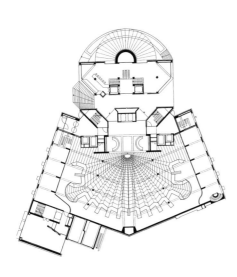
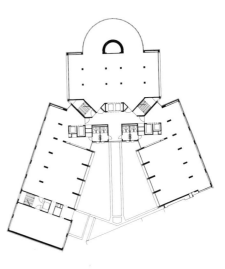

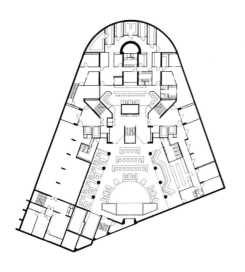
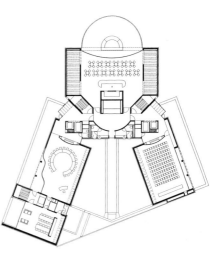

Die scheinbare Einfachheit und die geometrische Strenge der Fensteröffnungen sowie der Steingesimse der beiden Seitentrakte bestimmt in Wirklichkeit das Element eines notwendigen Übergangs: hin zu einem komplexeren Gliederungsgefüge, das die traditionellen Schemata der baulichen Erneuerung modifizieren soll.

L'apparente simplicité et rigueur géométrique du dessin des ouvertures et des corniches en pierre des façades latérales veulent, en réalité, devenir élément de transition nécessaire à un schéma de composition plus complexe, destiné à modifier le remplissage traditionnel des parcelles, dans le processus de renouvellement du tissu urbain.

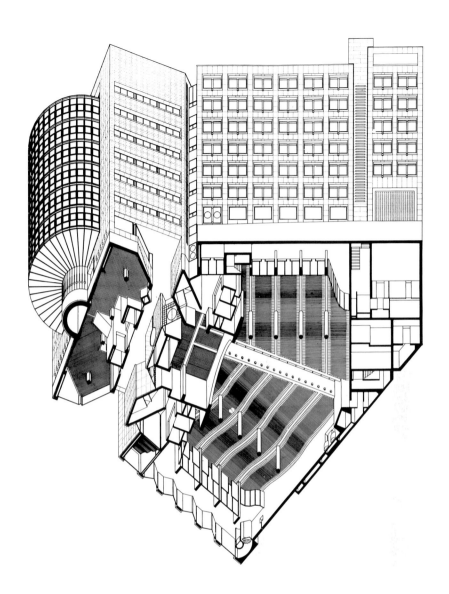

Verwaltungsgebäude in Brühl (BRD)
Wettbewerb 1980

Bâtiment administratif à Brühl (RFA)
Concours 1980

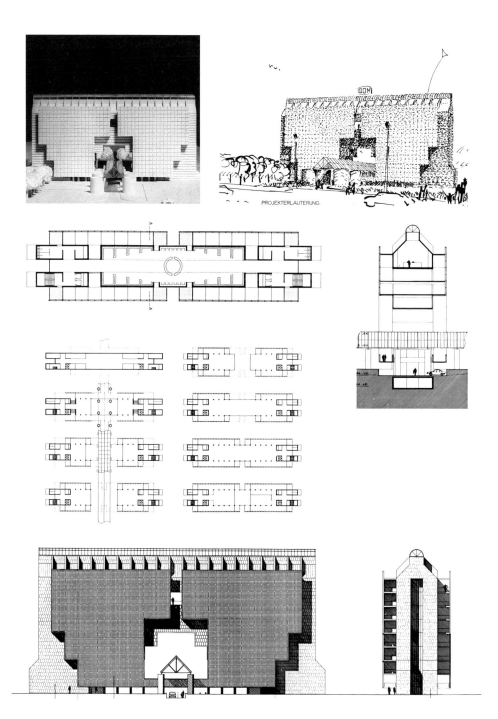

Das Projekt ist die Antwort auf die Wettbewerbs-anforderungen des Industrieunternehmens DOM: die Ausschreibung verlangte die Realisation eines neuen Verwaltungsgebäudes auf einem Gelände in der Nähe der bestehenden Bauten für die Produktion, wobei speziell auf den Repräsentationscharakter des Neubaus geachtet werden sollte. Bottas Entwurf gestaltet das Gebäude als ein großes Portal, das die neue Zugangsachse zum Produktionsgelände überwölbt. Das Gelände selbst erfährt insofern eine Umgestaltung, als eine große davorliegende Fläche zum Parkplatz wird. Der Zugangsweg mit seiner langgezogenen Glasüberdachung, sie wird abgestützt durch die zylinderförmigen Portierslogen, durchmißt die weite Öffnung, welche die Fassadenwand des Gebäudes gliedert.

Le projet répond aux exigences du concours, lancé par la maison DOM, pour la réalisation d'un nouveau bâtiment administratif avec des fonctions de représentation et devant être situé dans un terrain à proximité de constructions industrielles existantes. L'édifice se présente comme un grand portail, à cheval sur le nouvel axe d'accès à l'établissement de production, qui est réorganisé par la formation d'une vaste surface de parking devant la construction. Le parcours d'accès, défini par une longue couverture vitrée, soutenue par les volumes cylindriques de la conciergerie, passe à travers le grand percement réalisé dans le mur de la construction.

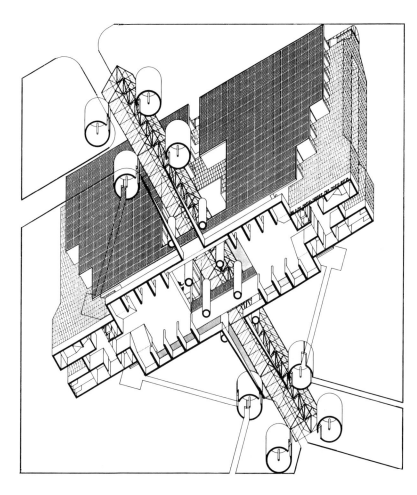

Gebäude «Ransila 1» in Lugano
Wettbewerb 1981   Bau 1985

Bâtiment Ransila 1 à Lugano
Concours 1981   Réalisation 1985

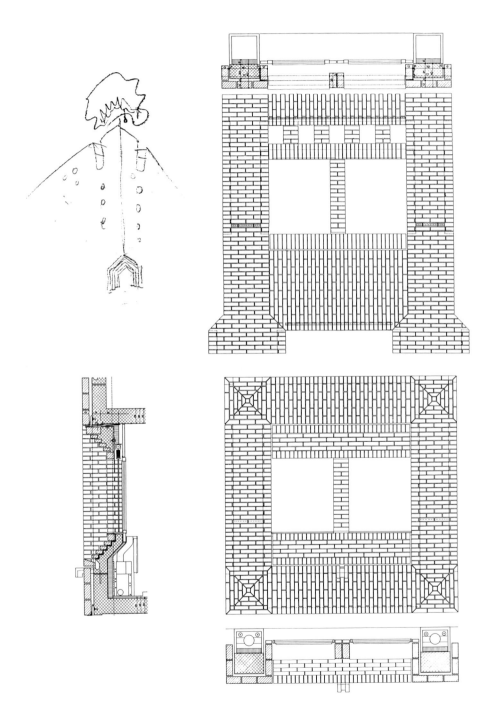

Das Projekt betont – ganz im Gegensatz zu den Bautypen der modernen Stadt, worin es sich einzufügen hat – die aus der Ecklage resultierende Bedeutung eines Gebäudes. Die Spannung, die im rechtwinkligen Aufeinandertreffen der beiden Fassadengewebe entsteht, verdichtet sich gleichsam im massiven Strebepfeiler, im Turm aus Backsteinen, der, fest auf dem Boden sich aufstützend, den bebauten Raum abschließt.

In diesem Gebäude ist die Verwendung der Ziegelsteine als Verkleidungsmaterial zu voller Meisterschaft gereift. So in der expressiven Oberflächengestaltung, deren dekoratives Spiel horizontal verlaufende Backsteinreihen mit vertikal gesetzten alternieren läßt. So auch in den komplexer gestalteten Fensternischen: ihr Wechselspiel mit dem Licht und seinen Veränderungen gemahnt an die

Par opposition à la ville du XXe siècle, dans laquelle la proposition s'inscrit, qui a tendance à nier l'importance de la position d'angle d'un bâtiment, le projet exalte les tensions perceptibles dans la rencontre orthogonale des deux fronts bâtis en créant un contrefort massif, constitué d'une tour en maçonnerie qui referme, en s'appuyant solidement sur le sol, le volume du bâti.

La maîtrise complète d'un langage expressif, utilisant la brique comme matériau de revêtement, atteint sa maturité dans cette intervention, d'une part avec les textures des surfaces, à travers un jeux décoratif savant, qui alterne des assises de briques disposées horizontalement à d'autres disposées verticalement; et d'autre part avec les solutions les plus complexes de retrait des fenêtres, à la recherche d'un rapport avec la lumière et ses variations,

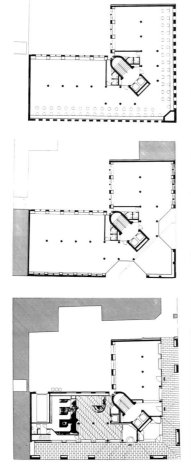

verfließende Zeit, deren Zeichen man auch im städtischen Kontext nicht mißachten soll. Der auf dem höchsten Punkt der Gebäudekante eingepflanzte Ahorn erinnert uns ebenfalls daran.

qui suggèrent, dans un contexte urbain, le temps qui passe, comme le rappelle avec sagesse cet érable, planté au sommet de l'angle du bâtiment.

«Banca del Gottardo» in Lugano
Projekt 1982   Bau 1988

Banque du Gothard à Lugano
Projet 1982   Réalisation 1988

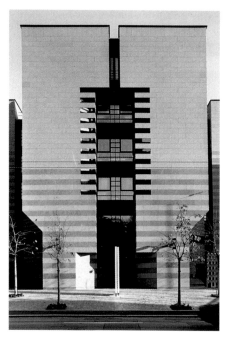 

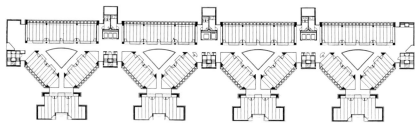

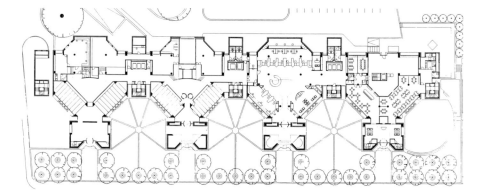

Die geordnete Wiederholung funktioneller Einheiten bestimmt die Gliederung des Gebäudes. Diese entwickeln sich in die Vertikale und bilden massive Haupttürme einer imaginären städtischen Bastion, abwechselnd mit sonnendurchfluteten Innenhöfen. Die starke Unterteilung des Gebäudes scheint vom Willen geleitet zu sein, aus der Fragmentierung der Frontfassaden neue Gestaltungsgelegenheiten zu gewinnen für die Hinwendung zur Straße hin, wobei trotzdem eine hohe Raumausnutzung möglich wird.

Dieses Bild gewollter Serialität kontrastiert mit der Zufälligkeit, die die umliegenden Neubauten charakterisiert. Die Grundrißgestaltung erzeugt ein Stück neuartiger städtischer Landschaft, deren ungewohnte Möglichkeiten der Begehbarkeit die starre Trennung von öffentlichem und privatem Raum aufheben.

Dieses durchgehende Ordnungsprinzip des Gebäudes sowie auch die unumstößliche Präsenz der großen fensterlosen Baukörper zur Straße hin vergegenwärtigen einen neuen Gebäudetyp; seine streng skandierte, geometrische Erscheinung besitzt die Faszinationskraft einer ganz eigenen Notwendigkeit inmitten des städtischen Kontextes.

Die interne Gliederung des Baus wird beherrscht durch das Vorhandensein großer, zentraler Hohlräume innerhalb eines jeden Blocks.

Dreieckige Balkonumläufe begrenzen diese Leer-

Le bâtiment est composé d'une répétition ordonnée d'unités fonctionnelles, qui se développent verticalement pour former les grosses tours massives d'un bastion urbain hypothétique, alternées avec des cours intérieures. Le choix de fractionner la construction semble vouloir suggérer l'idée, qu'à travers une fragmentation du front, on peut obtenir de nouvelles opportunités de redessiner des alignements routiers, en permettant la construction de volumes élevés.

L'image du type en série proposée s'oppose à un aléa conforme à la nouvelle substance bâtie de l'entourage. L'articulation en plan définit un nouveau paysage urbain, accessible de la rue avec de nouvelles occasions de parcours, qui s'opposent au caractère de séparation rigide entre espace public et espace privé.

Ce principe général de composition du bâtiment et la présence péremptoire des grands volumes aveugles, qui s'orientent sur la rue, évoquent la présence d'un nouveau «type» de bâti qui, justement, aussi rigoureusement rythmé de façon géométrique, acquiert l'attraction de sa nécessité à l'intérieur du contexte urbain.

L'organisation distributive interne de l'édifice est dominée par la présence de grands vides centraux, à l'intérieur de chaque bloc.

Des balcons triangulaires dessinent la géométrie de ces volumes, naturellement illuminés par un seul

räume, die natürliches Licht erhalten durch ein einziges weites Oberlicht. Diese Balkone bilden das räumliche Verbindungselement zwischen den einzelnen Büros: visuelle Beziehungen werden so zwischen den verschiedenen Etagen gestiftet.

lanterneau au sommet, et constituent l'élément de médiation spatial des relations visuelles des bureaux se trouvant aux étages.

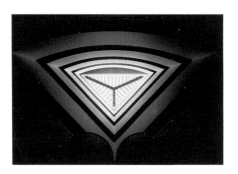

121

Siemens-Verwaltungsgebäude in München

Wettbewerb 1983

Bâtiment administratif Siemens à Munich

Concours 1983

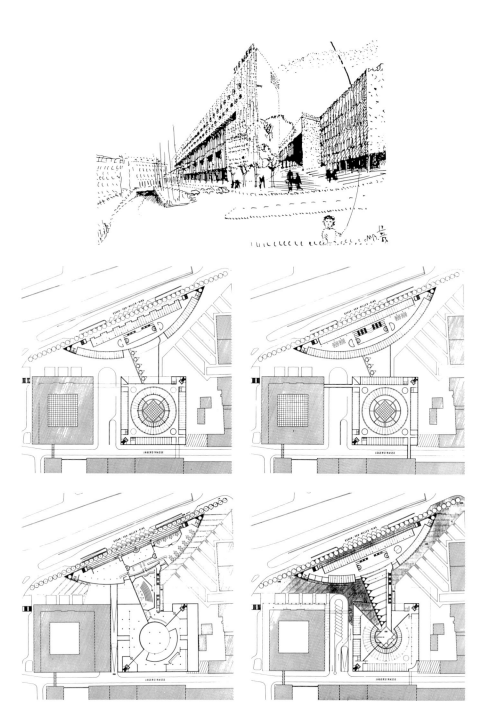

Die Zäsur, welche das ursprüngliche Viertel aus dem 18. Jahrhundert durch die Eröffnung einer großen Verkehrsader erfahren hat, bildet die Voraussetzung für diesen Entwurfsvorschlag. Er sieht erneuerte Gliederungsbedingungen vor, um der bestehenden Ausfransung entgegenzuwirken, und ordnet die Funktionselemente des gesamten Häuserviertels neu.

Das Projekt besteht aus zwei verschiedenen Baukörpern: dem quadratischen Block mit eingeschriebenem zylindrischem Innenhof einerseits, welcher die Raumkonfiguration der alten Baukörper der Nachbarschaft wiederaufnimmt, sowie einem langgezogenen Bau andererseits, der sich der Fluchtlinie des neuangelegten Straßenzugs anschließt.

Ein gelassenes Sich-Anpassen an die gegebenen Verhältnisse also, wobei immerhin die beiden scharfkantigen Ecklösungen des großen Gebäudes die Eingänge zu einem alternativen Gehbereich bilden, zur neugeschaffenen rückwärtigen Fußgängerpassage.

Hier, in der Stille des vom Langbau beschirmten Bereichs, bietet sich die Möglichkeit zu einem Spaziergang zwischen den zwei neuen Baukörpern hindurch.

Die Rundung der Hinterseite des an der Straße gelegenen Baus kulminiert im Verbindungstrakt, der die beiden Gebäude durch eine geneigte Gehfläche verbindet.

La césure, imposée à l'ancien îlot du dix-huitième siècle par une rue à grand trafic, était à la base d'un projet qui, redéfinissant de nouvelles conditions d'alignement à l'altération existante, recompose les éléments fonctionnels de l'îlot entier.

Le projet s'articule en deux différentes unités bâties: un bloc carré, avec une cour cylindrique au centre, reconstitue, du point de vue dimensionnel, la configuration des volumes voisins appartenant au vieux tissu, et un bâtiment de forme allongée, disposé selon l'alignement du nouvel axe routier.

Obtenant ainsi une paisible acceptation de l'état des faits, avec la présence toutefois de deux arêtes vives aux extrémités du bâtiment, la construction donne une alternative au cheminement routier à travers la création d'un réseau piéton.

Dans l'abri tranquille offert par la construction, il est possible de se promener à l'intérieur d'un paysage créé par la relation des deux volumes.

La courbure du front postérieur du bâtiment, orienté sur la route, mène vers l'articulation de l'accès qui relie les deux constructions au moyen d'un parcours incliné.

Sitz der «Schweizerischen Bankgesell-schaft» in Basel

Mitarbeiter: Burckhardt und Partner
Wettbewerb 1986   Bau 1995

Siège de l'Union de Banques Suisses à Bâle

Collaborateurs: Burckhardt und Partner
Concours 1986   Réalisation 1995

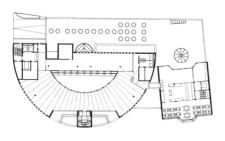

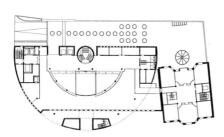

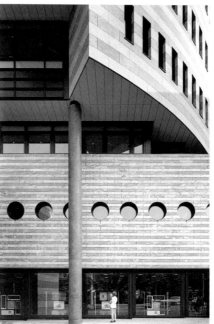

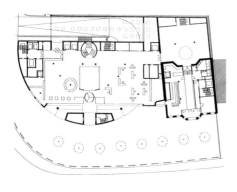

Die Ecklage des Bauareals und die daraus resultierende Aufgabenstellung eines Eckgebäudes – wie in den Bauten der Staatsbank in Freiburg oder im Gebäude «Ransila 1» – wird hier teilweise negiert. Das vorliegende Projekt klammert nämlich das Thema der Begegnung zweier Straßen aus, im Bestreben, ein Gesicht, ein Erscheinungsbild zu schaffen, welches zur Konsolidierung der großen Straße beitragen soll, die zum Bahnhof führt. Die weite, gekrümmte Fassadenfläche wird zum abschließenden Frontelement der großen Allee, und zugleich bildet sie, indem sie auf den Platz gerichtet ist, der zum historischen Altstadtgewebe führt, eine imposante Pforte.

Im Innern des neuen Gebäudekörpers ist ein großer Hohlraum vorgesehen mit Zenitalbeleuchtung durch ein Oberlicht; die Galerien der verschiedenen Verteilwege blicken auf diesen zentralen Leerraum.

La situation d'angle du terrain et le thème de la résolution d'un bâtiment d'angle, comme dans le projet de la Banque de l'Etat de Fribourg ou dans la construction Ransila 1, est partiellement nié dans le projet avec la séparation du thème de la rencontre de deux rues dans le but de composer un visage, une image qui cherche à consolider la grande rue menant à la gare. La grande surface courbée est placée comme élément terminal de tête de la grande avenue, et s'oriente, en même temps, sur la place qui donne accès au tissu historique de la ville, pour former une porte imposante. A l'intérieur du volume du nouveau bâtiment, un grand vide central est creusé, illuminé par un lanterneau sur lequel sont orientés les couloirs des divers parcours de distribution.

«Caimato»-Gebäude in Lugano Cassarate
Projekt 1986   Bau 1992

Bâtiment Caimato à Lugano Cassarate
Projet 1986   Réalisation 1992

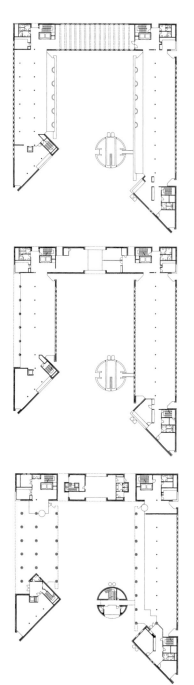

Der große, backsteinerne Block des Gebäudes legt die Umrisse der Bauparzelle gestalterisch neu fest, die sich am baumbestandenen Ufer des Cassarate entlangzieht.

Nach Süden hin markieren zwei seitliche Baukörper im Winkel von 45 Grad, deren Außenwände das Sonnenlicht tief ausleuchtet und so das Spiel ihrer Ziegelsteinmuster offenbart, einen Innenhof, der sich in Richtung zur Stadt öffnet.

Der dahinter liegende Querblock gibt mit einer großen Öffnung in seiner Mitte den Blick auf die Berge frei. Ein von hohen Säulen gegliederter Portico verbindet die Piazza an der Seite des Gebäudekomplexes mit dem Flußufer.

Eine Reihe von Öffnungen im ungewöhnlich mächtigen, an gigantische Trilithen erinnernden Mauerwerk der Gebäudefront schaffen den Eindruck wuchtiger Solidität, die mit den jüngeren Bauten in der Nähe kontrastiert und diesem neugestalteten Stadtambiente sein Gepräge verleiht.

L'imposant bloc de la construction de brique redessine le périmètre de l'îlot bordant la rive plantée de la rivière Cassarate.

Vers le sud, deux parois orientées à 45 degrés révèlent le jeu inventif de l'appareillage de brique. Ces parois, que le soleil scrute en profondeur, signalent aussi l'espace interne d'une cour ouverte sur la ville.

En arrière-plan, le corps de bâtiment transversal est découpé au centre par le vide d'une large ouverture en direction des montagnes. Un portique rythmé de hautes colonnes relie latéralement la place aux rives du Cassarate. Une séquence d'ouvertures creusées dans la surprenante épaisseur des murs donne l'ordre au gigantesque «trilite» de la façade tournée vers le cours d'eau. Ce dispositif confère une image de solidité constructive qui contraste avec l'édification récente de l'entour. L'ensemble affirme qu'un nouvel espace est récupéré pour la ville.

«Bruxelles Lambert»-Bank in Genf
Wettbewerbsbeitrag 1987, Ausführung 1996

Banque Bruxelles Lambert à Genève
Concours 1987, Réalisation 1996

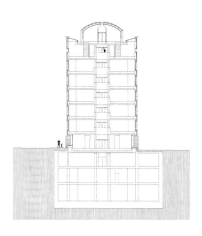

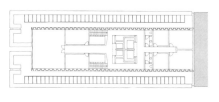

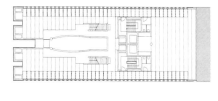

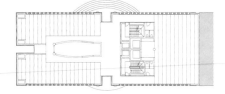

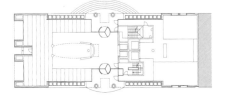

Das Volumen bildet das Ende eines sehr schmalen Gebäudeblocks, der sich über eine Länge von nur sechzehn Meter an der baumbestandenen Erweiterung des Boulevard Pré l'Evenque entlang zieht. Botta gab den ursprünglich im Wettbewerbsentwurf vorgesehenen, kurvenförmig aufgeblähten Baukörper zwischen den beiden Straßenfronten auf. Hinter dem feingliedrigen Wechsel vertikaler Mauerstreifen aus wertvollem Stein strebt die realisierte Lösung nach Kompaktheit und Solidität. Feine vertikale Einschnitte unterbrechen die Kontinuität der Fassade und betonen den offenen Raum im Zentrum, um den herum die Gänge verlaufen, sowie die von Türmchen markierte Stirnseite. Sie wird von einer Kuppel aus Glas und Stahl gekrönt, in der sich die Repräsentationsräume befinden.

Devant le dégagement planté du boulevard Pré de l'Evêque, l'édifice occupe la tête d'un îlot exigu avec un corps de bâtiment d'à peine seize mètres. L'idée d'une proéminence curviligne au centre des deux façades latérales sur rue, proposée pour le projet de concours, fut abandonnée au profit d'une recherche de compacité. La solution réalisée cherche la cohésion, une véritable solidité derrière la trame minutieuse des incisions verticales qui percent le précieux revêtement de pierre à bandeaux. De subtiles découpes verticales interrompent la continuité du mur. Ces fentes signalent tantôt la présence du vide central, autour duquel s'articule les parcours distributifs, tantôt le profil crénelé du faîte de l'édifice coiffé de la voûte de verre et d'acier prévue pour définir les espaces de la direction au dernier niveau.

Verwaltungs- und Wohngebäude Via Nizzola in Bellinzona

Projekt 1988   Bau 1991

Bâtiment administratif et résidentiel, rue Nizzola à Bellinzone

Projet 1988   Réalisation 1991

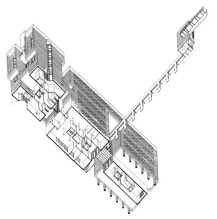

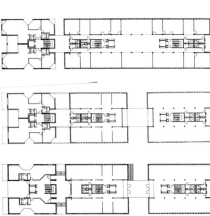

Die langgezogene Form des projektierten Gebäudes steht im Zusammenhang mit bedeutsamen Elementen des umgebenden baulichen Gewebes. Dessen punktuellen Charakter – eine Abfolge von Villen dieses Jahrhunderts, die sich mit ihren Parks längs der zur Stadt führenden Kantonsstraße reihen – will das Projekt bewahren und unterstreichen, es plaziert das neue Gebäude auf die andere Seite des Bauloses an der Via Nizzola.

Im Neubau finden auf vier Geschossen Verwaltungsbüros Platz, die Serviceräume und die Treppenhäuser sind in der Mitte untergebracht, während am Südende zehn Wohneinheiten auf fünf Etagen vorgesehen sind.

Eine Passerelle verbindet auf der ersten Geschoßhöhe das Gebäude direkt mit der Kantonsstraße. Diese Fußgängerpasserelle ist in eine große Öffnung eingefügt, die den Bau durch ein Stück Transparenz von seiner festgefügten Solidität befreit. Der Eindruck von Kompaktheit der Fassade wird durch das Dekorationsmuster aus grünem und weißem Stein sowie durch die fortgesetzte Abfolge schmaler hochgezogener Fenster erzeugt.

La dimension allongée du nouveau bâtiment proposé se rattache à la présence d'éléments significatifs dans le tissu bâti environnant. L'idée conceptuelle de l'intervention cherche à mettre en évidence et à sauvegarder le caractère de la succession des villas isolées du XXe siècle, disposées avec leur jardin le long de la route cantonale d'accès à la ville, en plaçant l'édifice sur l'autre côté du lot, le long de la rue Nizzola.

A l'intérieur du bâtiment, des bureaux administratifs sont disposés sur quatre niveaux, avec services et cages d'escaliers au centre, alors que, dans la tête sud, dix unités d'habitation sur cinq niveaux sont prévues.

Une passerelle piétonne, au niveau du premier étage, relie l'édifice directement à la route cantonale. Son départ est situé à l'intérieur d'une grande percée qui rompt, grâce à la transparence, l'image de solidité compacte, due au dessin de la décoration en pierre verte et blanche, s'alternant avec la succession d'étroites fenêtres verticales.

Verwaltungszentrum für das Fernmelde-
wesen in Bellinzona
Projekt 1988   Bau 1998

Centre administratif des
Télécommunications à Bellinzone
Projet 1988   Réalisation 1998

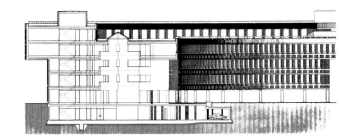

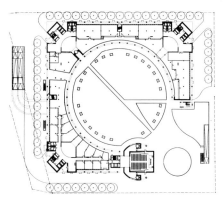

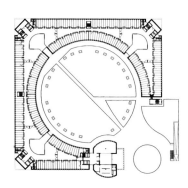

Das im «Colombaia»-Quartier gelegene Gelände am Rande der Stadt erfährt durch den Bau eine geometrische Neugliederung; das Verwaltungsgebäude für die Fernmeldedirektion führt zu einer Aufwertung des ganzen Gebietes und bildet ein neues Quartierzentrum.

Die rechteckige Überbauung öffnet sich auf der einen Eckseite in Richtung auf das Schloß hin; dadurch wird eine Verbindung geschaffen zwischen außen und dem weiten kreisförmigen Innenhof.

Im Gebäudeinneren werden die Büros teils zur Außenfassade, teils zum Innenhof hin organisiert.

Diese innere Piazza soll der Entspannung und der Erholung dienen. Auf der einen Seite des Zugangs sind im Gebäudeende öffentliche und Erholungseinrichtungen vorgesehen: der große Saal etwa und die Cafeteria, die auch der Quartierbevölkerung offensteht. Am anderen Ende der Gebäudeunterbrechung sorgt ein monumentaler Treppenaufgang für die Verbindung zwischen der begrünten Fußgängerebene auf Hofniveau und einer Dachpromenade auf dem letzten Stock des Gebäudes, die schließlich wieder zum Trakt der Erholungseinrichtungen führt.

L'édifice administratif de la Direction des Télécommunications se situe dans la zone «Colombaia», dans une parcelle à la périphérie de la ville, requalifiée par une réorganisation géométrique. La nouvelle présence de services se propose comme centre de quartier.

Le bâtiment, qui se place sur un quadrilatère, s'ouvre d'un côté en direction du château, de façon à établir une relation entre l'extérieur et l'intérieur de la grande place circulaire.

Dans le bâtiment, les espaces de bureaux sont organisés du côté extérieur et du côté de la place intérieure de repos.

Cette dernière est fermée, sur un côté, par une tête dans laquelle se trouvent quelques services récréatifs et publics, tels que l'auditoire et la cafeteria accessibles à la communauté, tandis que, de l'autre côté de l'interruption de la construction, un escalier monumental met en relation le parcours vert au niveau de la place, avec une promenade suspendue, aménagée au dernier étage du bâtiment, qui se termine dans le bloc des services publics.

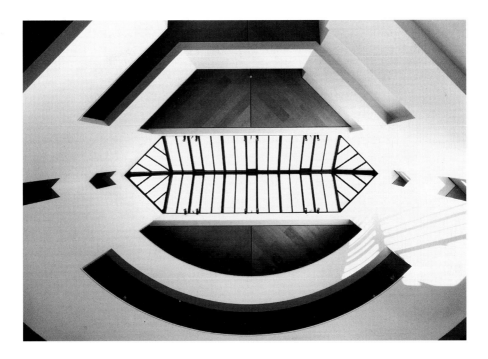

Geschäftszentrum Esselunga in Florenz
Projekt 1988   Bau 1992

Centre commercial Esselunga à Florence
Projet 1988   Réalisation 1992

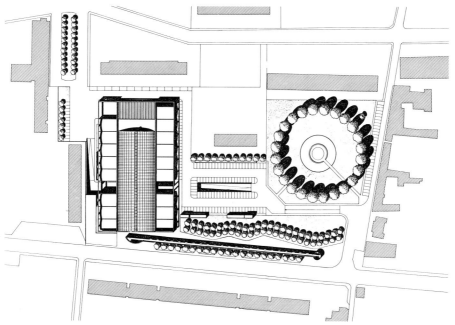

Das neue Gebäude, errichtet auf einer großen, unbebauten Fläche inmitten der anonymen Hochhäuser eines Neubaugebietes der Stadt, scheint deutlich darum bemüht, sich von der ephemeren Wirkung üblicher Kaufhäuser abzuheben und den Dialog mit den architektonischen Formen der Altstadt zu suchen.

Zwei gemauerte Baukörper, die von sich wiederholenden, an alte Fabrikbauten erinnernden Arkaden rhythmisiert werden, tragen das gewölbte Dach des «Mittelschiffs».

Zwei verstrebte Trägerkonstruktionen ruhen auf den Backsteinmauern der beiden seitlichen Baukörper und stützen sich durch Metallpfosten auf hohe Säulen. Der hier einfallende Oberlichtstreifen begleitet den Besucher auf seinem Weg ins Innere der geräumigen Ladenflächen.

Ein überdachter Platz, dessen vorderen Abschluß eine niedrige, halbrunde Ziegelmauer bildet, die vor dem Gebäude auch Endpunkt des Weges ist, der vom Parkplatz zum Einkaufszentrum führt, bildet den Übergang vom städtischen Ambiente zum kommerziellen Bereich im hinteren Teil des Gebäudes.

Le complexe est situé à l'intérieur de la vaste zone non construite qui s'étend au centre du quartier en expansion de la ville jonchée d'anonymes édifices en hauteur. La nouvelle construction semble intentionnée à se libérer de l'image éphémère qui caractérise habituellement les structures commerciales, en revendiquant un dialogue avec les formes de la ville historique.

Deux corps de bâtiments, rythmés par la répétition régulière de grandes arcades, rappellent à la mémoire les halles de marché antiques. Les deux ailes revêtues de briques soutiennent la grande toiture voûtée de l'espace central.

La structure réticulaire fusiforme s'ouvre au centre par l'évasement des appuis métalliques sur les colonnes et engendre un puit de lumière qui pénètre à l'intérieur du vaste espace commercial.

La place ainsi couverte est délimitée par une paroi basse en hémicycle qui termine le parcours d'accès au stationnement. Cette place constitue l'élément de transition entre le centre urbain et les commerces situés en retrait.

Wohn- und Bürogebäude in Maastricht
Projekt 1991

**Edifice pour habitations et bureaux
à Maastricht**
Projet 1991

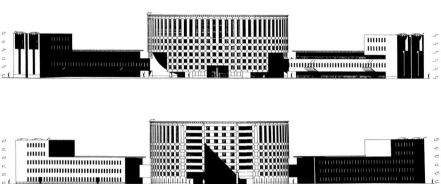

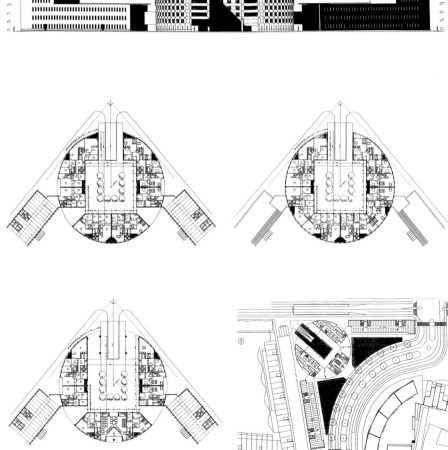

Das Areal, für das dieses Gebäude vorgesehen ist, gehört zum Industriegebiet Céramique, das an den alten Stadtkern angrenzt und nach ehrgeizigen Plänen des Architekten Jo Conen umgestaltet wird. Das Grundstück liegt an einer Straße, die nach einer Kurve vom angrenzenden Straßennetz abweicht, die Achse der neuen Stadtbebauung bildet und schließlich in die Autobahn am Stadtrand mündet.

Das Projekt bezieht sich auf diese scheinbare Anomalie mit dem Entwurf eines konvexen, zylindrischen Volumens, das sich am Schnittpunkt des Wechsels der visuellen Achsen beider Straßensysteme befindet.

Regelmäßig sich wiederholende quadratische Öffnungen durchziehen die kompakte Oberfläche des Gebäudes. Sie verdecken die dahinter liegenden Fenster beziehungsweise Loggien. Zwei große Portale unterbrechen die Mauerflucht und geben den Blick auf einen quadratischen Platz hinter dem Baukörper frei.

Die zwei linearen, vom Wohngebäude abgesetzten Volumen stehen rechtwinklig zueinander, geben so dem von der Straße abgeschirmten Platz ein klare Kontur und betonen den monumentalen Charakter des neuen Baus.

Le site prévue pour l'intervention fait partie d'un ambitieux projet de l'architecte Jo Conen pour la restructuration de la zone industrielle Céramique contiguë au centre historique. L'îlot se pose en bordure du tracé routier proposé qui, au-delà d'une courbe, définit l'axe de la nouvelle urbanisation et se raccorde au réseau autoroutier en périphérie.

Le projet réagit à l'apparent désordre par la proposition d'un volume cylindrique convexe qui fait l'articulation des rapports visuels à la rencontre des deux tissus voisins.

La superficie compacte de l'édifice est parcouru par la répétition régulière des ouvertures carrées qui cadrent tantôt des fenêtres, tantôt de profondes loggias en arrière-plan. Deux grands portails interrompent la composition de l'appareillage pour révéler la cavité d'une cour carrée derrière le corps de bâtiment.

Deux corps linéaires, disposés orthogonalement entre eux mais détachés du volume d'habitations, soulignent le dessin de la place ainsi créé en négatif par rapport au tracé de la rue et renforce la monumentalité du nouvel édifice.

Industriegebäude Thermoselect in Verbania
Projekt 1991 Bau 1991

Bâtiment industriel Thermoselect à Verbania
Projet 1991 Réalisation 1991

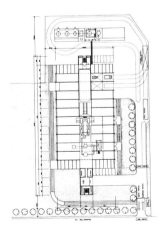

Im Zentrum des Industriegebiets von Verbania-Fondotoce gelegen, hebt sich das neue Gebäude mit seinem hohen, gezackten Profil und seiner lebhaften roten Farbe gegen die schroffen, dunklen Berge ab, die die Ebene nördlich des Lago Maggiore umgeben.

Deutlich erkennbar ist das Bemühen, die großen Volumina einer geometrischen Regel zu unterwerfen und die übliche Zufälligkeit von Industriebauten zu überwinden, die in den meisten Fällen nur der Zweckmäßigkeit folgen.

Die Umbauung nimmt durch das System der Bögen aus verstrebten Trägern, die sich aus dem Baukörper herauswölben, die Formen der mechanischen Anlagen zur Abfallverwertung in ihrem Inneren auf. Die zwei an ihren Rändern stufigen Flügel zu beiden Seiten des Zentralkörpers sorgen mit ihrer Transparenz für einen starken Lichteinfall im Inneren, der deutlich mit den lichtlosen, aus Beton errichteten Produktionsstätten der Umgebung kontrastiert.

Située au centre de la zone industrielle de Verbania-Fondotoce, la nouvelle construction rouge vif au profil dentelé tranche avec les montagnes brunes et âpres qui entourent la plaine s'étendant au nord du lac Majeur.

On saisit immédiatement la volonté de ramener les grands volumes à une règle de composition géométrique qui dépasse le chaos habituel des structures industrielles soumises, dans la plupart des cas, à une règle purement utilitaire.

Le système de poutres en arc réticulaires, qui ressortent à l'extérieur de l'usine, révèle l'essentiel d'une enveloppe capable de s'adapter à la morphologie complexe des installations mécaniques pour le recyclage d'ordures que la construction est destinée à recevoir.

Les deux ailes à gradins qui s'adossent au corps principal assurent à l'intérieur de l'usine une condition de luminosité diffuse et une transparence qui contraste singulièrement avec l'opacité du béton que présentent les usines aux alentours.

Öffentliche Bauten

Bâtiments publics

Auch in den Projekten Mario Bottas für die öffentlichen Einrichtungen ist offensichtlich dieselbe Haltung wirksam, die ihn beim Entwerfen der Bauten geringeren Ausmaßes, der Einfamilienhäuser, leitet – die Einsicht nämlich, daß Architektur des Kontextes bedarf, um daraus eine Reihe von Hinweisen zu gewinnen. Die Vielfalt von Bezügen, die ein Gebäude notwendigerweise mit seiner Umgebung eingeht, kann in einzelnen Fällen sogar die typologische Gliederung bestimmen.

Mario Botta beschreibt den Aufbau seines Projektes für die Schule in Morbio Inferiore folgendermaßen:
«Die Gegebenheiten waren diesmal: Ein grünes Tal, durchflossen von einem kleinen Bach, der dann zur weiter unten liegenden Stadt gelangt. Die Zugangswege: alte Saumpfade, nun zu Straßen ausgebaut, die ehemals und auch heute noch Elemente einer eher wilden Verstädterung darstellen, welche vom Städtchen Chiasso aus diesen Hügel angegriffen hat. Eine romanische Kirche – ein für mich sehr wichtiges Element –, die sich, als ein Ort der Geschichte und der Erinnerung, der sie umgebenden zerrütteten Situation entgegenstellte, eine Art von Fixpunkt, mit dem das Tal ein Wechselgespräch führen konnte. Nach Süden zu eine wilde und wahllose bauliche Erschließung, die die herrlichen Abhänge des Hügels ergriffen hatte, in derselben Weise, wie man etwa Stoff zerschneidet: also ohne topographische Rücksichtnahmen.
Um dieser Aufgabenstellung gerecht zu werden, bestimmte ich eine Achse, die von Norden nach Süden verläuft; längs dieser Achse reihte ich eine Serie von baulichen Einheiten, von didaktischen Einheiten, jede für rund hundert Schüler, wodurch nach Osten und nach Westen hin ein bevorzugter Bezug entstand: der direkte Sichtkontakt mit dem grünen Tal und, nach hinten, mit der Kirche und dem Friedhof.
Das Projekt reagierte hinsichtlich des am stärksten zersiedelten Landschaftsteils mit einem Sich-Abschließen, mit einer Abwehrhaltung, die mich dazu führte, die größten Bauvolumen, die das Bauvorhaben vorsah, die Turnhallen, in diesen Bereich der Straßennähe und der Nachbarschaft zu den bestehenden Bauten zu verlegen, als Elemente des Kontrastes und des Abschlusses. Damit sollte die Möglichkeit geschaffen werden, nach Überschreiten dieser ‹Schwelle›, dieser ‹Schranke› zu einer wohldefinierten Bezugnahme zu finden – zur Freude an der Gegenüberstellung eines heute geschaffen

Apparemment, dans les projets que Mario Botta réalise pour les institutions publiques, l'attitude qu'il a dans le travail à l'échelle plus modeste des maisons d'habitation reste vivante et continue; il s'agit là d'une attitude fondée sur la reconnaissance du fait que l'architecture a besoin d'un contexte pour en tirer une série d'indications. L'intensité des relations qu'une construction instaure nécessairement avec le contexte peut mener à déterminer dans certains cas la typologie d'implantation.
En décrivant le projet de l'école de Morbio Inferiore, Mario Botta définit ainsi son organisation:
«Les éléments donnés, cette fois, étaient une vallée verte caractérisée par un petit ruisseau qui descend vers la ville située en contrebas; les éléments d'accès, les vieux sentiers transformés en route, constituaient et constituent encore un élément d'urbanisation plutôt sauvage qui depuis la petite ville de Chiasso a agressé cette colline; une église romane, pour moi un élément très important, un lieu d'histoire et de mémoire s'opposait à la situation de dégradation de l'environnement et représentait une sorte d'élément fixe avec lequel la vallée pouvait dialoguer. Au sud une urbanisation sauvage et aveugle avait agressé les pentes merveilleuses de la colline en les découpant comme on peut découper un tissu, donc sans motivations d'ordre orographiques.
Pour répondre à cette tâche, j'ai tracé un axe nord-sud; le long de cet axe j'ai aligné une série d'unités constructives, d'unités didactiques, chacune pour environ cent élèves, de façon à établir vers l'est et vers l'ouest un rapport préférentiel, un rapport direct et visuel avec la vallée verdoyante et derrière, avec l'église et le cimetière.
Par rapport à la partie la plus dégradée, le projet réagissait par fermeture, une volonté de fermeture qui m'a amené à insérer, dans cette partie en contact avec la route et le tissu périphérique existant, les volumes les plus gros que le projet prévoyait – les salles de gymnastiques – comme éléments de contraste et de fermeture, pour retrouver ainsi, une fois passé ce ‹seuil›, un rapport précis, le plaisir d'une confrontation entre une œuvre dessinée dans la contemporanéité et les éléments de nature et d'histoire encore présents.
Une implantation typologique née paradoxalement non pas à partir de lois fonctionnelles ou didactiques – cela n'a pas été la loi d'agrégation des contenus, comme cela aurait peut-être été le cas dans les années trente et quarante, au moment où

Baus mit den noch vorhandenen Elementen aus Natur und Geschichte.

Ein typologischer Aufbau war also die Folge, der paradoxerweise seinen Ausgang nicht von funktionalen Gesetzen, nicht von didaktischen Vorschriften nahm – es war nicht die Vorschrift zur Zusammenführung der Inhalte, die den Schaffensprozeß lenkte, wie dies vielleicht in den dreißiger und vierziger Jahren gewesen wäre –, sondern von der kritischen Beobachtung der Umgebung, die den Ansatzpunkt lieferte zu einem Strukturelement des Projekts. Auch in diesem Fall wird die Schule zu einer Art von Primärstruktur, zu einer bewußt gesetzten Barriere, die die landschaftlichen Gegebenheiten der Umgebung zur Geltung bringen will. Der Schulbau – als ein Geschaffenes – wird zum andersartigen Gegenüber, das die umgebende natürliche Landschaft zugleich aufwertet.»

Es fällt einem nicht leicht zu glauben, daß das poetische Gefühl und die Weisheit, die in dieser Beschreibung enthalten sind, sich einzig aus einem schöpferischen Prozeß ableiten, der aus der Aufmerksamkeit für die Dinge, aus der Empfänglichkeit für scheinbar geringe Zeichen hervorgeht. Zeichen, die wir hinwiederum zu sehen verlernt haben und die wir nicht mehr herauszulösen vermögen aus einer landschaftlichen Zersiedelung, an die wir uns offenbar gänzlich gewöhnt haben.

Die Neuheit des typologischen Aufbaus dieses Gebäudes, seine funktionale Strenge, fügen es ein in die Reihe bedeutsamer Bauten, die die Typologie des Schulhauses weiterentwickelt haben, so etwa die Projekte von Duiker oder die naheliegenderen schweizerischen Erfahrungen Roths. Eine besondere Aufmerksamkeit Bottas für die in den letzten Jahrzehnten äußerst lebhaft geführte Architekturdebatte zum Thema Schule muß hier vorausgesetzt werden.

Beim Abschreiten des Gebäudes werden wir erneut gewahr, daß da kein Widerspruch herrscht zu dem, was Mario Botta behauptet hat. Wir bemerken, daß die auch in pädagogischer Hinsicht relevanten Aspekte – etwa die Autonomie, die jede didaktische Einheit genießt bezüglich der Zugänge und der internen Organisation und Aufteilung, wobei diese verbunden bleibt mit der Kontinuität des großen Mittelganges, welcher alle Einheiten zusammenfaßt – aus dem Willen heraus gestaltet sind, eine große Helligkeit der Räume zu gewährleisten, und zwar mittels differenzierter Lichtarten: bezüglich der Orientierung und der Blickrichtung. Francesco Dal Co bemerkt dazu: «Die Schule organisiert

le processus compositif se ralentissait – mais à partir de l'observation critique du contexte qui s'offrait comme point d'appui pour devenir élément structurel du projet. L'école se présente dans ce cas aussi comme une sorte de structure primaire, de barrière artificielle qui veut mettre en évidence les éléments orographiques du site. L'élément artificiel de l'école se pose en même temps comme une opposition et une valorisation du paysage naturel qui l'entoure.»

La poésie et la leçon de sagesse contenues dans cette description ne semblent pas nous convaincre que de tels résultats puissent être seulement obtenus par un processus d'idéation qui naît seulement de l'observation des choses, d'une sensibilité pour de petits signes. Des signes que nous ne voyons et ne distinguons plus à l'intérieur d'une dégradation du milieu à laquelle nous semblons totalement accoutumés.

La nouveauté de l'implantation typologique de cette construction, sa rigueur fonctionnelle, qui la met en confrontation directe avec d'autres épisodes significatifs de l'histoire de l'évolution de la typologie scolaire, avec les projets de Duiker ou avec les plus proches expériences suisses de Roth, semblent supposer une sensibilité particulière au thème de l'école et hériter des attentes d'un débat jamais calmé et extrêmement vivant dans la culture architectonique des dernières décennies.

Et cependant, en parcourant le bâtiment, on découvre encore une fois ce que Mario Botta affirme: on s'aperçoit que les aspects importants, même vus sous l'aspect pédagogique, comme l'autonomie dont chaque unité didactique jouit en fonction des accès et de l'organisation distributive interne qui se met toujours en relation avec la continuité du grand parcours reliant toutes les unités, naissent de la volonté de garantir une grande luminosité des espaces grâce à des formes de lumière différentiées en fonction de l'orientation et du paysage. Francesco Dal Co dira à ce propos: «L'école trouve son ordre autour de la lumière.» Un élément qui, lui aussi, appartient à la nature et au paysage environnant.

La capacité de modeler et de définir les espaces grâce à la lumière, avait déjà mené précédemment, dans le projet de concours pour une école à Locarno, à la définition d'un type riche d'éléments innovateurs.

Cette capacité de faire naître des formes et des réalisations directement de l'ensemble des éléments présents dans le contexte, a produit des résultats

sich um das Licht herum.» Das Licht – auch dies ein Element der Natur und der umgebenden Landschaft.

Die Begabung Bottas, die Räume durch das Licht zu formen und zu definieren, hatte ihn schon im vorangehenden Wettbewerbsprojekt für eine Schule in Locarno dazu geführt, einen Vorschlag auszuarbeiten, der reich war an innovativen Elementen bezüglich dieses Bautyps.

Diese Fähigkeit, Formen und Beziehungen direkt aus der Gesamtheit der Kontext-Gegebenheiten hervorgehen zu lassen, wird ihn zu den noch beachtlicheren Bauten von Villeurbanne und Chambéry sowie zu den Museumsprojekten inspirieren.

Es ist ein großes Verdienst von Mario Botta, eine Situation geklärt zu haben, die zwar schon immer mitgedacht war in der Geschichte der Architektur, sich aber zunehmend von Reformzielen fremder Herkunft bestimmt sah, von soziologischen oder einfach funktionalistischen Ansatzpunkten her.

Wir hatten uns aus Überzeugung daran gewöhnt, in der Entwicklung der Bautypologien einen gänzlich innerhalb der Funktion verharrenden Prozeß zu sehen – die Einlösung gleichsam der im Kompositions-Repertoire enthaltenen Möglichkeiten. Nun sehen wir uns verunsichert durch die konkreten Resultate des Schaffensprozesses von Botta mit seiner gemessenen Weisheit.

Sie bewirkt, daß die in einem Bau präsenten funktionellen Bezüge eine Umformung erfahren nach Maßgabe der Bindungen, die mit der Umgebung eingegangen, und der kulturellen Bedürfnisse der Bevölkerung, die berücksichtigt werden.

Eine Art von Lust am Abändern der «Rollen», die den Gebäudetypen Museum und Theater aufgezwungen sind, ist hier am Werk. Jetzt werden sie zu Orten umgeformt, wo eine tiefgreifende Erneuerung der Gewohnheiten stattfindet und neue Erwartungen erzeugt werden in bezug auf die Zukunft dieser Institutionen.

encore supérieurs dans les œuvres réalisées à Villeurbanne, à Chambéry ou dans les projets de musées.

Le grand mérite de Mario Botta est d'avoir dévoilé une condition qui, même si elle était toujours présente dans l'histoire de l'architecture, semblait se lier toujours plus indissolublement à des mouvements réformateurs toujours plus étranger à celle-ci, dérivés de positions sociologiques ou simplement fonctionnelles.

Habitués par conviction à une évolution des typologies en tant que processus entièrement dépendant de la fonction, presque jusqu'à en faire un objectif des potentialités du répertoire expressif de l'architecture, nous nous trouvons désorientés face aux résultats concrets qu'apporte la sagesse présente dans le processus de conception adopté par Mario Botta.

Ainsi, les fonctions d'un bâtiment se modifient surtout relativement à l'intensité du lien qu'il établit avec le contexte et avec les nécessités culturelles de la société.

Il y a une sorte de complaisance dans la transformation des rôles imposés à des bâtiments, comme les musées ou les théâtres, qui inévitablement transfigurent des lieux en renouvelant profondément les habitudes et en créant avec elles de nouvelles attitudes envers le futur de l'institution.

Neubau der Eidgenössischen Technischen Hochschule Lausanne
Mit Tita Carloni, Luigi Snozzi, Aurelio Galfetti,
Flora Ruchat
Wettbewerb 1970

Nouvelle Ecole Polytechnique Fédérale de Lausanne
Avec Tita Carloni, Luigi Snozzi, Aurelio Galfetti,
Flora Ruchat
Concours 1970

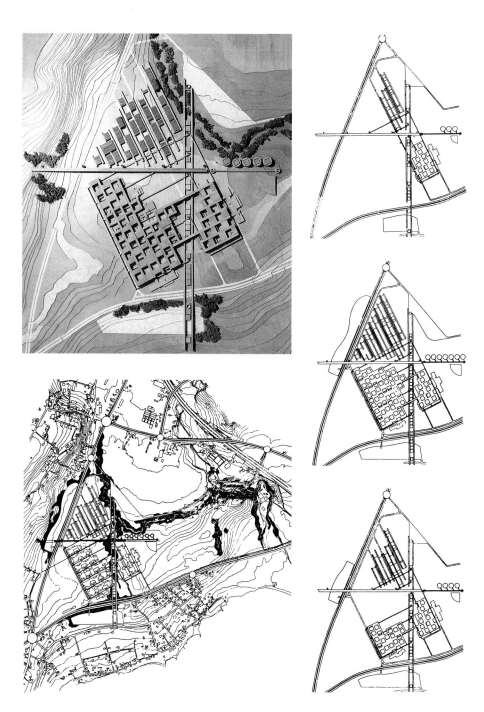

Die Komplexität der Wettbewerbsaufgabe besteht darin, daß einerseits eine Form und ein räumliches Ordnungsprinzip für den neuen Sitz der Hochschule gefunden werden müssen, die auch die künftige Entwicklung mitumfassen, daß andererseits die internen Verflechtungen einer sowohl vom Bildungs- wie vom Forschungsprofil her in stetem Wandel begriffenen Institution vorauszusehen und mitzuberücksichtigen sind. Das Projekt beginnt mit der Präzisierung der Gesamtheit der Beziehungen zur Umgebung; ferner wird ein Ordnungsgefüge erarbeitet, worin die einzelnen Ansatzstellen für zukünftige Ausbaustufen ihren Platz finden. Der Grundriß nimmt die beiden rechtwinklig sich kreuzenden Achsen der römischen Stadtneugründungen wieder auf; freilich handelt es sich hier nicht bloß um Verkehrswege, sondern auch um Achsen, die verschiedene Funktionen in sich vereinigen. Die Nord-Süd-Achse beherbergt die Aufenthaltsräume für Studenten und Dozenten, zudem bildet sie das Hauptverteilzentrum des Systems. Die Ost-West-Achse, sie verbindet die beiden an der Peripherie des Campus gelegenen Autoabstellplätze, vereinigt alle didaktischen Bereiche, das Auditorium und die Seminarräume. Ein fortlaufendes, rechtwinkliges Gewebe, je nach Achse verschieden orientiert, nimmt die jeweiligen Departements-Einheiten auf, die sich bei aller Strenge der Grundkonzeption in unterschiedlicher Weise konstituieren.

La complexité thématique du projet est liée, d'une part à l'exigence de donner une forme et un ordre spatial, à un programme de développement du nouveau siège universitaire dans le temps, et de l'autre, à l'établissement d'une hypothèse du cadre des relations internes d'une institution en évolution continuelle, soit du point de vue de l'enseignement, soit de celui de la recherche. Ce projet doit faire face à la clarification de l'ensemble des rapports avec le territoire, et à la mise au point d'une trame ordinatrice, à l'intérieur de laquelle les différentes phases de l'extention y trouvent place. Le plan propose le schéma typique des villes de fondation romaine, basé sur le couple d'axes orthogonaux, même si, diversement de ceux-ci, les axes ne constituent pas uniquement un tracé routier, mais se transforment en une construction, dans laquelle se situent les différentes fonctions. Le long de l'axe nord-sud se disposent les logements des étudiants et enseignants; l'axe constitue en outre l'élément de distribution principal du système. Le long de l'axe est-ouest, qui relie les deux aires de parking placées aux extrémités, à la périphérie du campus, sont disposés tous les espaces didactiques: l'auditoire et les salles de séminaires. Un tissu continu, à maille carrée, orienté différemment des axes, constitue l'ensemble des diverses unités départementales, qui prennent des dimensions variables en maintenant la rigueur du dessin.

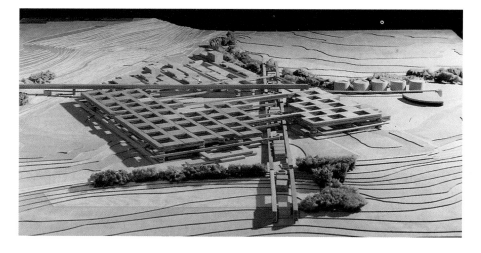

Schule in Locarno
Wettbewerb 1970

Ecole à Locarno
Concours 1970

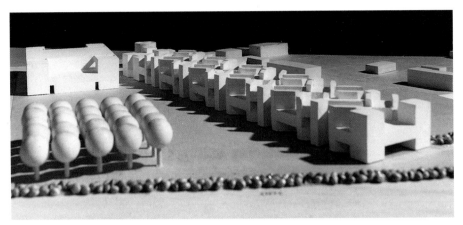

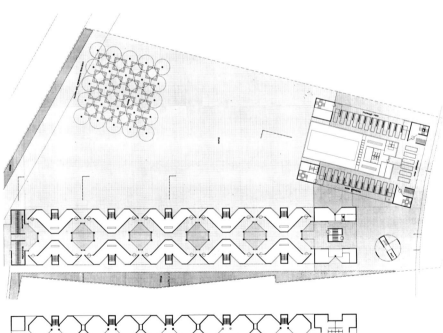

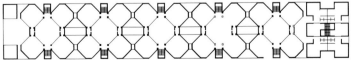

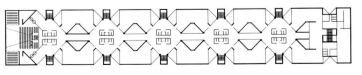

In diesem Projekt bekundet Botta ein großes Ge-spür für typologische Neuerungen im Rahmen der Schulhausarchitektur. In Übereinstimmung mit dem pädagogischen Prinzip, welches Autonomie für die einzelnen Teile verlangt, wird das Gebäude als eine Abfolge von Kernbereichen konzipiert, wovon jeder seine funktionelle Unabhängigkeit genießt. In die-sen finden nämlich ebenerdig die Eingangsräume mit den Garderoben Platz, im oberen Stock die Sonderzimmer sowie die Toiletten; im letzten Stock gruppieren sich vier Säle um einen quadratischen Zentralraum, der von Oberlichtern erhellt wird.

Une grande intuition, sur le plan de l'innovation ty-pologique dans le domaine de l'architecture des écoles, se formalise dans ce projet. En accord avec un principe pédagogique qui cherche à donner une autonomie à chaque partie, le bâtiment est conçu comme une succession de noyaux, ayant chacun leur propre indépendance fonctionnelle. A l'inté-rieur de ceux-ci sont placés, au rez-de-chaussée, les halls d'entrée avec vestiaires; aux étages supé-rieurs, les salles spéciales et les services; alors qu' au dernier étage, quatre salles se placent autour d'un espace central carré, éclairé par le haut.

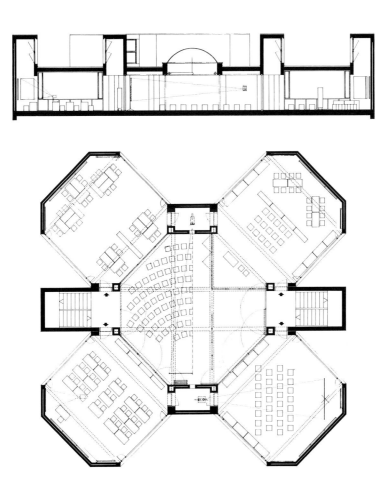

Sekundarschule in Morbio Inferiore
Projekt 1972   Bau 1977

Ecole secondaire à Morbio Inferiore
Projet 1972   Réalisation 1977

Dieses Projekt bringt die Vorschläge des vorangehenden Entwurfs für die Schule in Locarno zur Reife. Die didaktischen Bereiche sind in sich wiederholende, funktionelle Blöcke aufgeteilt. Dies führt durch die Strenge der Serialität, die im großen langgezogenen Block enthalten ist, zum Vorschlag einer geänderten Hierarchie der Teile des Gebäudes, welches mit einem deutlichen Zeichen eine mögliche Alternative zur baulichen Verödung der Umgebung aufzeigt. Jeder Block tritt in einen Wechselbezug zum umgebenden Raum durch die Transparenz des Eingangsportikus, der die weite vorgelagerte Grünfläche mit dem Wald hinter dem Gebäude verbindet. Im Innern zeigt sich die funktionelle Unabhängigkeit der didaktischen Einheit in der Verteilung der vier Klassenzimmer im ersten Stock, die sich seitlich des großen Portals zueinander in Sichtkontakt setzen durch weite Glasflächen. Die spezielle didaktische Bestimmung der Sonderräume im oberen Stock findet ihren Niederschlag in der andersartigen Beleuchtung: durch Oberlichter im Dach. In der Mitte des Gebäudes öffnen sich weitere didaktische Zimmer auf die großen Leerräume mit Zenitalbeleuchtung, worin auch die Verteilwege verlaufen. Die fortgesetzte Durchlöcherung der Querwände ermöglicht perspektivische Durchblicke, welche den eigenen Standort innerhalb des Gesamtbaus offenlegen. In der letzten Einheit des didaktischen Blockes sind die im enge-

Le projet développe les propositions avancées dans le précédent projet pour l'école à Locarno. L'organisation, qui résulte de la subdivision des espaces didactiques en blocs fonctionnels répétés, devient le prétexte, à travers la rigueur de cette série, pour proposer une hiérarchie différente des rapports du bâti, qui, avec un grand signe, indique l'alternative possible à la dégradation de la construction du paysage environnant. Chaque bloc dialogue avec les espaces voisins, grâce à la transparence du portique d'accès, qui relie l'ample étendue de végétation devant l'édifice à la forêt, située à l'arrière. A l'intérieur, l'autonomie fonctionnelle de l'unité didactique est caractérisée par la disposition des quatre salles du premier étage, qui, du côté du grand portail, se mettent en relation visuelle entre elles, à travers de grandes surfaces vitrées. Le caractère différentié des espaces didactiques des salles spéciales du deuxième étage est mis en évidence par le type d'illumination, qui utilise des lanterneaux situés sur la toiture. Au centre du bâtiment, se trouvent d'autres espaces didactiques, ouverts sur de grands vides illuminés par le haut et dans lesquels se situent également les parcours de distribution. Ils forment, à travers les ouvertures continues des cloisons transversales et des percées visuelles pour permettre de se situer dans la dimension complexe du bâtiment. Dans la dernière unité du bloc didactique, qui définit, avec les corps

ren Sinne kollektiven Tätigkeiten untergebracht. Dieser Block begrenzt zusammen mit dem abgedrehten Baukörper der Eingänge und der Turnhalle eine mit Stufen versehene Piazza unter freiem Himmel.

tournés des accès et de la salle de gymnastique, une place extérieure à gradins, se trouvent les activités collectives.

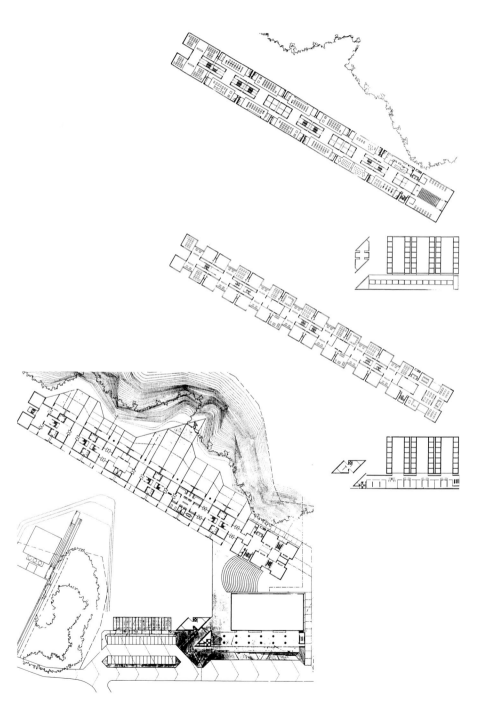

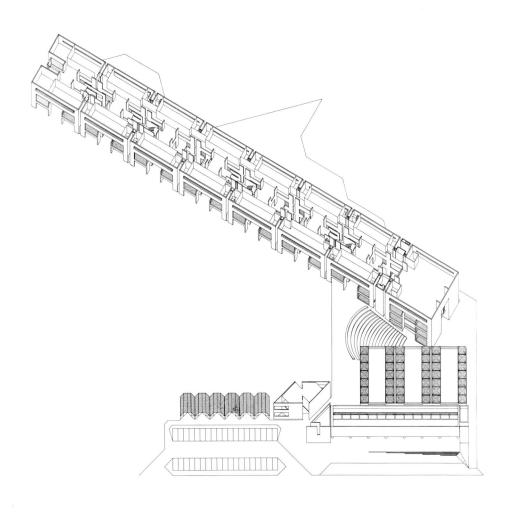

Bibliothek im Kapuzinerkloster von Lugano
Projekt 1976   Bau 1979

Bibliothèque du Couvent des Capucins à Lugano
Projet 1976   Réalisation 1979

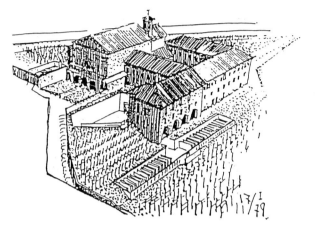

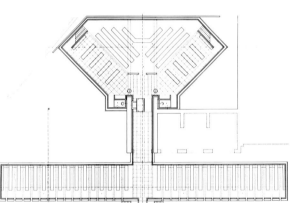

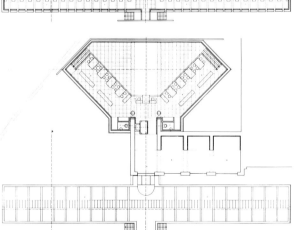

Eine Reihe von senkrechten Öffnungen in der Art von Schießscharten innerhalb einer rebenumrankten Betonwand an einem terrassierten Abhang sowie die transparente Dreieckskonfiguration eines Oberlichtes – dies sind die einzigen von außen einsehbaren Elemente des vorliegenden architektonischen Eingriffs. Im Innern bildet ein einziger großer Saal das Resultat eines schwierigen Einfügungsprozesses. Es galt nämlich, den originalen Charakter des schon bestehenden Komplexes zu bewahren und einen beschränkten Bauplatz innerhalb der alten Mauern zu nutzen: die gesamte Bibliothek mit Bücherdepot und Lesesaal ist unterirdisch untergebracht. Das Fehlen von Öffnungen nach außen – lediglich das Oberlicht unterbricht die Kontinuität der Decke – trägt mit dazu bei, daß eine Atmosphäre stiller Sammlung herrscht, hier, an diesem privilegierten Ort der Kultur, «Labor und Werkstatt der Ideen» (wie Virgilio Gilardoni dieses Werk in einem

Une série de fentes verticales qui s'ouvrent dans un mur en béton, entre les rangées de vigne en terrasse et la structure triangulaire transparente d'un lanterneau, sont les seules émergences que le projet permet d'apprécier de l'extérieur. A l'intérieur, un seul grand espace souterrain constitue le résultat d'un difficile travail d'intégration. Celui-ci sauvegarde le caractère original de l'ensemble préexistant et résout les problèmes de réalisation dans un terrain étroit à proximité des vieux murs, en plaçant la nouvelle structure de la bibliothèque avec la salle de consultation et les dépôts de livres, dans une position complètement enterrée. L'absence d'ouvertures sur l'extérieur, à l'exception du lanterneau qui interrompt la continuité de la couverture, contribue à créer l'atmosphère de recueillement de ce lieu privilégié de la culture «laboratoire, fabrique d'idées», comme l'a défini l'historien Virgilio Gilardoni, qui a dédié un essai à cette œuvre. L'inté-

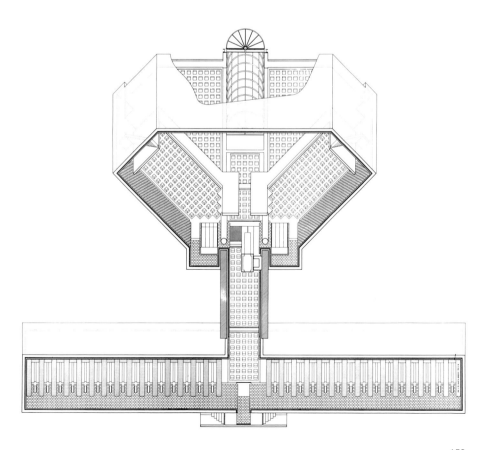

Essay charakterisiert). Der Innenraum erstreckt sich auf zwei Ebenen: ein großer Balkon und darunter in doppelter Höhe der Leseraum; die ihn umschließenden Seitenwände sind aus weiß bemalten Zementwerksteinen.

rieur se divise en deux niveaux, avec une grande galerie ouverte sur l'espace de lecture en double hauteur défini, sur les côtés, par une maçonnerie de blocs peinte en blanc.

Gemeindeturnhalle
in Balerna
Wettbewerb 1976   Bau 1978

Salle de gymnastique communale
à Balerna
Concours 1976   Réalisation 1978

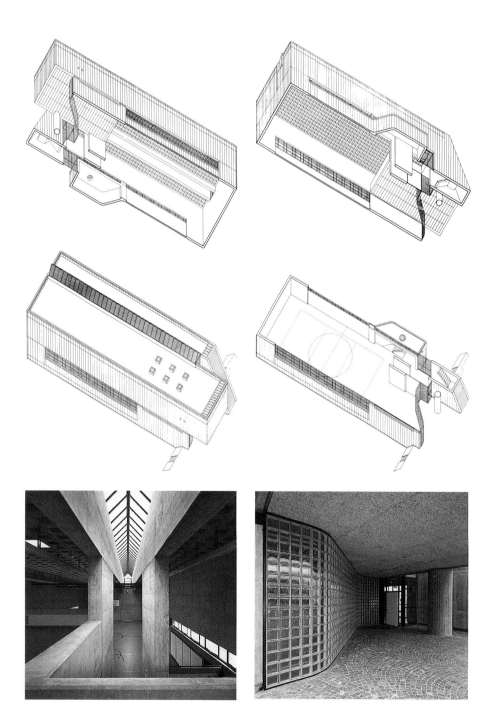

Die dicht überbaute Umgebung und die Nähe zu einem Schulhaus ließen die Verwirklichung eines einzigen langgezogenen, mächtigen Baukörpers geraten erscheinen, welcher im rechten Winkel zur Straße steht.

Die Front zur Straße hin ist durch einen großen Vorbau mit stereometrischen Umrissen, der den Zugangsportikus überdeckt, sowie einen gläsernen Einschnitt gekennzeichnet; dieser kulminiert in der Höhe in einem fortlaufenden Oberlicht, welches auf der gesamten Länge den Baukörper unterbricht.

Dadurch wird der Gebäudeteil, der die Treppen aufnimmt – jene zum Soussol, wo Umkleideräume und Toiletten, und jene zur oberen Etage, wo neben der auf den Turnsaal blickenden Empore auch ein Raum für therapeutische Gymnastik untergebracht sind –, vom Hauptgebäude losgelöst und bildet eine schräge Fläche, die die Seitenfront mit dem Boden verwurzelt und die über der gewellten Glasbausteinwand schwebende Front zusätzlich zur Geltung bringt.

L'emplacement du bâtiment, dans une zone très construite et à proximité d'une école, a suggéré la réalisation d'un unique grand volume allongé, placé orthogonalement à la route.

La façade du côté rue est caractérisée par la présence du grand volume stéréométrique en porte-à-faux, qui définit le portique d'accès et, par une fente vitrée qui se termine en haut par un lanterneau continu interrompant la structure sur toute sa longueur.

Le volume contenant l'escalier d'accès, qui mène du sous-sol, où sont placés les services et les vestiaires, à l'étage supérieur, où se trouvent la galerie ouverte sur la salle, de même qu'un local pour la gymnastique thérapeutique, se détache du volume principal, par la création d'une surface inclinée, qui ancre dans le sol le front latéral, et contribue à accentuer le front suspendu au-dessus du mur ondulé en briques de verre.

Alterspflegeheim in Agra
Wettbewerb 1980

Maison de soins à Agra
Concours 1980

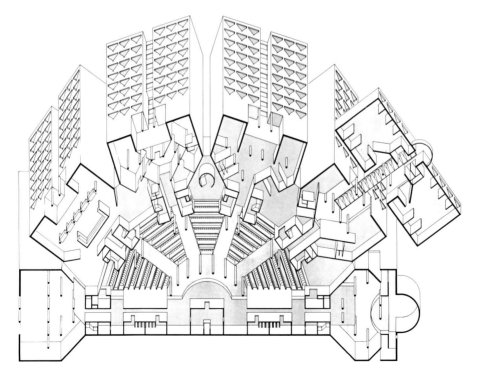

In erhöhter Lage am Abhang des Berges gelegen, erweckt diese Zitadelle in Dorfnähe das Bild eines in sich gekehrten Ortes, wo, etwas abgerückt von der Umgebung, verschiedene Bereiche des Gemeinschaftslebens zusammengefaßt werden.

Sechs turmartige Baukörper, im Halbkreis angelegt, beherbergen die Gesamtheit der Wohnräume, die sich mit großen Loggien zum Tal hin öffnen.

Jeder dieser Baukörper enthält zudem im Erdgeschoß einen Bereich allgemeinen Interesses: die Kirche, das Restaurant, Geschäfte. Sternförmig begrenzen diese Räume den weiten gedeckten Innenraum der Halle, wo sich die Zugänge zu den Aufzügen befinden.

Die Überdachung dieses Zentralraumes bildet den Boden einer großen Piazza; sie wird auf der einen Seite durch die Innenfassaden der Wohntürme begrenzt, auf der anderen Seite durch das in erhöhter Lage am Berghang gebaute Solarium.

Placée en position surélevée par rapport au flanc de la montagne, située près du village, cette citadelle recueillie sur elle-même, allie à l'image d'un lieu écarté, celle d'une garnison dans laquelle diverses fonctions de la vie sociale sont associées.

Six grandes tours disposées en arc de cercle abritent l'ensemble des logements, orientés avec de grands balcons sur la vallée.

Au rez-de-chaussée, chacune de celles-ci reçoit une fonction différente: l'église, un restaurant, des espaces commerciaux, qui, en schéma d'étoile, délimitent de l'extérieur le grand espace central couvert d'un hall qui dégage les accès aux installations de circulations verticales de chaque tour.

Les façades intérieures des tours de logement délimitent l'espace scénique d'une grande place, située sur la couverture du noyau central qui s'ouvre en amont en direction du solarium disposé plus haut.

Sitz des Picasso-Museums in Guernica
Wettbewerb 1981

Siège du musée Picasso à Guernica
Concours 1981

Die Aufgabe, ein Museum für Picassos Gemälde samt den dazugehörenden 72 Vorbereitungszeichnungen zu schaffen, löst dieses Projekt mit der Schaffung (in analoger Weise zur Luganeser Kapuziner-Bibliothek) eines großen, gänzlich unter der Erde angelegten Saales. Die beiden emporragenden Gebäudeteile, welche die Treppen beziehungsweise die Diensträume beherbergen, werden durch einen weiten Bogen miteinander verbunden: hier befindet sich der Eingang zum Museum und auch, über eine Rampe, der Zugang zur leicht erhöhten Piazza. Ein zweiter Baukörper, in rechteckiger Form in der Mitte des Platzes, ruft in Erinnerung, daß sich darunter das Museum befindet. Im Innern dieses Baukörpers leiten abgeschrägte Wände das Licht nach unten, so daß es die Hauptwand des Saales erleuchtet, worin das Gemälde ausgestellt ist.

Comme dans le projet pour la bibliothèque du couvent des capucins, le thème de la création d'un siège du musée, destiné à accueillir le tableau de Picasso et ses 72 dessins préparatoires, est résolu en créant un grand volume totalement enfoui au sous-sol. Un grand arc, qui relie les émergences des deux corps d'angle des escaliers et des services, définit l'accès au musée et, par une rampe, à la place légèrement surélevée. Un deuxième volume en forme de parallélépipède émerge du sol au centre de cet espace et évoque la présence souterraine du musée. A l'intérieur, des parois inclinées dirigent la lumière vers le bas, pour illuminer le mur de fond de la grande salle semi-circulaire, dans laquelle l'œuvre est exposée.

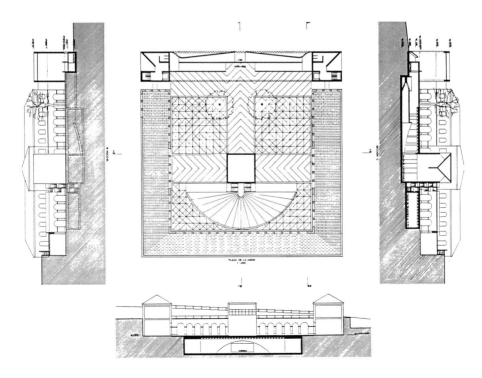

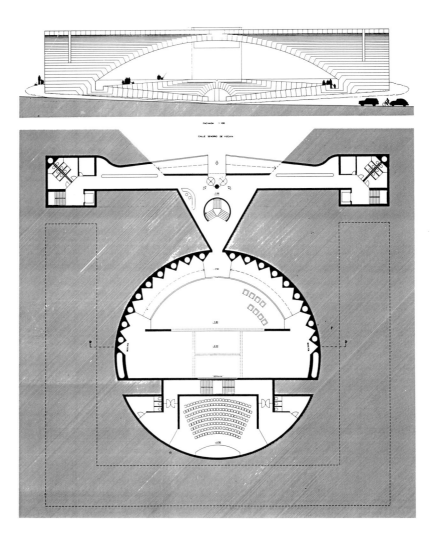

**Theater und Kulturzentrum
in Chambéry**
Wettbewerb 1982   Bau 1987

**Théâtre et Maison de la Culture
à Chambéry**
Concours 1982   Réalisation 1987

Das Projekt für das Kulturzentrum André Malraux ist bestrebt, das vorgefundene Ungleichgewicht auszugleichen, das große Quadrat einer napoleonischen Kaserne nämlich, inmitten einer unbebauten Fläche am Rande der Altstadt. Bottas Entwurf geht viel weiter, als es der Wettbewerb vorsah – Restaurierung des Kasernenbaus und Schaffung eines

Le projet du centre culturel André Malraux tend à résoudre l'anomalie du tissu urbain provoquée par la présence d'un grand quadrilatère d'une caserne napoléonienne, au centre d'une zone non construite, au bord de la ville historique. En inversant les prémices du concours, qui prévoyait simplement la restauration du bâtiment de la caserne et la créa-

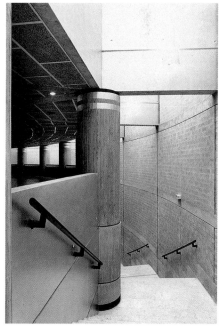

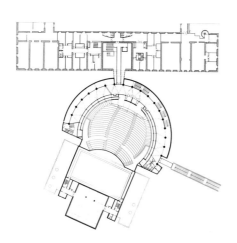 

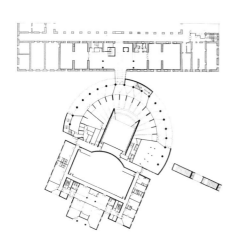 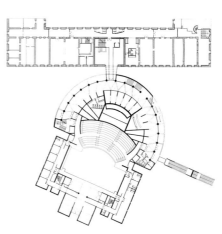

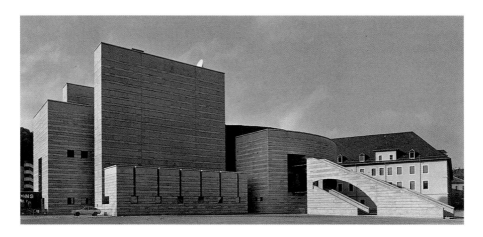

Mehrzwecksaals mit 900 Plätzen –, indem er die Beziehungen zwischen den isolierten, schon bestehenden Elementen einschließlich der angrenzenden Gendarmerie neu ordnet sowie ihre Stellung bezüglich Straßenführung und Umgebungsbauten neu definiert, wobei die Geschichte der Stadt mitberücksichtigt wird. Angelpunkt dieser Neugestaltung ist der kreisförmige Baukörper des Theaters; er lehnt sich mitten an die Ostfassade der Kaserne an und erfährt dann eine Drehung, bis er sich zur im Norden vorbeiführenden Straße hin öffnet. Im Rahmen der funktionellen Umgestaltung wird nun der große, quadratische Innenhof der Kaserne als großzügiges Freiluftatrium zum Theatersaal genutzt. Der Zugang zum Saal erfolgt über das im Ostflügel des Altbaus untergebrachte Foyer, das durch einen verglasten Verbindungsgang mit dem Rundbau kommuniziert.

tion d'une salle multifonctionnelle de 900 places, la proposition tente une recomposition des rapports entre les éléments isolés existants, y compris le bâtiment contigu de la gendarmerie, en redéfinissant leurs rôles, par rapport aux différents tracés et aux alignements du bâti environnant, tout en respectant l'histoire de la ville. Le pivot de la nouvelle composition est le corps circulaire de la salle du théâtre, qui, en s'adossant au centre de la façade est de la caserne, est tourné jusqu'à reconnaître l'alignement de la route qui est située au nord. L'opération de réorganisation fonctionnelle du complexe utilise la grande cour carrée de la caserne comme grand atrium extérieur d'entrée au théâtre, à laquelle on accède à travers une liaison vitrée depuis le foyer, situé dans l'aile est du vieux bâtiment.

Haus der Medien in Villeurbanne
Wettbewerb 1984　Bau 1988

Médiathèque à Villeurbanne
Concours 1984　Réalisation 1988

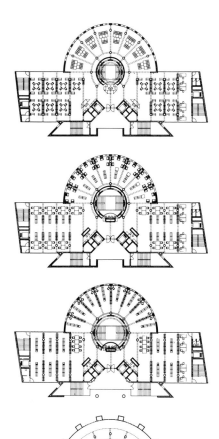

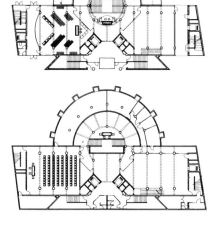

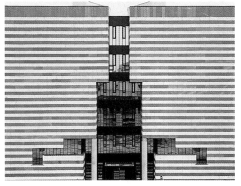

Das Gebäude liegt am Emile-Zola-Korso, der wichtigsten Verkehrsader der Stadt und zugleich Verbindungsachse Lyons mit seiner Region. Es nutzt eine leichte, durch die Verbreiterung der Straße entstehende Verschiebung der Fassadenlinien der angrenzenden Bauten: in kühner Bewegung greift es nach vorne aus und verbreitert sich dabei, wodurch ein voller Baukörper sich dem Auge darbietet, der in seiner Mitte einen tiefen, stufenförmigen Einschnitt aufweist. Dieser Einschnitt dringt so tief ein, bis er das Glasherz des Gebäudes erreicht; hier sind die Aufteilung der Geschosse und das funktionelle Organigramm des Medienhauses ablesbar – Haus des Buches, des Bildes und des Klanges.

Neben die großen, fensterlosen Wände, hinter denen sich die beiden Treppenhäuser verbergen und die mit verschiedenfarbigen Steinstreifen verkleidet sind, treten die durchsichtigen, nur vom Strukturgerippe eingefaßten Glasbausteinwände, die ohne Unterbrechung die Verknüpfung mit den Nachbargebäuden herstellen. Im Innern befindet sich an der Schnittstelle des rechteckigen mit dem zylindrischen Gebäudeteil ein Lichtschacht, der in einem konischen Oberlicht seinen Abschluß findet. Der Besucher, welcher vom Atrium kommend hierher gelangt, gewahrt die Abfolge der kreisförmigen Etagen, in denen die verschiedenen Benutzersäle ihren Platz finden.

Le bâtiment est situé dans un îlot qui longe l'avenue Emile Zola, axe principal de la ville, qui relie Lyon à sa région. Cet édifice, exploitant un léger désaxement des façades des constructions avoisinantes, produit par l'élargissement de la route, se projette en avant, se dilate en plan et crée ainsi l'image d'un volume plein, excavé au centre par une coupure profonde aux bords dégradés, qui se prolonge jusqu'à atteindre le cœur vitré du bâtiment, où la disposition des étages et l'organisation fonctionnelle prévue de la médiathèque sont lisibles: Maison du Livre, de l'Image et du Son.

A côté des grands murs aveugles, revêtus de pierre en bandes de couleurs différentes, et contenant les deux corps escaliers, des surfaces transparentes, en brique de verre, à peine encadrées par le châssis structurel, recomposent sans rupture les raccords avec les bâtiments adjacents. A l'intérieur, un puits de lumière, couvert par un lanterneau tronconique, et placé au point d'intersection entre un volume rectangulaire et un autre de forme cylindrique, révèle au visiteur, qui entre dans l'atrium, la séquence des anneaux auxquels correspondent les différentes salles de consultation.

Kunstgalerie Watari-Um in Tokio
Projekt 1985   Bau 1990

Galerie d'art Watari-Um à Tokyo
Projet 1985   Réalisation 1990

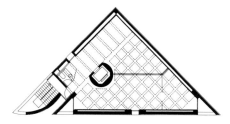

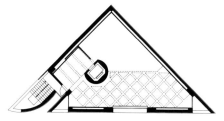

Das Gebäude nutzt die regelmäßige Form der dreieckigen Bauparzelle, die zwischen einer Hauptstraße und einer seitlichen Nebenstraße liegt.

Das Aufeinandertreffen der beiden Straßenfronten wird durch das ausgezackte Profil der Feuertreppe betont, die von der Hauptfassade als geschwungener Baukörper abgehoben ist. An ihrem Fuß befindet sich der Eingang zum Gebäude.

Der lange Einschnitt in der Mitte der mit Marmorplatten durchwobenen Front verbreitert sich an der Basis zu einem großen, rechteckigen Schaufenster. Er ist der einzige Hinweis auf die innere Organisation des Gebäudes, das auf sechs Geschossen für verschiedene Nutzungen eingerichtet ist.

Im Erd- und Untergeschoß befindet sich ein Buchladen. Im ersten, zweiten und dritten Stock liegen die Ausstellungsräume der Kunstgalerie, in den oberen beiden Geschossen Büros und die Wohnung des Eigentümers.

Etwas Licht dringt dort, wo Mauersegmente aufeinandertreffen, durch schießschartenartige Schlitze und Bullaugen in das Gebäude.

Le bâtiment situé au croisement d'une rue principale et d'un parcours secondaire latéral exploite la géométrie régulière d'une petite parcelle triangulaire.

La jonction des deux façades tournées sur ces rues est accentuée par le profil découpé du volume de l'escalier de secours. Ce volume se détache de la façade principale par un mouvement curviligne dont la base marque l'entrée.

Une longue fissure marque le centre de la façade revêtue de panneaux de béton préfabriqués intercalés d'éléments de pierre noire. L'ouverture s'élargit vers le bas par un grand vitrail rectangulaire qui devient l'unique point de repère pour l'organisation interne du bâtiment.

Les différentes fonctions sont distribuées sur six étages. Au niveau inférieur et au rez-de-chaussée: une librairie; au premier, deuxième et troisième niveau: les espaces d'expositions de la galerie d'art; au niveau supérieur: les bureaux et le logement du propriétaire.

La lumière pénètre à l'intérieur à travers une série de meurtrières découpées aux coins des façades avant d'être diffusée dans les espaces intérieurs.

Galerie Thyssen-Bornemisza in Lugano
Wettbewerb 1986

Galerie Thyssen-Bornemisza à Lugano
Concours 1986

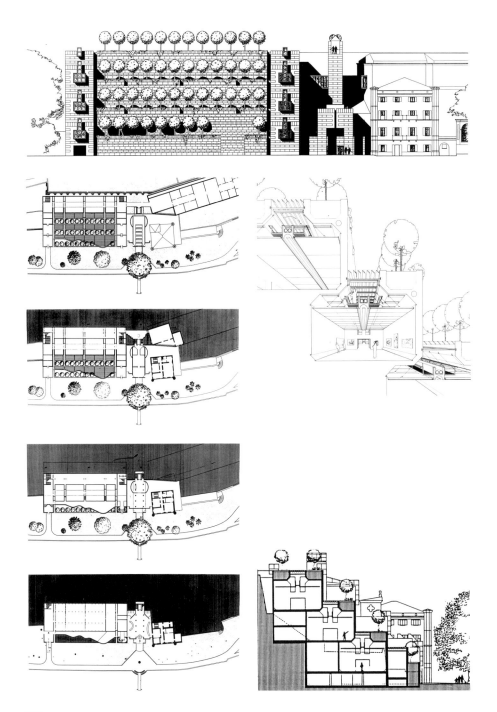

Bottas Vorschlag sieht eine künstliche Terrassierung vor, eine Folge von abfallenden Mauern, welche oben jeweils durch eine Baumreihe ihren Abschluß finden. Solche Analogie zu anderen typischen Bauten der voralpinen Seen führt zu einer Neubewertung dieses schmalen Grundstückes, das sich wie ein Band zwischen Berg und See hinzieht. Die Gestaltung des Gartens im italienischen Stil gestattet es, darunter Ausstellungsräume von einzigartigem Charakter zu schaffen; eine ideale Beleuchtung erfolgt durch das fortlaufende Oberlicht in Deckenmitte, welches die Helligkeit mittels einer transparenten Glasüberdachung verteilt. Am Ende der langen Säle befinden sich die stufenförmigen Baukörper, welche die terrassierte Front bilden und die Zugänge zu den auf verschiedenen Niveaus angelegten Ausstellungsräumen enthalten. Große, zum See hin sich öffnende Glasfenster erinnern den Kunstbesucher während dieser Pausen seines Rundganges an die außerordentliche Landschaft, worin er sich befindet.

La proposition prévoit un terrassement artificiel, obtenu grâce à une succession de murs en dégradé, couronnés au sommet par l'ordre géométrique d'une rangée d'arbres qui, par analogie avec d'autres épisodes de la construction du paysage des lacs alpins, caractérise le rôle de cette mince parcelle, coincée entre la montagne et le lac. L'artifice du jardin à l'italienne permet de recréer, au-dessous, un espace d'exposition unique en son genre, qui jouit de conditions ambiantes idéales avec une illumination zénithale continue, aménagée au centre de la couverture, et diffusée à travers un plafond de verre translucide. Des volumes en gradins, placés au bout des longues salles, gardent le front terrassé et permettent la perception de la composition en gradins du bâtiment, dégageant les accès aux galeries, placées au différentes niveaux, tandis que de grandes fenêtres ouvertes sur le lac rappellent, durant ces pauses du parcours, l'extraordinaire cadre naturel du paysage.

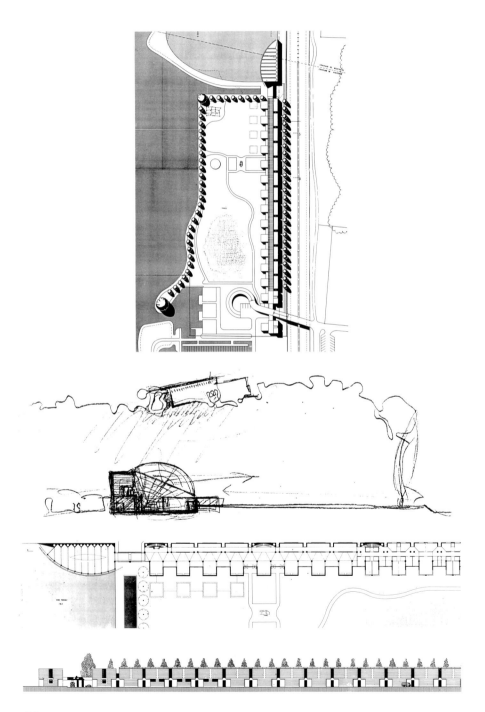

Das für das neue archäologische Museum vorgesehene Baugrundstück besteht aus einem dem See abgewonnenen Terrain in der Nähe der Autobahn. Das Projekt verzichtet auf eine Bebauung der aufgeschütteten Fläche; vielmehr sieht es die Realisierung einer einzigen langgezogenen Mauerstruktur gleich hinter der Autobahn vor, die damit gleichsam in einen Graben verbannt ist. Der Bezug zum weiten, freibleibenden Raum in Richtung See wird dadurch intakt erhalten.

Zusätzlich soll der langgestreckte Museumsbau als Barriere gegen den Autobahnlärm dienen. Diese Konzeption führt zu einer Aufwertung der Ausstellungsfläche unter offenem Himmel, wo bereits am Orte selbst gefundene Gegenstände zu beschauen sind.

Eine lange, durch ein fortlaufendes Oberlicht erhellte Galerie verbindet die einzelnen Säle miteinander. Der große Abschlußsaal bietet Raum für die Reste alter Schiffe.

Le lieu prévu pour l'emplacement du nouveau musée archéologique est constitué par un terrain pris sur le lac, près du tracé de l'autoroute.

Le projet renonce à s'étendre sur le terrain de remplissage mais propose plutôt la réalisation d'un unique grand mur équipé, construit le long du tracé de l'autoroute, de façon à garder intact le rapport avec la grande surface libre à l'avant.

Egalement conçu comme protection contre le bruit produit par le trafic autoroutier, le nouvel édifice linéaire du musée archéologique privilégie le grand espace d'exposition à l'extérieur, dans lequel sont déjà présents des vestiges découverts sur place.

Une grande galerie ouverte sur le haut, grâce à un lanterneau continu, raccorde entre elles les différentes salles, jusqu'à un grand espace terminal, où sont exposés les restes d'anciens bateaux.

Museum für Moderne Kunst in San Francisco

mit Hellmuth, Obata & Kassabaum Inc., S. F.
Projekt 1989   Bau 1995

Die Lage des Gebäudes auf einem Baulos, neben dem sich drei Hochhäuser befinden, legte eine besonders ausdrucksstarke Außengestaltung nahe, die einerseits die kulturelle Bedeutung des Museums für die Stadt unterstreichen sollte, andererseits aber einen direkten und ohne Zweifel aussichtslosen Wettstreit mit diesen Bauten vermied.

Die drei erklärten Ziele des Projekts sind: Die Beleuchtung mit natürlichem Licht, trotz des ungünstigen Verhältnisses 1:4 zwischen der Oberfläche des Bauloses und jener des Bauprogramms; die Schaffung eines einheitlichen Inneren; die Gestaltung der Außenfläche als eine Art von Schale, welche in ihrer verhüllenden Gesichtslosigkeit den Betrachter zum Eintreten auffordern sollte.

Die gestufte, mit Ziegelsteinen verkleidete Vorder-

Musée d'art moderne à San Francisco

Avec Hellmuth, Obata & Kassabaum Inc, S. F.
Projet 1989   Réalisation 1995

La position du site sur une parcelle voisine de trois édifices en hauteur a suggéré le choix d'une image particulièrement forte qui souligne l'importance culturelle de l'institution pour la ville. Ce parti permet d'éviter la confrontation directe et déloyale avec les élévations des alentours.

Trois objectifs d'interventions sont déclarés:

– l'illumination naturelle malgré le rapport défavorable de un pour quatre de la superficie constructible sur celle du programme de l'édifice;

– la création d'une image interne unitaire;

– la réalisation d'une enveloppe externe qui refuse une façade typée et stimule le visiteur à entrer.

La façade frontale à gradin, revêtue de brique, rassemble l'ensemble des espaces d'expositions éclairés de lumière zénithale. Ce front s'ouvre au

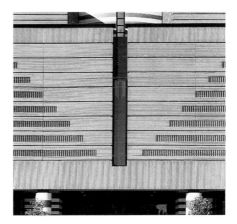

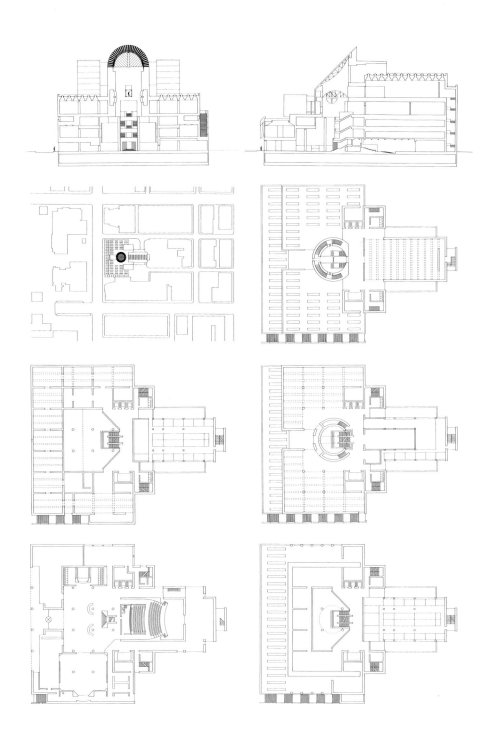

front umfaßt die Gesamtheit der zenital beleuchteten Ausstellungsräume. Aus ihrer Mitte erhebt sich ein zylindrischer Baukörper, an dessen Fassade Marmorstreifen in zwei verschiedenen Farben alternieren.

Diese totem-artige Erscheinung hebt sich gegen den Himmel ab und endet in einem transparenten Schrägdach. Das Licht beleuchtet von hier das Zentrum des Gebäudes, um das herum die Zugangstreppen zu den Ausstellungsräumen angelegt sind.

centre en révélant le volume cylindrique de granit aux bandes intercallées blanches et noires. Cette image totémique se découpe du ciel en émergeant avec un plan oblique transparent qui capte la lumière pour la diffuser dans le vaste vide central, autour duquel s'orientent les parcours d'accès aux salles d'expositions.

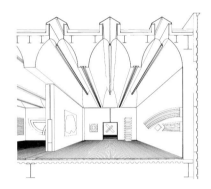

**Mobiles Zelt für die Jubiläumsfeiern
der Schweizerischen Eidgenossenschaft**
Projekt 1989/90   Bau 1991

**Tente mobile pour les festivités
de la Confédération helvétique**
Projet 1989/90   Réalisation 1991

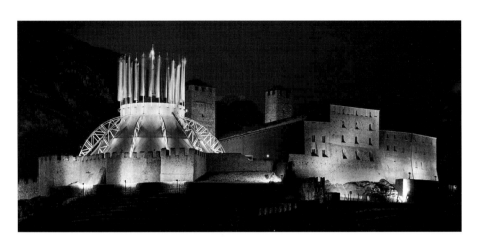

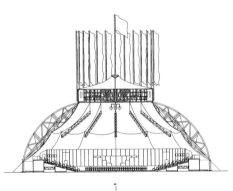

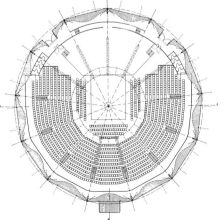

Aus der Projektbeschreibung: «Ein Zelt ist ein nomadisches Dach. – Es ist das Symbol der Gegenwart von Menschen, ihrer Begegnung unter dem Zeichen eines Themas, eines Ereignisses, einer Verständigung. – Das Zelt ist die ursprünglichste und wesentlichste Form von Bedachung und Beschirmung – es erzählt von der Notwendigkeit des Menschen nach Begegnung und Auseinandersetzung mit dem Mitmenschen. Es ist das physische Zeichen von kollektiven Werten, deren die Menschen bedürfen. Was für einen Sinn kann es heute haben, einer heterogenen Gemeinschaft, wie es die Eidgenossenschaft ist, einen Bau vorzuschlagen, der einer Fahne gleicht?

Für den Architekten bedeutet Bauen die Umgebung verändern. Durch das ‹Bauen› erfährt das bestehende Gleichgewicht eine Veränderung: es stellt sich ein neues, anderes Gleichgewicht ein, eine neue, veränderte Beziehung zwischen dem Menschen und seiner Umgebung. Ein Zelt, das sich zu einem Dialog aufrichtet mit einem Schloß, einer Ebene oder einem See, schlägt damit eine neue, veränderte Wahrnehmung des Schlosses, der Ebene, des Sees vor. Das gewohnte Bild wird umgeworfen, neue Deutungen sind möglich. Vielleicht kann uns gerade eine vergängliche Architektur – geschaffen, um bloß einen ‹Moment› zu dauern – helfen, die Veränderungen, deren Protagonisten wir sind, zu verstehen, zu kritisieren und zu schätzen.»

Tiré du rapport du projet: «Une tente est une toiture nomade. – C'est le signe de la présence et de la rencontre d'hommes autour d'un thème, d'un événement, d'une communion. – La tente est la forme de couverture et de protection la plus primitive et essentielle, qui raconte la nécessité qu'a l'homme de se rencontrer et de se confronter avec d'autres hommes. C'est un signe physique des valeurs collectives, dont les hommes ont besoin. Quel sens y a-t-il de proposer aujourd'hui à une collectivité hétérogène comme celle de la Confédération une construction comme un drapeau?

Pour l'architecte, construire est un instrument pour modifier l'entourage. Le fait de ‹construire› coïncide avec la transformation de l'équilibre existant en un nouvel équilibre différent, et en un nouveau et divers rapport entre l'homme et son propre environnement. Une tente, qui s'élève en dialoguant avec un château, une plaine ou un lac, propose une nouvelle et différente lecture du château, de la plaine, du lac. L'image connue est bouleversée et de nouvelles interprétations seront possibles. Peut-être, en effet, seule une architecture éphémère, née pour durer un seul ‹moment›, pourra nous aider à interpréter, critiquer et apprécier les transformations, dont nous sommes les protagonistes.»

Theater und Geschäftszentrum in Varese
Mit Aurelio Galfetti
Wettbewerb 1990

Théâtre et bureaux à Varese
Avec Aurelio Galfetti
Concours 1990

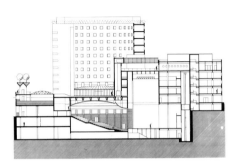

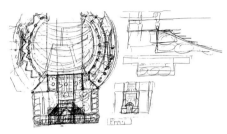

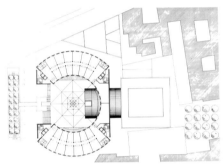

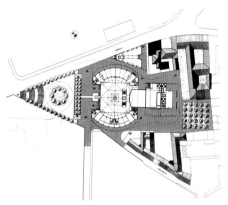

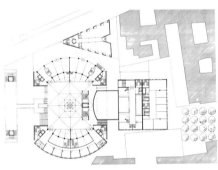

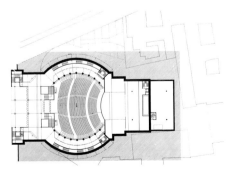

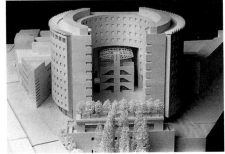

Die Wettbewerbsausschreibung sieht die Errichtung eines Bauvolumens von beträchtlichen Ausmaßen vor, und zwar in einer Zone mit kleineren Gebäuden vom Anfang des Jahrhunderts. Das Projekt antwortet darauf mit einer beträchtlichen Reduktion des oberirdischen Baukörpers, die dadurch möglich wird, weil nahezu die gesamte Struktur des polyvalenten kulturellen Zentrums, mit der einzigen Ausnahme des Bühnenhauses, unter den Boden verlegt wird. Über das Straßenniveau erhebt sich der zylindrische Bau mit den privaten Büroräumlichkeiten (sie sollen nach dem Willen der Auftraggeber für das ökonomische Gleichgewicht der Überbauung sorgen): in seinem Innern bildet sich ein neuer, erhöhter Platz. Der Gesamtentwurf soll ein deutliches Zeichen setzen inmitten eines Gebietes ohne bauliche Qualitäten und wird zum Bezugspunkt für die gegenüberliegende Piazza della Repubblica. Die stirnseitige Durchbrechung des zylinderförmigen Baukörpers führt zu einer gewollten visuellen Verlängerung, zu einer durchlässigeren und weniger frontalen Verbindung zum Leerraum der Piazza. Je mehr man sich ins Innere des neuen Baugebildes wagt, desto deutlicher entsteht eine Art natürlicher Verlängerung der bestehenden Höfe, Gärten und Sträßchen, wodurch das dichte Netz der Fußgängerwege an Durchlässigkeit gewinnt.

A la requête du concours pour une construction de volumétrie massive, dans une zone caractérisée par de petites constructions qui datent du début du vingtième siècle, le projet proposé répond par une importante réduction du volume hors terre, obtenue par l'enterrement de la quasi totalité des structures du centre culturel polyvalent, à l'exception de la tour des scènes. Hors terre, émerge le grand volume cylindrique des activités administratives privées, voulues par le maître de l'ouvrage, pour rééquilibrer le cadre économique de l'intervention, qui crée, à l'intérieur, une nouvelle place surélevée. Le dessin d'ensemble est destiné à caractériser, avec un signe «fort», l'îlot sans qualités, dans lequel se trouve, en l'indiquant simultanément, un point décisif de référence pour la Piazza della Repubblica qui se trouve vis-à-vis. L'interruption frontale du corps cylindrique crée intentionnellement un prolongement visuel, qui rend plus perméable et moins frontal le rapport avec le vide de la place, recréant, au fur et à mesure que l'on s'aventure à l'intérieur de la nouvelle structure, une sorte de suite naturelle des cours, des ruelles existantes, exaltant la perméabilité du système des parcours piétons.

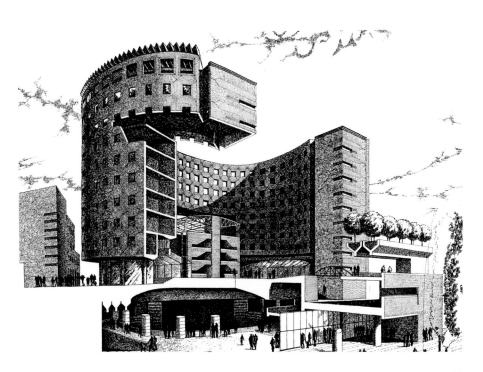

Kulturzentrum in San Sebastian
Wettbewerb 1990

Centre culturel à San Sebastian
Concours 1990

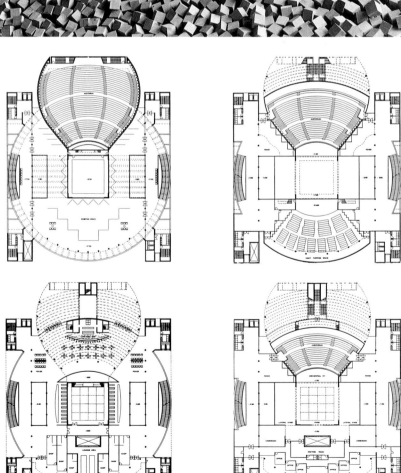

Einem riesigen Krebstier ähnlich, das aus dem Meer aufgetaucht ist und nun am Rande der Felsen innehaltend seine rauhen Oberflächen trocknen läßt, gibt das neue Kulturzentrum von San Sebastian mit seiner beunruhigenden Gegenwart der Stadtfront zum offenen Meer hin ein unverbraucht-frisches Aussehen. Der neue Komplex an der bestehenden Ecke zur Zurriola-Brücke bildet den Abschluß der historischen Gebäudereihe am Meeresufer. Er ist das langgezogene Endstück dieses Stadtteils, das eingeschlossen ist zwischen dem Eisenbahntrassee und der weiten Atlantikfläche des Golfs von Gascogne. Drei Elemente kennzeichnen diesen Entwurf: Konzentration aller vorgesehenen Bereiche in ein einziges Gebäude, das sich in der Höhe den bestehenden Stadtpalästen anpaßt; die Errichtung eines neuen Gebäudeteils entlang dem Paseo Zurriola bis hin zur Playa de Gros: ein einstöckiger Bau mit Filterfunktion, der dem Paseo entlang Platz schafft für verschiedene Geschäfte, die mit Fußgängerzugängen zum Meer hin abwechseln; eine leichte Korrektur der Frontpartie des wellenbrechenden Mauerwerks, um den Neubau an seiner exponierten Lage zwischen Stadt und Meer besser zur Geltung zu bringen. Das neue Gebäude, es soll ganz aus Stein gebaut sein, wird neben dem Theatersaal auch einen Konferenz- sowie einen Mehrzwecksaal beherbergen samt der dazugehörigen Infrastruktur.

Semblable à un crustacé gigantesque qui, sorti de la mer, immobile, sèche sa carapace sur le point extrême de la falaise, le bâtiment du nouveau centre culturel de San Sebastian redessine, avec sa présence inquiétante, le front de la ville du côté de la mer ouverte. Placé à l'angle existant du pont de la Zurriola, pour définir l'élément terminal des immeubles historiques sur la mer, le nouveau complexe réalise un îlot urbain de forme allongée, qui détermine la dernière limite de cette partie de ville, comprimée entre le tracé du chemin de fer et l'étendue de l'océan atlantique du golfe de Gascogne. Trois éléments caractérisent le projet: la concentration des activités, prévues par le centre culturel, en un unique bâtiment qui reprend la hauteur des édifices de la ville; la construction d'un nouvel établissement le long de paseo della Zurriola jusqu'à la «Playa de Gros», caractérisé par un bâtiment filtre d'un seul étage, qui, le long du Paseo, offre une série d'activités commerciales, alternées avec des axes de pénétration piétons vers la mer; la légère correction du front du brise-lames, dans l'intention de mieux mettre en évidence le nouvel édifice confrontant et protégeant la ville de la mer. Conçu entièrement en pierre, le nouveau bâtiment contient, à part la salle de théâtre, une salle de congrès et une salle polyvalente avec leurs services.

**Palazzo del Cinema für die Biennale
von Venedig**
Wettbewerbsprojekt 1990

**Palais du cinéma à la Biennale
de Venise**
Concours 1990

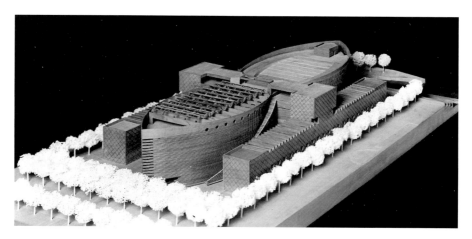

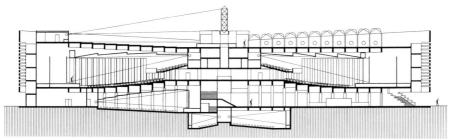

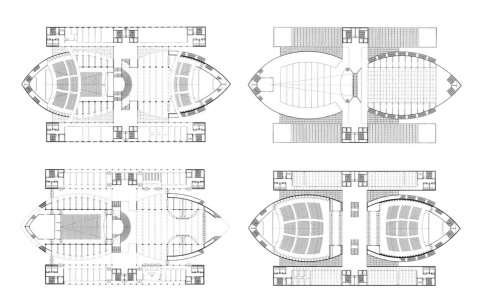

Der Entwurf strebt danach, die geschichtliche Erinnerung der Stadt mit der Bestimmung des Gebäudes zu verbinden.

Wie ein mächtiger Schiffskiel schiebt sich der Hauptkörper des neuen Kinopalastes neben dem Kasino am Lungomare Gugliemo Marconi zwischen die niedrigen Volumina zu seinen Seiten. Sie beherbergen die Büro- und Service-Räume und zeigen ein durchgehendes, gleichmäßiges Fassadenmuster.

Im Inneren münden die beiden großen Vorführsäle im zentralen Foyer, das sich von der Basis des Gebäudes bis zum Dach erstreckt, wo sich neben einem Freilichttheater auch eine Terrasse für Festlichkeiten und Empfänge befindet.

Le projet assume en soi les caractères de la mémoire historique de la ville en le liant fermement au destin de l'institution.

Tourné vers le quai Marconi et flanqué par l'édifice du casino, le volume du nouveau palais pour le cinéma s'annonce avec les formes puissantes d'une carène de navire, encastrée entre deux corps de bâtiments latéraux. Ces volumes destinés à accueillir services et bureaux aux niveaux supérieurs, se caractérisent par leur dessin à carrelage qui se développe jusqu'au faîte. A l'intérieur, les deux grandes salles de projections s'adossent au foyer central qui les unies. Ce foyer s'ouvre jusqu'au toit où se trouve un cinéma en plein air et une terrasse pour les fêtes et réceptions.

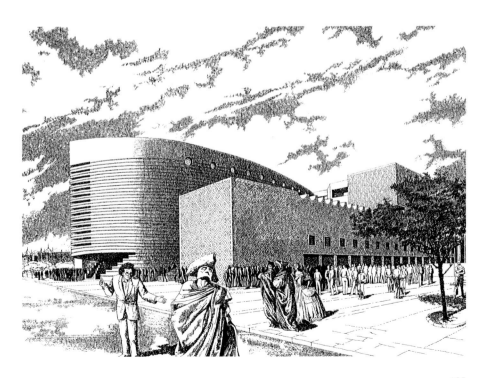

Museum für Zeitgenössische Kunst in Rovereto

mit Giulio Andreolli
Projekt 1988/1993

Musée d'art contemporain à Rovereto

Avec Giulio Andreolli
Projet 1988/1993

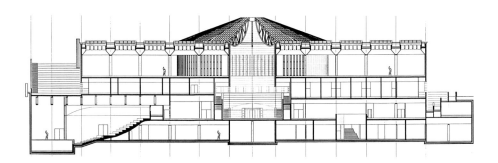

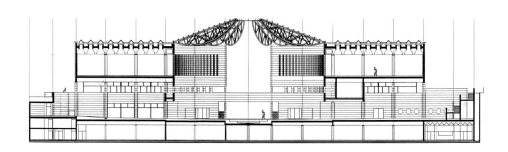

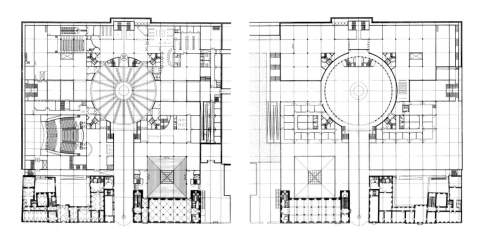

Das für den Bau des neuen Museums gewählte Areal liegt zwischen den Steilhängen und Gärten, die sich hinter der dichten Bebauung des Corso Bettini bis zu den weiter entfernten Bergen erstrecken, die Rovereto umgeben.

Der Entwurf verzichtet auf eine auffällige, die Gegenwart des Museums betonende Außengestaltung und sucht statt dessen allein den Dialog mit der vorhandenen Bebauung: mit dem Palazzo dell' Annona und dem Palazzo Alberti.

Der Raum zwischen den Fronten der beiden historischen Gebäude führt in seiner Verlängerung zu einem überdachten öffentlichen Platz, von dem aus man alle Ausstellungsräume erreichen kann, die auf verschiedenen Stockwerken zu seinen Seiten liegen.

Von der Piazza hat der Besucher einen Ausblick auf die natürlichen Wellungen des Geländes, in das der Museumsbau eingebettet liegt, bevor er sich den verschiedenen Wandelgängen zu den Ausstellungsflächen zuwendet, die im Obergeschoß von natürlichem Zenitallicht beleuchtet werden.

Le lieu choisi pour la nouvelle institution est situé entre les escarpements et les jardins derrière le front construit du corso Bellini. Ce terrain s'adosse aux pentes du relief vallonné qui ceinture l'agglomération de Rovereto.

Renonçant à la recherche d'une image forte capable de condenser et assumer le message de la nouvelle présence, le projet pour ce musée se définit plutôt par la négative grâce à un dialogue précis avec les édifices préexistants du palazzo dell'Annona et du palazzo Alberti.

L'espace contenu entre les façades de ces deux bâtiments historiques devient l'axe du parcours d'entrée au musée. Cette percée est caractérisée par une grande place publique couverte, d'où il est possible d'entreprendre le ou les parcours de visites aux espaces d'expositions disposés autour et sur différents niveaux. La transparence de cette place permet aux visiteurs de se situer avec le développement des terrassements naturels où l'édifice s'enfonce. Le visiteur peut ensuite s'aventurer vers les promenoirs distributifs qui donnent accès aux espaces d'expositions qui, au dernier étage, jouissent d'une illumination naturelle zénithale.

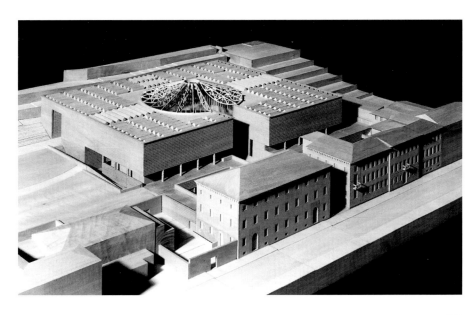

**Museum für Zeitgenössische Kunst
in Zaragoza**
Wettbewerbsprojekt 1993

Musée d'art contemporain à Saragosse
Concours 1993

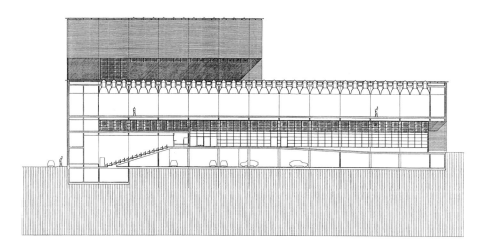

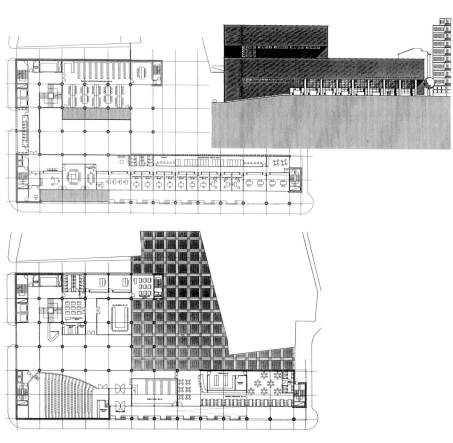

Der siegreiche Entwurf für das neue Museum für zeitgenössische Kunst Aragoniens nutzt die Möglichkeit, durch einen baulichen Eingriff den Rand der dichten Bebauung der Altstadt neu zu definieren, die sich am Entorno del Pignatelli ausdünnt und den großen öffentlichen Gebäuden an der Plaza de Toros de la Misericordia und der Plaza de Hogar Pignatelli, wo das Rathaus der Stadt liegt, Raum gibt.

In der neuen Konstruktion kommunizieren zwei zusammenliegende Volumina miteinander. Ein niedriger, linearer Körper, in dem auf Straßenniveau ein Café und auf der anderen Seite ein Auditorium vorgesehen sind, streckt sich nach vorne an den Rand der Straße gegenüber dem Rathaus, überlagert den Säulengang des Eingangsbereichs und begrenzt am anderen Ende den kleinen Platz, an dem die ersten Gebäude der Altstadt liegen.

Über diesen Körper erhebt sich gebieterisch das zweite Volumen. Seine auskragende Abstufung schafft eine Dachfläche, durch die zenitales Licht in die große Eingangshalle fällt.

Die Räume für den Museumsbestand und für temporäre Ausstellungen werden vor allem durch natürliches Licht über eine Reihe von Oberlichtern auf dem Dach und durch linear gesetzte Fenster an den Wänden unter den Geschoßträgern beleuchtet.

Le projet lauréat pour le nouveau musée Aragones d'art contemporain devient l'occasion de définir, à travers l'édification, une nouvelle limite au tissu serré de la ville historique. Aux entours de Pignatelli, ce tissu s'espace pour recevoir les grands édifices publiques de la place de Toros de la Miséricorde et de l'Hogar Pignatelli où loge le gouvernement municipal.

La nouvelle construction comprend deux volumes adjacents qui dialoguent entre eux. Un élément bas et linéaire, qui reçoit au niveau de la rue le bar-cafétéria et l'auditorium à l'autre extrémité, s'avance pour border l'avenue faisant face à l'édifice du gouvernement. Ce premier volume domine le portique d'entrée et délimite, par sa façade antérieure, la petite place vers laquelle se tournent les édifices de la ville historique.

Au-dessus de ce dernier élément surplombe impérieusement un deuxième volume qui se développe en gradin afin de permettre à la lumière zénithale de pénétrer dans le vaste hall.

Les espaces d'expositions de la collection permanente et temporaire sont illuminés principalement par la lumière naturelle grâce à une séquence de lanterneaux disposés sur le toit. Aux niveaux intermédiaires, la lumière naturelle parvient à travers des prises linéaires placées aux points de jonctions entre les dalles et les murs périmétraux.

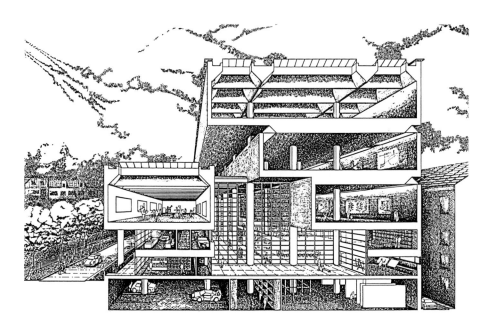

Alters- und Pflegeheim in Novazzano
Projekt 1992   Bau 1997

Maison pour personnes agées à Novazzano
Projet 1992   Réalisation 1997

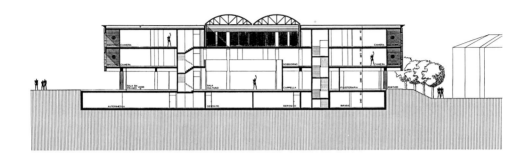

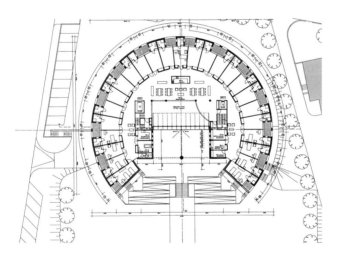

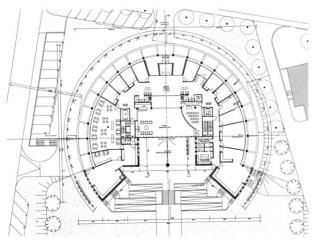

Der Entwurf macht sich den Panoramablick zunutze, der sich von dem leicht geneigten Gelände auf die städtischen Siedlungen der Ebene von Mendrisiotto bietet. Das Gebäude ist als eine Art Krone konzipiert, deren Rundung in der Mitte aufgebrochen ist, um den Blick auf das Tal freizugeben.

Die Gemeinschaftsräume – der Mehrzwecksaal, ein Café, die kleine Kapelle – nehmen den Raum im Zentrum des geschwungenen Volumens ein, der von den Service-Räumen und den Treppenaufgängen begrenzt wird, und setzen sich auf natürliche Weise im stockwerkübergreifenden und mit einem Glasdach versehenen Portico fort, der in den Garten führt.

In den oberen Stockwerken wechseln die in Kronenform arrangierten Zimmer mit Ruhe- und Sitzbereichen auf den davor liegenden Gängen ab, von denen man auf den Saal hinabblicken kann.

Profitant de la disposition panoramique du terrain en pente douce vers le territoire urbanisé de la plaine de Mendrisiotto, l'édifice est conçu comme une forme à couronne circulaire. Elle est interrompue au centre pour permettre, depuis l'intérieur, d'embrasser du regard la vallée en contre-bas.

Les espaces communs, telle la salle multi-usage, le bar et la chapelle sont délimités par les locaux de services et les corps d'escaliers. Ces espaces s'étendent naturellement au-delà d'une paroi vitrée par une terrasse couverte sur triple hauteur qui introduit le jardin proprement dit.

Aux niveaux supérieurs, l'articulation de cette disposition des chambres en couronne crée un parcours de circulation tourné sur le vide de la salle multi-usage et des espaces de repos au rez-de-chaussée.

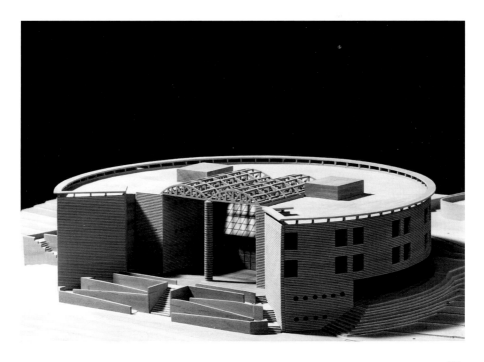

Neues Parlamentsgebäude in Namur, Belgien

mit Jean Pierre Wargnies
Wettbewerbsprojekt 1994

Nouveau siège du parlement à Namur

Avec Jean-Pierre Wargnies
Concours 1994

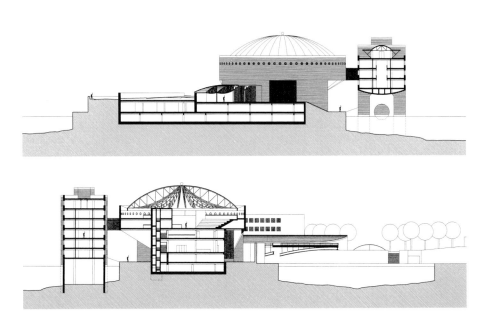

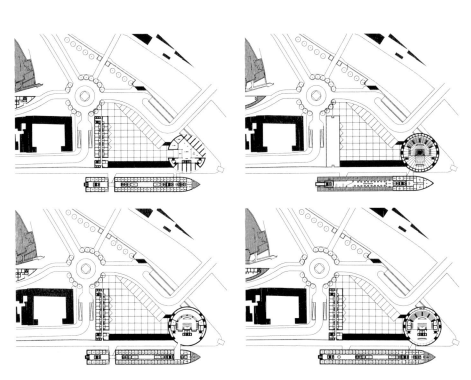

Der siegreiche Entwurf integriert zwei die Landschaft prägende Elemente, den Fluß und die Berge, die direkt an ihn grenzen und vom Fluß aus einen einzigartigen Anblick bieten.

Das Zusammentreffen von Sambre und Maas macht es hier möglich, den zylindrischen Gebäudeteil des Parlamentssaals ans äußerste Ende der Landzunge zu setzen, um seinen symbolischen Wert für das Gemeinwesen zu akzentuieren. So kann dahinter zugleich eine große Agora entstehen, die sich dank der mächtigen Scheidewände des direkt am Wasser liegenden Bürogebäudes wie ein »Freilufttheater« zur Maas hin öffnet.

Der Raum des Platzes wird von einem Baukörper abgeschlossen, der für ein Hotel bestimmt ist, sowie von einem niedrigen Gebäude mit Geschäften. Am Flußufer hinter ihm ist unterirdisch eine Kulturstätte mit Museum vorgesehen.

Le projet lauréat intègre en soi deux éléments forts du paysage caractérisé par la montagne et le fleuve depuis lequel le site offre des vues singulières sur la dite montagne. La confluence des deux cours d'eau fournit l'occasion de pousser à l'extrémité de la pointe du site la salle du parlement. La position de son volume cylindrique souligne sa valeur symbolique pour la collectivité et permet de libérer à l'arrière une vaste agora qui s'ouvre comme un théâtre en plein air sur la Meuse. Résultat obtenu par le fait d'exhausser sur lames-pilotis le long bâtiment de bureaux posé directement sur l'eau.

L'espace contenu de la place est aussi refermé par deux corps de bâtiments destinés à recevoir d'une part l'hôtel et son restaurant, et d'autre part les commerces. Derrière ce dernier volume en contrebas, se tourne vers le quai du fleuve l'espace souterrain du musée destiné à consolider le rôle de pôle culturel que joue la région.

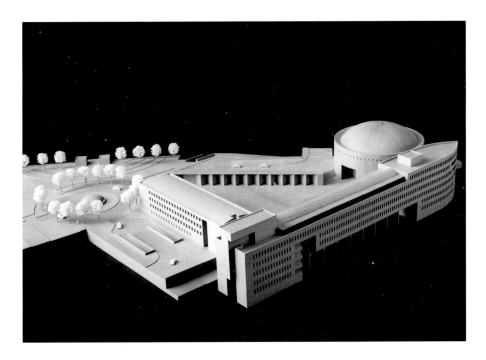

Tinguely-Museum in Basel
Projekt 1993   Bau 1996

Musée Tinguely à Bâle
Projet 1993   Réalisation 1996

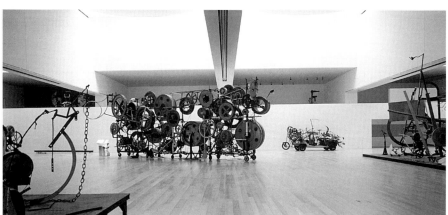

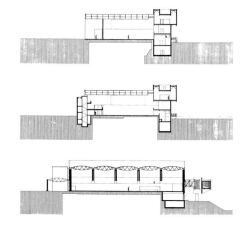

Der neue Bau steht teilweise über einem Wasserbecken auf einem Grundstück am Ufer des Rheins im Solitude-Park neben der Autobahn.

Das Museum soll eine Sammlung der «phantasierenden Maschinen» des Schweizer Bildhauers Jean Tinguely aufnehmen. Seine außergewöhnlichen, mit rotem Naturstein verkleideten Formen verleihen dem Baugrundstück, das die Lage hinter der als Lärmschutz wirkenden Gebäudemauer nutzt, ein neues Gesicht.

Jenseits der Reihe von Scheidewänden, auf denen das Fachwerk der Metallträger des Daches ruht, ist das Gebäude mit seinem großen Ausstellungsraum zum Park hin ungewöhnlich transparent.

Der Zugang zum Museum wird außen von einer geschwungenen Fußgängerbrücke hervorgehoben, die den Besucher aus südöstlicher Richtung durch einen verglasten Spiralgang führt. Von hier aus bietet sich ihm ein Ausblick auf die Stadt hinter dem Fluß, bevor er das Gebäude betritt, um den großen Raum zu entdecken, der von der beunruhigenden Gegenwart der mechanischen Skulpturen belebt wird.

La nouvelle construction exploite une parcelle sur les rives du Rhin où se trouve en souterrain une usine de filtration d'eau. Le site, à l'extrémité du parc Solitude, est bordé à l'est par l'autoroute nationale.

Le musée, destiné à accueillir la collection des œuvres du sculpteur suisse Jean Tinguely et ses «machines délirantes», tire parti de la situation en se posant à l'abri d'un grand mur aveugle faisant office d'écran sonore sur l'artère de grand trafic. Cette disposition de formes revêtues de pierre naturelle rouge, confère une image architectonique extraordinaire à l'ensemble.

L'édifice s'ouvre vers le parc avec une étonnante transparence, révélant le vaste espace d'exposition en retrait des pilliers qui soutiennent la charpente métallique.

Le parcours d'accès du musée est lisible de l'extérieur par l'émergence curviligne de la «barca», passerelle aérienne qui porte le visiteur depuis l'angle sud-est du rez-de-chaussée vers le niveau supérieur. Ceci, à travers un parcours ascendant et vitré qui permet d'embrasser du regard le fleuve et la ville en arrière-plan. On accède ainsi aux salles, à la découverte de grands espaces animés de la présence inquiétante des sculptures mécaniques.

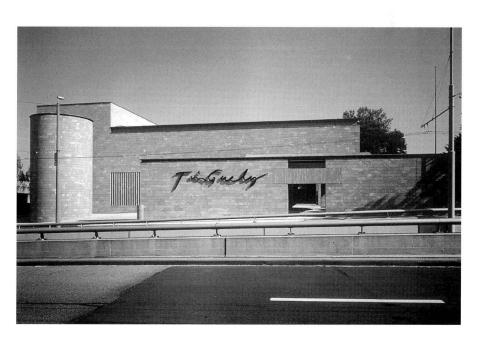

Projekte für die Stadt

Projets pour la ville

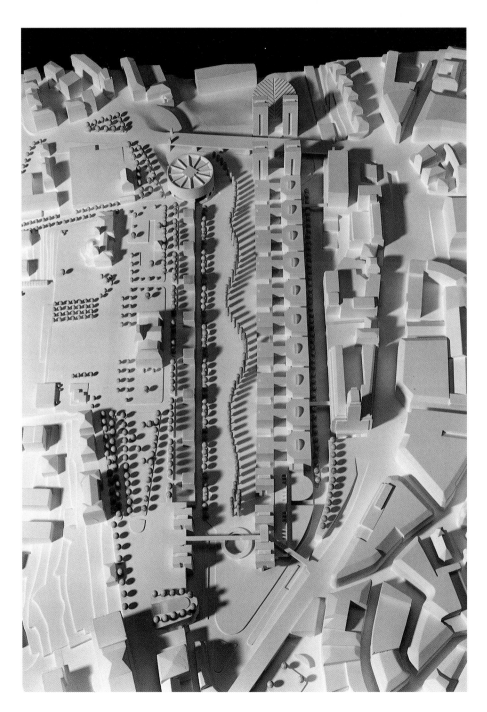

Spricht man von Projekten in städtischem Maßstab, so stellt sich einem das Bild von Gebäuden ein, die in Funktion und Beschaffenheit direkt mit den Reproduktionsmechanismen der Stadt selbst zusammenhängen.

Ein aufmerksames Betrachten der Werke Mario Bottas ganz allgemein findet darin Merkmale, die teilhaben an der Idee einer andersgearteten Stadt, selbst dann, wenn diese Gebäude in der friedlichen Ruhe abgelegener Landstriche weitab von den Spannungen der städtischen Zivilisation emporgewachsen sind. Potentiell sind sie stets geeignet, in einen städtischen Kontext versetzt zu werden als exemplarische Beispiele einer neuartigen Regeneration der Stadt. Auch die scheinbar am wenigsten stadtbezogenen Bauten wie die Einfamilienhäuser gewinnen an Stärke und Überzeugungskraft durch diese Perspektive, die aus der klugen entwerferischen Option erwächst, die Möglichkeit der Annäherung weiterer Bauten beziehungsweise einer Wiederholung desselben Bautyps nicht zu verhindern, so daß ein Straßenprospekt daraus erwächst. Alle Vorschläge, welche Mario Botta für die zeitgenössische Stadt entwickelt, erweisen sich als geprägt von einer konstanten Aufmerksamkeit bezüglich der architektonischen Zeichnung, auch da, wo diese Bauvorhaben großen Maßstabs zu bewältigen hat, die in ihrer Organisation der neu einzugliedernden Funktionen selbst beim Auftraggeber vage und unsicher bleiben. Ebenso kennzeichnend sind ferner die präzis gefaßten Verbindungselemente, welche den Dialog mit der Umgebung aufnehmen; jedes gebaute Projekt zeigt seine Verwurzelung in der Eigenheit des Ortes.

Sinnvoller als die Frage, welche Entwürfe besonders der Thematik des großen Maßstabs entgegenkommen, erscheint die Feststellung, daß ein ganz spezieller Aspekt sie alle angleicht. Es ist dies die mangelnde Ausstrahlung der Örtlichkeit, die Unbestimmtheit der Grenzen und Bezugspunkte in Zonen, die von einem langsamen Verödungsvorgang ergriffen sind oder, noch schlimmer, bedrängt durch eine ungeordnete und widersprüchliche Entwicklung. Komplexe Situationen, in denen aber Bottas Engagement nur noch intensiver wird, weil es auf Gegebenheiten zu antworten hat, die die Kennzeichen seiner Architektur aufs Spiel setzen.

Der Entwurf dieser neuen Teile der Stadt wird zu allererst – noch bevor die aufmerksame Begutachtung der einzurichtenden Beziehungen zur Morphologie ebendieser Stadt und ihrer geschichtlichen Gewordenheit vorgenommen wird – geprägt

En parlant de projets à échelle urbaine, nous faisons immédiatement l'association d'image avec les édifices dont la fonction et le caractère se rattachent directement aux modes de reproduction de la ville même.

Toutefois, en observant les œuvres de Mario Botta en général, nous remarquons la présence de signes qui ne renoncent jamais à se confronter avec le projet d'une ville différente, même si ces édifices naissent dans la paix et dans le calme de coins de terre isolés, loin des tensions de la civilisation urbaine. Un rattachement possible dans un lot urbain de ces éléments exemplaires, pour que la ville se régénère d'une façon nouvelle, semble toujours sous-entendu, même s'il n'est pas ouvertement dénoncé. Même les bâtiments apparemment moins urbains, comme les maisons familiales, tirent leur force et leur tranchant de cette perspective évoquée avant tout par les choix mêmes du projet, choix qui savamment ne renoncent jamais à l'opportunité de se rattacher à d'autres corps bâtis ou à la possibilité de répéter le même type de bâtiment afin de former un front de rue.

Toutes les propositions que Mario Botta développe pour la ville contemporaine révèlent en réalité la constance d'une attention particulière au dessin d'architecture, même quand celui-ci s'applique à une grande échelle où l'organisation des nouvelles fonctions à installer apparaît encore mal définie et incertaine, même dans les intentions du maître de l'ouvrage; et il y a en plus cette attention portée à la définition d'éléments précis de raccord et de dialogue avec le contexte qui, dans chaque projet construit, connote l'enracinement à la spéficité du lieu.

Il serait en fait difficile de faire une distinction nette entre les différents projets, en recherchant ceux qui, plus que d'autres, investissent le thème de la grande échelle, sans prendre en considération un aspect caractéristique qui les réunit: la pauvreté de vocation du site et, fréquemment, l'indétermination des limites et des éléments de référence dans des zones marquées par un lent processus d'abandon ou pire, comprimées par un développement environnant désordonné et incohérent. Il s'agit de situations complexes dans lesquelles cependant Botta semble se charger d'un engagement particulier, stimulé par la nécessité de donner une réponse aux questions dans lesquelles sont mis en jeu les caractères de son architecture.

Le dessin de ces nouvelles parties de la ville naît bien avant les prémices d'une évaluation attentive

von der Idee einer Neuorganisation der inneren Abläufe, welche hier stattfinden sollen.

Botta begleitet seine diesbezüglichen Projekte meist mit einigen knappen Bemerkungen, welche auf diesen seinen Reformwillen hinweisen; ein Reformwille, der dann durch die Bauten selbst an Überzeugungskraft gewinnt. Diese Vorschläge geben dem Ort seinen Sinn zurück, schaffen neue Spannungselemente und bereichern die Stadt mit frischen Raumgestaltungen.

Es sind andersartige, ungewohnte Bilder: die sich schlängelnde Baumreihe im Vallée-du-Flon-Projekt für Lausanne; die große, gekrümmte Bastion, welche in Ferrara die Piazza Corte Vecchia begrenzen soll; die weite, baumbestandene Brücke, die im Erweiterungsprojekt für den Zürcher Hauptbahnhof die Gleise überspannt und dadurch zwei vom Eisenbahntrasse hart voneinander abgetrennte Stadtquartiere wieder verbindet.

Eine geduldige Suche nach Verknüpfungen ist das, nach dem Zugang zum Gedächtnis und den Spuren oft gewaltsamer Veränderungen, nach altehrwürdigen Verbindungen mit den Zeichen der Vergangenheit. Eine Suche, die sich bemüht, bei der Regeneration der Wachstumsgesetze der Stadt mitzuwirken. Es handelt sich um eine Architektur, die weit eher verbinden als trennen will, manchmal gerade auch durch die Leerräume, die sie ausspart, wodurch sie die eigene Fähigkeit zur Deutung der Bedürfnisse und Erwartungen der gegenwärtigen Gesellschaft unter Beweis stellt.

Im Projekt für das Bicocca-Gelände in Mailand werden diese Voraussetzungen auf das Ziel hin ausgerichtet, die uns von der historischen Stadt überlieferte Wohnqualität zu bewahren, indem die Möglichkeit zu wohnen innerhalb eines Kontextes, der sie eigentlich ausschließen möchte, aufrechterhalten wird. Diese Vorgehensweise, die gegen die von der modernen Urbanistik durchgeführte Trennung in homogene funktionelle Teile gerichtet ist, verweigert gewissen Bereichen trotzdem nicht die Gelegenheit zur Spezialisierung, wie dies etwa der Fall ist bei der kleinen Wissenschafts- und Forschungsstadt in Bicocca.

Die vertikale Schichtung der Funktionen ermöglicht Botta die Neugliederung der Beziehungen zwischen den Teilen, wobei zugleich ihre Eigenständigkeit und die spezifischen Zugangsbedingungen gewahrt bleiben.

Die Bäume bilden ein wesentliches Element dieser planerischen Vision. Sie bekräftigen bald die vorgeschlagenen räumlichen Gestaltungen, bald evozie-

des relations à instaurer avec la morphologie de la ville et sa genèse historique, ou de l'idée d'une nouvelle réorganisation des relations internes des fonctions établies. Peu de lignes, en général, expliquent le sens de cette opération dans les notes qui accompagnent les projets, lignes rédigées avec une grande austérité qui néanmoins sous-tend un grand dessin réformateur que l'architecture même nous aide à mieux comprendre.

A travers ces propositions, Botta redonne un sens à ce lieu, recrée de nouvelles tensions, enrichit la ville de nouveaux événements spatiaux.

Ce sont des images différentes, insolites, comme la rangée d'arbres serpentant dans le projet pour la Vallée du Flon à Lausanne, ou le grand bastion qui délimite la place Corte Vecchia à Ferrara, ou encore le grand pont bordé d'arbres qui franchit le faisceau de rails dans le projet d'agrandissement de la gare ferroviaire de Zurich, réunissant des lambeaux de ville brusquement interrompus par le tracé du chemin de fer.

Mario Botta mène une patiente recherche des liaisons, des rapports avec la mémoire des transformations souvent violentes, ainsi que des antiques relations avec les signes du passé. Cette recherche tend à coïncider avec un processus de reconstitution des règles de croissance de la ville. Plutôt que de séparer, l'architecture réunit aussi, parfois, à travers les vides qu'elle génère, réaffirmant sa propre capacité d'interpréter les besoins et les aspirations de la société actuelle.

Dans le projet pour les terrains de la Bicocca à Milan, ces prémices se chargent d'une volonté de sauvegarder, à travers la conservation de la résidence dans un contexte qui en fait voudrait l'exclure, la qualité d'implantation que la cité historique nous a transmise, malgré les atteintes perpétrées par l'urbanisme moderne – avec la séparation en parties fonctionnelles homogènes – sans pour autant nier l'opportunité d'une spécialisation, comme dans le cas de la cité des sciences et de la recherche à Bicocca.

En stratifiant verticalement les fonctions, Mario Botta peut ainsi représenter un ordre de relation différent entre les diverses parties, tout en sauvegardant par la même occasion l'autonomie et les exigeances spécifiques d'accessibilité.

Les arbres forment un élément essentiel de ce tracé, soit en renforçant les alignements proposés, soit par l'évocation d'une ville arborisée, reliée au sommet des édifices dans un besoin presque physiologique de reconstruction d'un paysage na-

ren sie die Möglichkeit einer baumbestandenen Stadt auf den Dachzinnen der Gebäude – einem beinahe physiologischen Bedürfnis nach Wiederherstellung einer natürlichen Landschaft gehorchend mitsamt ihren Höhenunterschieden und abrupten Unterbrechungen im Innern des städtischen Geflechts.

Im Projekt für den Lido von Lugano ist es die Geometrie der Bäume und Büsche mit ihren zum Wasser hin strebenden Reihungen, die sich dem Gebauten entgegenstellt, um so zur Neuordnung dieses Stadtteils am Rande des Sees beizutragen.

Stadt und Vorstadt, jetzt noch durch die bloße Logik der Nachbarschaft und der fortschreitenden Sättigung des bebaubaren Bodens miteinander in Beziehung gesetzt, werden in den verschiedenen Entwurfsvorschlägen Bottas zum unteilbaren Erbe, das es zu schützen gilt, weil jeder Ort Werte aufweist, selbst wenn die Regellosigkeit sie zu zerstören droht.

Das Bedürfnis, jedes Stückchen Land zu pflegen und dessen Ordnung zu befördern, wurzelt in der kulturellen Überlieferung von Bottas Heimat und ist auch in diesen Projekten für die Stadt miteingeschlossen, wo jedes neue Element einer richtigen Plazierung und einem natürlichen Gleichgewicht zugeführt wird.

Innerhalb dieses geduldigen Ordnens der Dinge wird demnach jeder Entwurf zum Schlüssel des Verständnisses für die verschiedenen natürlichen und künstlichen Elemente, welche die aktuelle Form der Stadt bestimmt haben.

turel, avec ses dénivellations et ses interruptions brusques à l'intérieur du paysage urbain.

Dans le projet pour le lido de Lugano, la géométrie formée par l'implantation des arbres et leurs rangées tendues vers le lac se substitue au bâti, redéfinissant une partie de la ville située en marge, au bord du lac.

La ville et la périphérie, maintenant unies par la seule logique de la contiguïté et de la saturation progressive du territoire, deviennent, dans les différentes propositions contenues dans les projets de Botta, un seul patrimoine à sauvegarder pour les valeurs intrinsèques de chaque lieu, quand bien même ceux-ci sont altérés par l'absence de règles.

La volonté de protéger chaque coin de terre, et d'en administrer la mise en ordre, si fortement enracinée dans la tradition culturelle de son pays, est aussi contenue dans ces projets pour la ville, où chaque élément nouveau trouve un emplacement précis et son équilibre naturel.

Dans ce patient travail de mise en place des choses, chaque projet devient ainsi la clé de lecture des différentes parties naturelles et artificielles qui ont déterminé le dessin actuel de la ville.

Neues Verwaltungszentrum in Perugia
Mit Luigi Snozzi
Wettbewerb 1971

Nouveau centre directionnel à Perugia
Avec Luigi Snozzi
Concours 1971

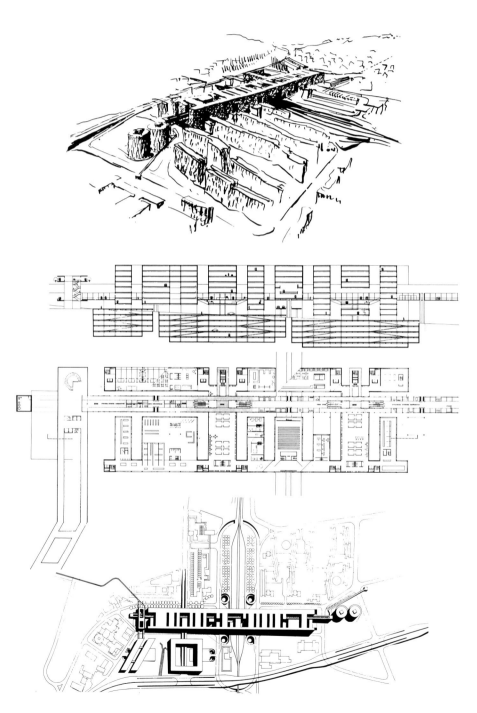

Eingefügt in eine kleinere Ballung, wo das historische Baugeflecht gegenüber den Neubauten überwiegt, in einer Zone raschen Wachstums um den Bahnhof herum und in der Nähe der neuen Autobahnanschlüsse, ist dieses Projekt gekennzeichnet durch einen mächtigen Baukörper. In seinem Innern nimmt er jene Elemente voller Kompaktheit wieder auf, die der Altstadt eigen sind und die sich der Fragmentierung der umgebenden Bausubstanz entgegenstellen.

Große Durchgänge, die in Innenhöfe münden, durchbrechen diese Mauerkonstruktion. Sie soll die Räumlichkeiten bereitstellen für die Verwaltungen, welche ein Stück städtischen Lebens hierher ziehen werden, in enger Verflechtung allerdings mit dem Verbindungsnetz der Region.

Introduit dans la réalité d'une ville mineure où l'ancien tissu historique prédomine encore sur celui des édifications récentes, le projet se situe dans une zone d'expansion à cheval sur la gare ferroviaire proche du nouveau réseau d'accès autoroutier. Il se caractérise par la construction d'une grande œuvre qui repropose, en son intérieur, des éléments compacts propres à la cité historique, en opposition à la fragmentation du bâti environnant.

De grands passages, s'ouvrant en cours intérieures, percent ce grand mur, destiné à contenir les nouveaux espaces administratifs, revitalisant, ainsi, une nouvelle partie de la ville qui reste néanmoins strictement rattachée au réseau de liaison desservant le territoire.

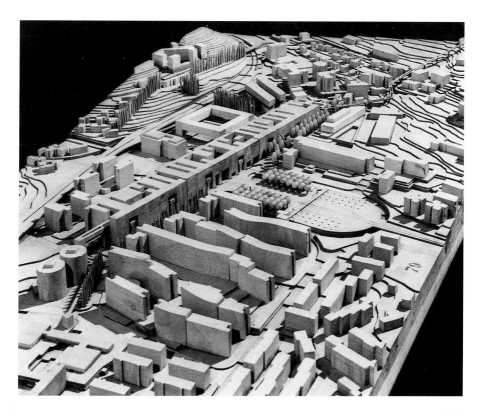

Erweiterung des Hauptbahnhofs Zürich
Mit Luigi Snozzi
Wettbewerb 1978

Extension de la gare ferroviaire de Zurich
Avec Luigi Snozzi
Concours 1978

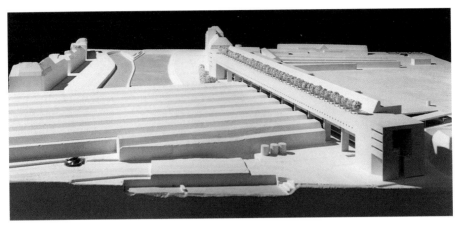

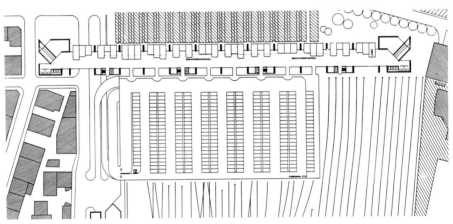

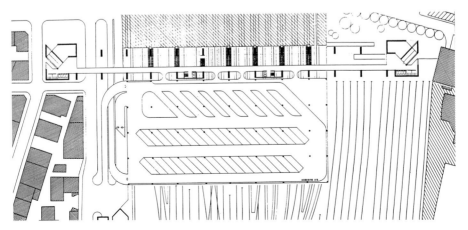

«Die Stadt ist der formale Ausdruck der Geschichte: Durch einen Architekturentwurf ermöglicht man entweder einen neuen potentiellen Lebensraum oder man verbraucht und vernichtet alle noch bestehenden Werte.» Die Erweiterung des Bahnhofs wird zur Gelegenheit, das durch den Kopfbahnhof zerrissene städtische Gewebe erneut zusammen-

«La ville est l'expression formelle de l'histoire: à travers un projet d'architecture, soit on repropose un nouvel espace de vie possible, soit on épuise et anéantit toutes les valeurs existantes.» L'extension de la gare ferroviaire est l'occasion d'entreprendre une grande recomposition du tissu urbain, déchiré par la présence de cette gare de tête. L'élément

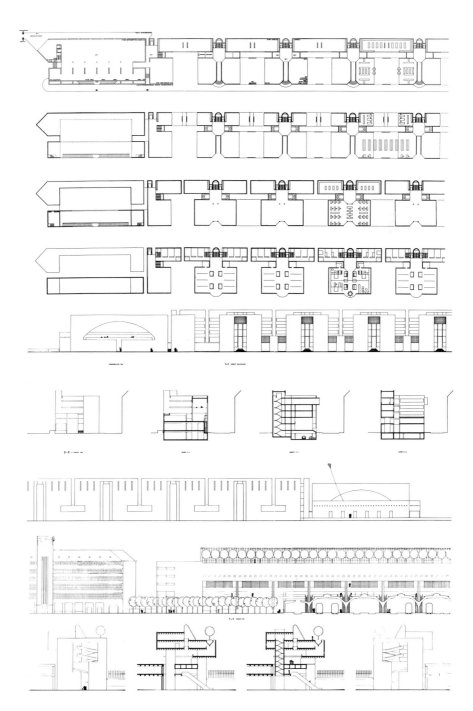

zufügen. Eine brückenartige Konstruktion leistet dies, so weit zurückversetzt, daß sie in Achse zum Sihlfluß kommt. Die beiden Kopfblöcke enthalten Aufgänge und Aufzüge: so werden die nördlich und südlich des Bahnhofs befindlichen Quartiere miteinander verbunden. Eine Baumreihe auf dem Gebäudedach nimmt die plötzlich aussetzende Baumallee von der Sihlpost her wieder auf und führt sie in neuer Höhe weiter fort.

Über dem Gleisebündel bietet eine doppelstöckige Fläche, die direkt mit dem Brückengebäude verbunden ist, Parkierungsmöglichkeiten für Busse und darüber für Personenwagen, wodurch ein wichtiger Verkehrsknotenpunkt geschaffen wird. Zudem sieht das Projekt Neubauten entlang der Zollstraße am Rande der Gleisanlage vor: eine natürliche Grenze des Quartiers mit neuen Dienstleistungsangeboten. Es handelt sich um eine Sequenz von Einheiten mit fortgesetzter und fensterloser Front zu den Gleisen hin; hier sollen die vom Wettbewerb verlangten Verwaltungsräumlichkeiten Platz finden.

concret de cette opération est constitué par une structure de pont, disposée sur l'axe de la rivière Sihl. En intégrant les parcours et les circulations verticales dans les éléments de tête, l'édifice rétablit ainsi la continuité entre les quartiers, situés au nord et au sud de la gare. Une rangée d'arbres, disposée au sommet de l'édifice, rétablit la brusque interruption de l'allée arborisée de la Sihlposte, au moyen d'un nouveau parcours urbain surélevé.

Située au-dessus des voies, une plate-forme sur deux niveaux directement reliée au pont, forme, avec un grand parking d'autobus et de voitures, un important et stratégique nœud d'échange. Le projet prévoit, en outre, une édification le long de la Zollstrasse, en bordure des voies qui redéfinit la limite naturelle du quartier par la présence de nouvelles fonctions. Cette nouvelle édification est conçue comme une séquence d'unités, avec un front continu et aveugle du côté des voies, dans laquelle sont réorganisés les espaces destinés aux activités administratives, exigés par le programme du concours.

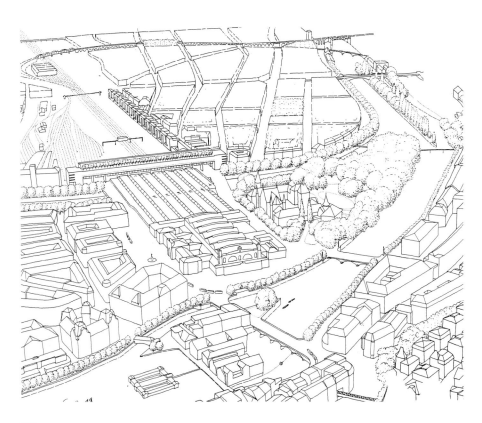

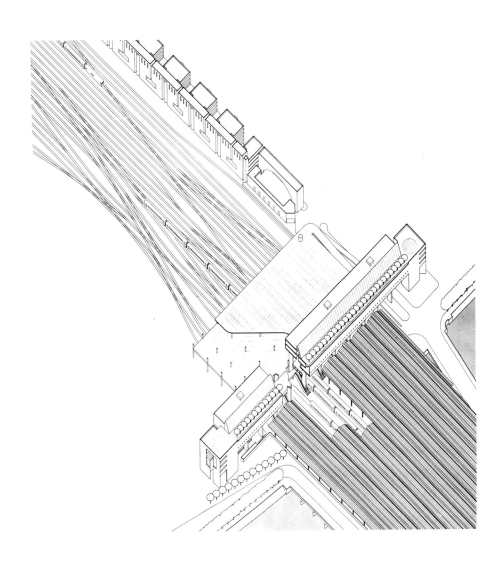

Wissenschaftszentrum in Berlin
Wettbewerb 1980

Centre des sciences à Berlin
Concours 1980

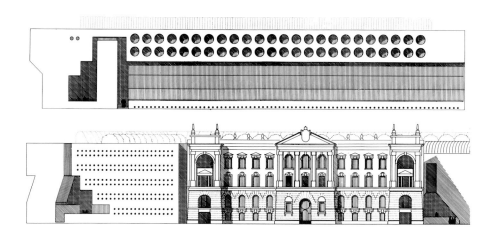

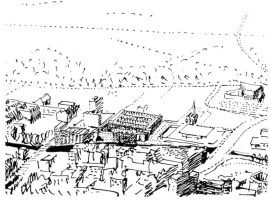

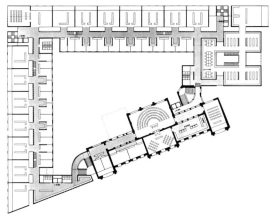

Die vorgesehene Bauzone ist eingefaßt im Osten vom Gebäude der Neuen Nationalgalerie von Mies van der Rohe (1968) und im Westen von Fahrenkamps «Schelhaus» (1931). Das Projekt sieht eine Überbauung vor, die bis an die Straßengrenzen führt: so wird das frühere kompakte bauliche Gewebe entlang des Kanals im Süden wiederhergestellt. Eine bewußte Gegenbewegung zur Tendenz isolierter Eingriffe, die sich seit den sechziger Jahren manifestierte und die zu einem fortschreitenden Verlust an städtischer Identität führte in einem Gebiet, das arg von den Zerstörungen des Zweiten Weltkrieges gezeichnet war.

Das neue Wissenschaftszentrum wird dadurch Teil eines einheitlichen Konzeptes, welches weite Innenhöfe aufweist, die von großen Baukörpern eingerahmt werden. Zum Landwehrkanal hin umfassen zwei rechtwinklig angelegte Gebäude, die an einen bestehenden Bau anschließen, das trapezförmige Gelände, welches das Wissenschaftszentrum beherbergt.

Gleich daneben dann ein zweiter Gebäudekomplex mit Wohnungen, dessen Sequenz innerer Höfe nach Norden hin schließlich direkt zum Tiergarten führt.

Sur un terrain délimité par la Galerie Nationale Moderne de Mies van der Rohe (1968) à l'est, et par la «Schelhaus» de Fahrenkamp (1931) à l'ouest, une nouvelle édification est proposée le long du périmètre routier. Celle-ci restitue l'image de l'ancien tissu compact le long de la partie sud du canal, en opposition à la tendance d'implanter des interventions isolées, qui s'est manifestée à partir des années 60, et qui a caractérisé une progressive perte d'identité urbaine d'un site profondément marqué par les destructions survenues pendant la deuxième guerre mondiale.

Le nouveau centre des sciences devient, ainsi, partie intégrante d'un dessin unitaire, caractérisé par un ensemble de corps bâtis renfermant des vastes cours. Au sud, le long du Landwehrkanal, deux corps de bâtiments, disposés orthogonalement, renferment l'îlot de forme trapézoïdal qui accueille le complexe du centre des sciences, en s'adossant au bâtiment existant.

A côté de celui-ci, un deuxième îlot d'affectation résidentielle se prolonge vers le nord, en répétant la séquence ordonnée des cours intérieures, et en s'ouvrant finalement sur le Tiergarten.

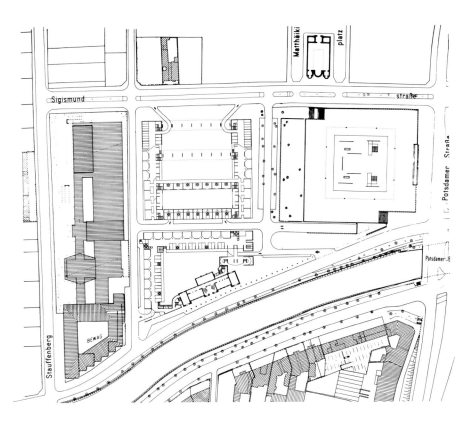

Neugestaltung des Lido-Areals in Lugano
Wettbewerb 1980

Restructuration du site du Lido à Lugano
Concours 1980

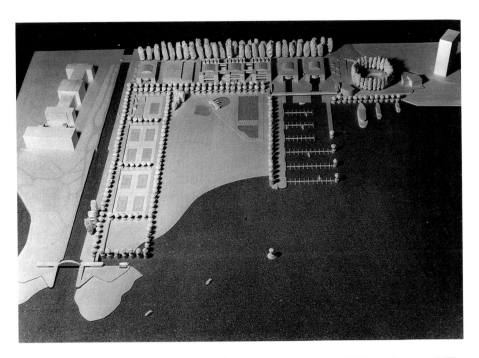

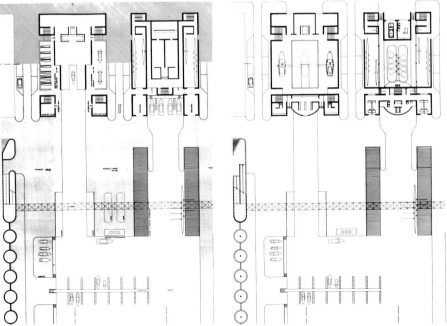

Das ganz am linken Ufer des Cassarate-Flusses sich ausdehnende Projekt sieht eine Überbauung vor, die sich auf einen einzigen Streifen entlang der Baumallee im Norden beschränkt. Ein Ensemble von ähnlich gegliederten Gebäuden beherbergt die verschiedenen Sporteinrichtungen sowie die Bootshäuser und die Werkstatt.

Le projet, qui se développe entièrement sur la berge gauche de la rivière Cassarate, propose une édification contenue dans un faisceau adjacent à l'allée urbaine arborisée et située au nord. Les divers équipements sportifs, comme le chantier et le halage des bateaux, sont accueillis dans un ensemble de bâtiments typologiquement similaires.
La surface restante, qui s'avance vers le lac, est réorganisée uniquement par le dessin de la végétation qui détermine, au moyen de rangées d'arbres, la subdivision de la zone équipée.

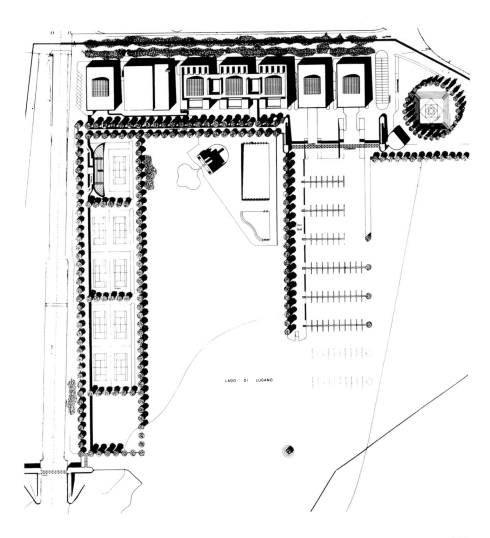

Kommunikationszentrum in Lyon

Projekt 1982

Centre de la Communication sur la place de la gare TGV à Lyon

Projet 1982

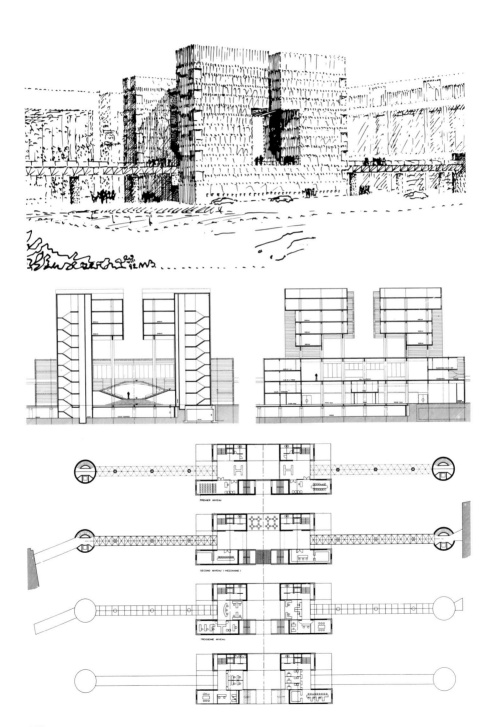

Der Raum gegenüber dem TGV-Bahnhof wird durch dieses Gebäude begrenzt und vervollständigt. Ein alleinstehender Baukörper mit kompakten Oberflächen, der beherrscht wird von einer einzigen großen Öffnung in der Mitte. Sie unterstreicht den Aspekt des Durchgangs, die Gelenkfunktion dieses Baus zwischen der Stadt und den neuen Möglichkeiten erhöhter Mobilität.

Das Gebäude ist mit dem Platz und mit den Bahnhofsfassaden, die ihn umschließen, mittels einer erhöhten Passerelle verbunden. Sie durchmißt den Bau in der Längsachse und kreuzt den Portikus, der auf den Seiten durch Treppen erreichbar ist.

Aus der Zusammenführung von zwei nach Umriß und Tiefe verschiedenartigen Baukörpern, die in ihrer Mitte einen vollständig verglasten Raum einfassen, bekommt der Neubau seine Eigenart. Er bündelt eine Vielfalt von Verwaltungsbereichen und Dienstleistungen, wie sie für ein Informationszentrum typisch sind, mit Kollektivräumen, etwa einem Mehrzwecksaal und einer Ausstellungshalle. So wird der Bau zu einem Kreuzungspunkt intensiven Austausches, der mit seiner unterirdischen Parkfläche und mit der Verbindung zum Bahnhof sowohl die städtische wie die weiter entfernte Sphäre miteinander verknüpft.

Ce projet complète et définit l'espace situé devant la gare, par la présence d'un volume compact, isolé et dominé par une seule grande ouverture au centre, qui souligne la fonction de passage et d'élément charnière, entre la ville et les possibilités d'accès induites par le point d'arrivée du TGV.

Le bâtiment est mis en relation avec la place et avec les façades reconstruites de la gare. Celles-ci l'entourent, grâce à une passerelle suspendue qui le traverse longitudinalement, coupant le grand portique, auquel on accède par les côtés à l'aide de gradins. Construit par le rapprochement de deux grands murs, de silhouettes et d'épaisseurs différentes, qui renferment au centre un volume entièrement vitré, l'édifice intègre un ensemble de fonctions administratives et d'orientation propres à un centre d'information, avec des espaces collectifs: un auditorium et une salle d'exposition. Il devient virtuellement un point d'échange entre le système de la mobilité urbaine, dont il est l'élément terminal avec le grand parking souterrain, et le réseau de transports à grande échelle qui part de la gare.

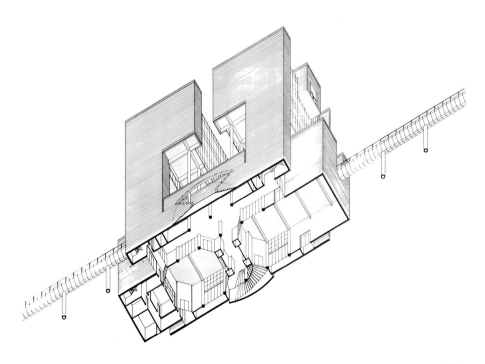

Neugestaltung der Bicocca-Gelände in Mailand
Wettbewerb 1986

Aménagement du site de la Bicocca à Milan
Projet 1986

Bottas Projektvorschlag ist von der Überzeugung getragen, daß die Neustrukturierung eines städtischen Areals wie des vorliegenden eine bedeutsame Gelegenheit darstellt zur Aufwertung eines ganzen Stadtteils. Der Entwurf möchte einen neuen Pol schaffen, der positiv auf die Qualität der Räume einwirkt, welche die Stadt anzubieten vermag; die vorgeschlagenen Gliederungsmodelle sollen eine Dichte und Vielfalt der Beziehungen innerhalb des städtischen Gewebes ermöglichen, die die simple Nutzungszuweisung (zoning) des Regulierungsplanes nicht zu erzeugen vermag. Vor allem versucht das Projekt Bottas – im Unterschied zu den anderen Vorschlägen und im partiellen Gegensatz zu den Wettbewerbsvorgaben, die für das Areal eine, wenn auch komplexe monofunktionale Bestimmung als «technologischen Schwerpunkt» vorsehen – einer möglichen Ghettoisierung der Arbeitszonen zuvorzukommen, die, in ein Zeitkorsett eingebunden, bald an übermäßiger Verdichtung, bald an Menschenleere leiden und stets hart getrennt

Le projet part de la conviction que la restructuration d'un site urbain, tel que celui qui est proposé, représente une occasion importante de requalifier une partie entière de la ville. Le projet veut se placer comme un nouveau pôle, capable d'influencer la qualité des espaces que la ville peut offrir. De plus il propose des modèles établis, dans l'intention d'instaurer une intensité et une pluralité des relations à l'intérieur du tissu urbain, que les simples indications d'utilisation, fournies par le plan régulateur (zoning), ne peuvent réaliser. Le projet, contrairement aux autres propositions (et en opposition partielle à la demande du programme du concours, qui repropose pour le site une affectation monofonctionnelle aussi complexe qu'un «pôle technologique») tente d'éviter un éventuel isolement des espaces de travail, qui renfermés entre les tranches horaires, accentuent les problèmes de congestion d'une part, et de désertion de la ville de l'autre. Cette situation met encore plus en évidence la séparation existante avec les zones résidentielles

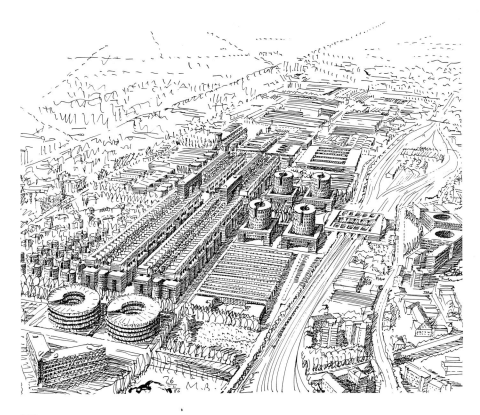

bleiben von den nachbarschaftlichen Wohnzonen. Darum wird eine Verquickung verschiedener Funktionen vorgesehen, eine bauliche Gliederung, welche Arbeitsabläufe, Forschungsbereiche und Begegnungsräume in die unteren Ebenen verlegt, während die oberen Etagen für die Wohnzonen reserviert bleiben.

environnantes. C'est la raison pour laquelle le projet propose un mixage des fonctions, et en particulier, un type d'implantation qui regroupe d'un côté les structures de travail, de recherche et de rencontre aux niveaux inférieurs, et de l'autre une cité résidentielle aux étages supérieurs.

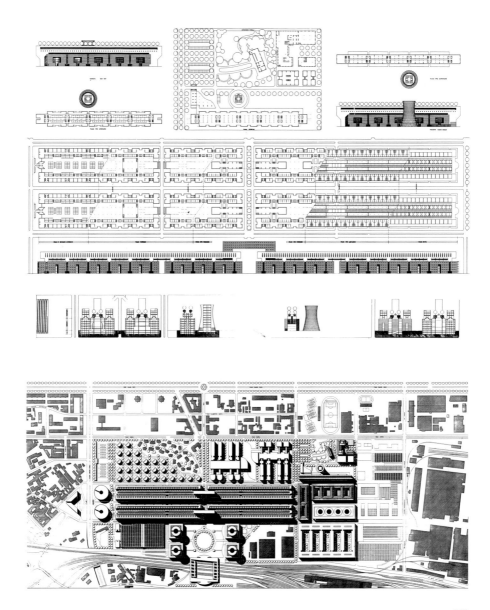

Neugestaltung des Pilotta-Platzes in Parma
Wettbewerb 1986

Aménagement de la place de la Pilotta à Parme
Projet 1986

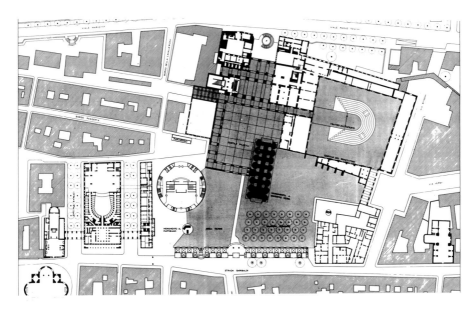

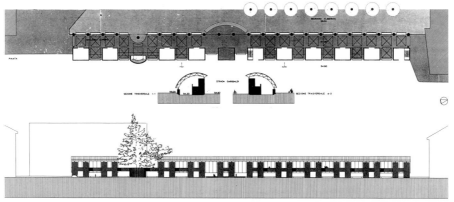

Der Neugestaltungs-Entwurf geht von der Einsicht aus, daß die jetzigen Strukturen der historischen Bausubstanz (direkte Folge der Kriegszerstörungen und der ausgebliebenen Wiederaufbauarbeiten) mit ihrem Charakter des «Nicht-Fertigen» nunmehr eine qualitative und ästhetische Komponente darstellen, einen integrierenden Bestandteil des monumentalen städtebaulichen Pilotta-Komplexes. Das Projekt versucht, die verschiedenen Teile des Ganzen in ihrer Eigenart hervorzuheben, indem es die sich unterscheidenden architektonischen Ausdrucksweisen nicht vermischt, sondern trennt.

Le projet naît avec la conscience que les structures historiques actuellement présentes (conséquences du processus de destruction survenu pendant la guerre, et des reconstructions qui n'ont pas été entreprises ultérieurement), avec leur caractère inachevé, constituent aujourd'hui une composante qualitative et esthétique, devenue partie intégrante du complexe monumental de la Pilotta. Le projet tente de souligner les différentes parties du complexe existant, en cherchant à séparer plutôt qu'à réunir les différents langages architecturaux.

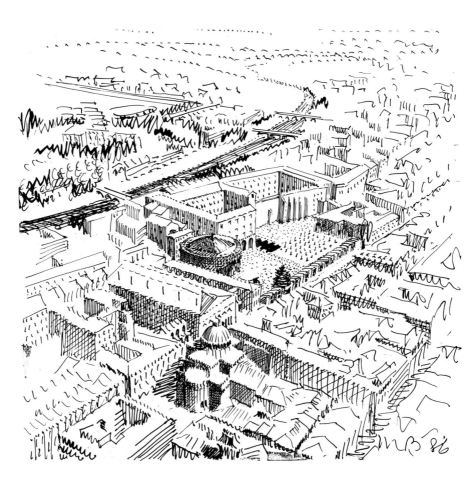

Neuordnung der Piazza Corte Vecchia in Ferrara
Wettbewerb 1988

Restructuration de la place Corte Vecchia à Ferrara
Projet 1988

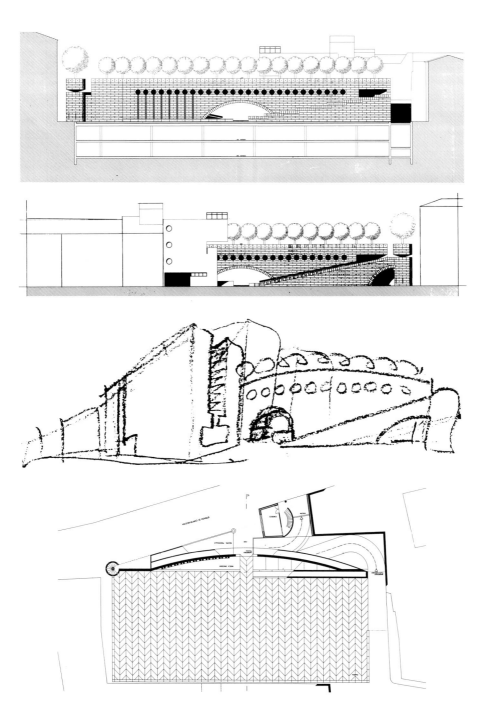

Das Projekt sieht den Wiederaufbau, anläßlich der Realisierung eines zweigeschossigen unterirdischen Parkhauses, der Corte Vecchia vor und damit die Wiederherstellung eines Raumes, welcher im Laufe der Geschichte zahlreiche Veränderungen erfahren hat.

Die vom Detailplan verlangte Wiederaufrichtung der physischen Begrenzungsfront wird im Projekt auf eigene Weise ausgelegt: nur durch die Neudefinition einer Stirnseite und den Vorschlag andererseits, ein einziges großes Mauerelement zu verwirklichen, das mit großem Gestus das umliegende Stadtgebiet wiederaufbaut und auf der anderen Seite den Platz gliedert, welcher das Parkhaus zudeckt.

Die neue schmale Trennwand trägt einen erhöhten Fußgängerweg, der auf beiden Seiten Zugänge besitzt: so entsteht eine Verbindung zwischen den unterschiedlichen städtischen Räumen. Das Wasser eines Brunnens folgt diesem Lauf, bis es als kleiner Wasserfall in die Tiefe fällt.

Le projet prévoit la restructuration de la place Corte Vecchia, à l'occasion de la réalisation d'un parking souterrain sur deux niveaux, dans un espace qui a subit de nombreuses transformations au cours de l'histoire.

La reconstruction du front de la place a été réinterprétée dans le projet, de façon virtuelle par la redéfinition d'une tête, et la proposition d'un seul grand élément mural. Celui-ci, d'un grand geste, reconstruit partiellement la rue, tout en redéfinissant, sur l'autre front, la place qui forme la couverture du parking. Le nouveau et subtil diaphragme dessine et contient un parcours piéton, desservi au niveau supérieur par deux rampes développées sur les deux fronts, afin de relier les deux espaces urbains. L'eau de la fontaine accompagne le parcours, jusqu'à s'en détacher pour former une cascade.

Neuordnung der Vallée du Flon in Lausanne
Mit Vincent Mangeat
Projekt 1988

Réaménagement de la Vallée du Flon à Lausanne
Avec Vincent Mangeat
Projet 1988

Das Projekt umfaßt ein ganzes neues Quartier, das an die Stelle einer Ansammlung von industriellen Betrieben und Handelsgeschäften treten soll, die sich im Lauf der Jahrzehnte hier niedergelassen haben. Der großzügige Freiraum, welcher auf der ganzen Länge den Flon-Park durchquert, gehört zu den grundlegenden Merkmalen des Projekts. Der Lauf eines Baches, der sich zwischen eine wellenförmig verlaufende Baumreihe hindurchschlängelt, erinnert an den früheren Fluß. Die Neubauten erheben sich auf beiden Seiten dieses Gartens: Auf der linken Seite sind Geschäfte und Büros vorgesehen, in den oberen Geschossen Wohnungen mit direktem Blick auf den Genfersee; auf der rechten Hälfte

Le projet redessine un nouveau quartier, remplaçant l'ancien tissu à vocation industrielle et commerciale. Le vaste espace libre, qui traverse le jardin du Flon sur toute sa longueur, constitue l'un des traits fondamentaux du projet.

Au centre, un cours d'eau, qui croise le mouvement sinueux d'une rangée d'arbres, nous rappelle l'ancien tracé de la rivière. La nouvelle édification, implantée des deux côtés de ce jardin, prévoit sur la rive droite des activités commerciales, des bureaux et, dans la partie supérieure, des habitations qui s'ouvrent sur le lac Léman. Sur la rive gauche, les dépôts et les espaces réservés aux activités artisanales sont organisés sous les nouveaux terrasse-

sollen Gewerbebetriebe und Lagerräume ihren Platz finden, unterhalb der neuen Terrassierungen von Montbenon. Ein großer Theater- und Mehrzwecksaal in zylindrischer Form kommt als Abschluß der Überbauung in die Nähe der Chauderon-Brücke zu stehen, wo ein schneller Zugang zu den Bahnhöfen möglich ist. Dieses neue Stück städtischen Gewebes präsentiert sich als integrierter öffentlicher Raum dank der Neukonzeption des Straßensystems und eines Netzes innerer Zubringerwege zu allen Bereichen.

ments de Montbenon. Une grande salle de spectacle de forme cylindrique est placée à l'extrémité du complexe, de l'autre côté du pont Chauderon, favorisée par l'accès aux gares.

Le nouveau morceau de tissu urbain s'impose comme un nouvel espace public, intégré dans la ville grâce au nouveau dessin du système de circulation, et grâce au réseau de parcours intérieurs qui facilitent l'accès à toute les fonctions présentes.

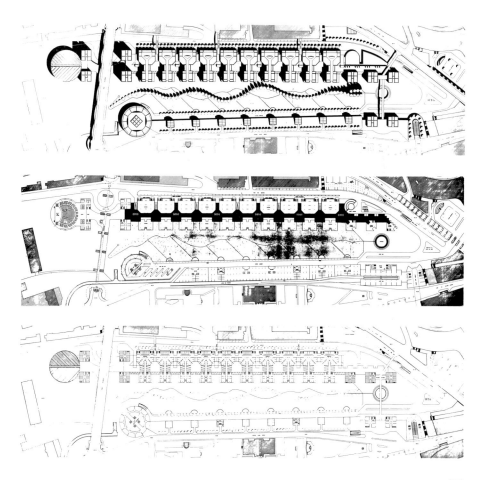

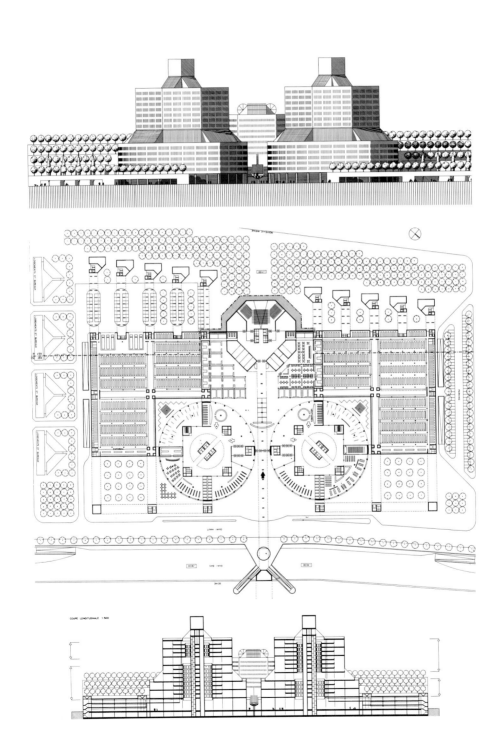

Das Projekt für die Bibliothek ist im Grundriß um eine Achse herum organisiert, die senkrecht zur Seine steht und der Fußgängerpasserelle entspricht, welche vom Parc de Bercy zum vorgesehenen Bauareal führt. Das Projekt stellt einen gebauten geometrischen «Kontrapunkt» zum «Hohlraum» des Parkes dar. Die Front zur Seine weist zwei mächtige Volumen mit zylindrischer Basis auf; hier finden die vier vom Wettbewerb geforderten Bibliotheken ihre Unterbringung. Ein Zentralraum mit Glasbedachung gibt den Blick auf diese frei für den Besucher, der von der Straßenebene her die Halle betritt. Diese Baukörper wirken im Inneren des Komplexes als Orientierungselemente für das Verteilsystem und zugleich als Bezugspunkte für die sich darbietenden Ausblicke auf die äußere Stadtlandschaft in Richtung Seine und des weiter entfernten Parkes.

Le projet de la bibliothèque s'organise, en plan, autour d'un axe de composition perpendiculaire à la Seine, correspondant à la passerelle piétonne qui, venant du parc de Bercy, nous conduit sur le site choisi par le concours. Le projet est placé comme un «contrepoint» géométrique, construit par rapport au vide du parc. Le front sur la Seine présente deux grands volumes à base cylindrique (où sont organisées les quatre bibliothèques requises). Un espace central, recouvert d'une toiture vitrée, permet aux personnes, qui accèdent dans le hall depuis le niveau de la route, de percevoir la présence de ces deux volumes. Ceux-ci apparaissent à l'intérieur de la construction, comme éléments d'orientation du système distributif, et en même temps, comme points de repère, pour la lecture des percées et des perspectives, qui s'ouvrent sur le paysage, en direction de la Seine et du parc.

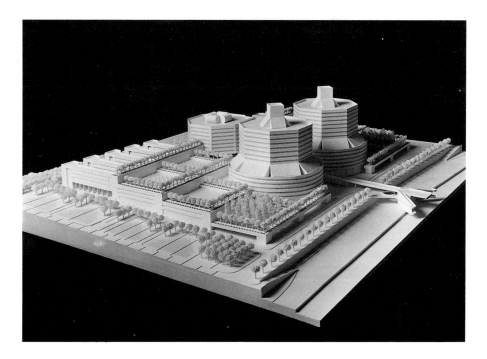

Erweiterung des Bundeshauses in Bern
Projekt 1991

Agrandissement du Palais Fédéral à Berne
Projet 1991

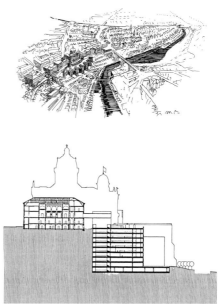

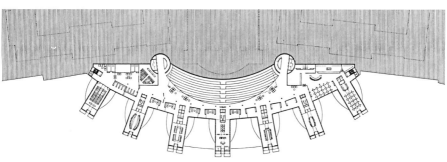

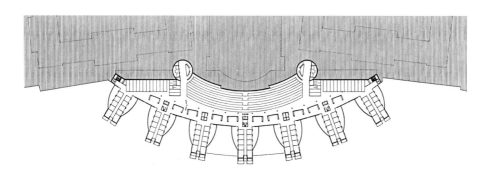

Hauptziel des Entwurfs ist es, auf die Formen der historischen Altstadt bezug zu nehmen, die sich entlang des gewundenen Flußlaufs der Aare erstreckt. Ihre urbane Gestalt, das Grün und die zum Fluß hin abfallenden Terrassen sind wesentlich von diesem natürlichen Element geprägt.

So setzt Botta bei der Schaffung von Büros und Repräsentationsräumen für die Parlamentarier eine Reihe von Strebepfeilern ein, die das Erdgeschoß sternförmig mit dem höheren Niveau des Gebäudes des Bundeshauses aus dem 19. Jahrhundert verbinden, das am Hügel oberhalb des neuen Baus liegt und den visuellen Fokus des neuen Baukörpers bildet.

Die Gänge aller Gebäudeteile laufen in einem großen Foyer zusammen, von dem aus das Parlament jederzeit sichtbar ist.

Le projet fixe comme objectif premier d'exalter les éléments constitutifs de la ville historique dont le développement est tributaire du parcours sinueux de l'Aare. La présence de l'élément naturel qu'est le fleuve a conditionné profondément la morphologie urbaine qui, en se consolidant, a maintenu ses rapports anciens avec la végétation et les terrassements qui descendent vers le fleuve.

Le thème de la création d'espaces à bureaux représentatifs pour les parlementaires est interprété par une série de bâtiments-contreforts. Leur configuration rayonnante raccorde le niveau de la rue avec celui du plateau sur lequel se dresse le Palais Fédéral du XIXe siècle, assumé comme centre de la composition.

Les parcours distributifs de chaque volume convergent vers une grande halle au toit transparent, depuis laquelle la présence du parlement est visible en tout point.

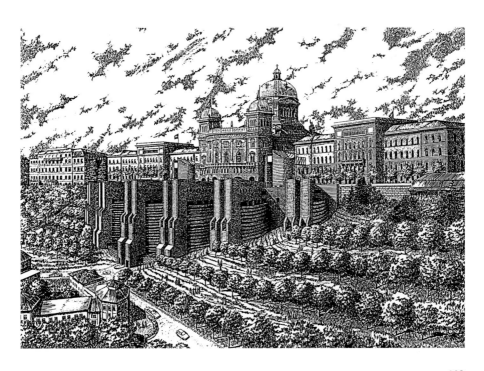

Design

Design

«Möbel-Gegenstand: Eingrenzung eines Raumes für zwei Personen, die sich gegenübersitzen. Ein Raum, um sich anzublicken und miteinander zu reden, um zu schreiben, lesen, denken oder sich etwas Muße zu gönnen. Das Konstruktionsprinzip der alternierenden Zierleisten aus Buchenholz erzeugt eine durchgehende Transparenz der Oberflächen – Strukturen, die den Innenraum vom äußeren Raum abtrennen, ohne ihn jedoch zu isolieren. Die Verwirklichung dieser ‹Schale› wurde möglich dank der geduldigen Arbeit der Brüder Meani, Schreiner in Lissone. Ein Zeugnis für die konstruktive Geschicklichkeit, die Liebe, die Hingabe und die Freude, die auch heute noch in der handwerklichen Arbeit stecken.» In diesen Worten Mario Bottas, fast mehr Dank als Beschreibung, womit er den Gegenstand anspricht, den er in der Ausstellung «Die Wahlverwandtschaften» bei der 17. Triennale von Mailand vorstellte, ist ein wesentlicher Teil der Geisteshaltung eingefangen, die Bottas Annäherung an die Design-Probleme bestimmte.

Die Objekte, deren Design er seit 1982 (mehr als zwanzig Jahre nach seinen Anfängen als Architekt) gestaltet, sind nämlich direkter Ausdruck einer handwerklichen Leidenschaft fürs Entwerfen von Gegenständen des täglichen Gebrauchs. Diese hatte sich schon bei der Einrichtung für die Kapelle des Bigorio-Klosters gezeigt und später dann in den Einrichtungen und dem Innenfinish der Gebäude für die Staatsbank in Freiburg sowie «Ransila 1» und der Banca del Gottardo in Lugano. Alles dies entspringt dem Bedürfnis, die Architektur mit den Elementen zu verknüpfen, die deren Inneres beleben sollen, und umgekehrt diese derart zu gestalten, daß sie der Architektur entsprechen, die ja in der Tradition der großen Meister der Modernen Bewegung von Mies van der Rohe bis Le Corbusier steht.

Und dies ist eben einer der Gründe, wieso die Gegenstände aus elementaren geometrischen Formen hervorgehen, die, wenn sie auf der einen Seite aus dem Erfahrungsschatz des Umgangs mit der Architektur erwachsen, doch auch mit ihrer rationalen Gebärde zu einer Nüchternheit und Einfachheit zurückfinden wollen, die vergessen scheinen innerhalb eines Spektrums von Formen, welche die Verknüpfung mit der Geschichte der Gegenstände zugunsten einer modischen Formgebung offenbar ablehnen.

«Meuble-objet: définit un espace pour deux personnes assises l'une en face de l'autre. Un espace pour se regarder, pour se parler, pour écrire, lire, penser et paresser. Le système constructif réalisé avec des lamelles de hêtre alternées crée une transparence continue des surfaces, marquant la séparation sans isoler l'espace interne de l'espace externe. La réalisation de cette ‹coque› a été rendue possible grâce au travail minutieux effectué par les frères Meani, menuisiers à Lissone. Ceci témoigne du savoir constructif, de l'amour, du dévouement et du plaisir qui caractérise encore aujourd'hui un travail artisanal.» (Mario Botta)

Dans ces paroles, qui sont plus un remerciement qu'une description de l'objet présenté à l'exposition «Les Affinités Electives» dans le cadre de la XVIIe Triennale de Milan en 1985, nous retrouvons une grande partie de l'esprit avec lequel Mario Botta a approché les problèmes du design. Les objets qu'il dessine à partir de 1982, plus de vingt ans après ses débuts en tant qu'architecte, témoignent en fait directement de cette passion artisanale pour la création d'objets d'usage commun qui s'était déjà manifestée lors de la conception du mobilier de la chapelle du couvent de Bigorio et successivement du mobilier et des finitions internes de la Banque de l'Etat de Fribourg, du bâtiment Ransila 1 et de la Banque du Gothard. C'est là le besoin de rattacher l'architecture aux éléments destinés à en occuper l'intérieur, et vice versa de définir leur profil en fonction de l'architecture même, dans la tradition des grands maîtres du Mouvement Moderne, de Mies à Le Corbusier.

C'est aussi la raison pour laquelle les objets naissent de géométries élémentaires qui, si elles sont d'un côté directement attribuables au patrimoine des expériences mûries dans le domaine de l'architecture, elles semblent de l'autre vouloir rappeler, dans les valeurs rationnelles, une sobriété et une simplicité apparemment inconnues dans le panorama de formes qui semblent refuser le rapport avec l'histoire même des objets, en fonction du goût et de la mode.

Une simplicité que l'on retrouve aussi dans le choix des matériaux, notamment l'utilisation répétée de la tôle perforée, capable non seulement de donner des vibrations inhabituelles à des formes rigoureusement géométriques, mais encore de nous offrir avant tout une image presque transparente pour une présence qui ne se révèle quasiment jamais envahissante.

Stuhl Prima
1982

Stuhl aus röhrenförmiger und flacher Metallstruktur in Schwarz oder Silberfarbe. Sitzfläche aus durchlöchertem Blech, Rückenlehne bestehend aus beweglichen, zylindrischen Elementen aus weich expandiertem, schwarzem Polyurethan.

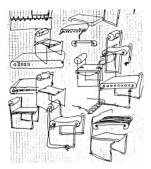

Chaise Prima
1982

Chaise de structure métallique en tubes et fers plats de couleur noire ou argent. Plateau en tôle perforée, dossier constitué d'éléments cylindriques rotatifs en polyuréthane expansé, souple, de couleur noire.

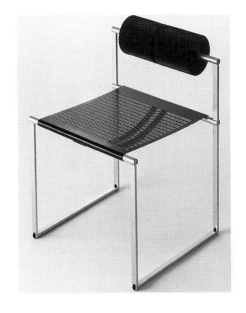

Stuhl Seconda
1982

Stuhl mit Armlehnen aus röhrenförmiger und flacher Metallstruktur in Schwarz oder Silberfarbe. Sitzfläche aus durchlöchertem Blech, Rückenlehne aus beweglichen, zylindrischen Elementen aus weich expandiertem, schwarzem Polyurethan.

Chaise Seconda
1982

Chaise avec accoudoirs, de structure métallique en tubes et en fers plats de couleur noire ou argent. Plateau en tôle perforée, dossier constitué d'éléments cylindriques rotatifs en polyuréthane expansé, souple, de couleur noire.

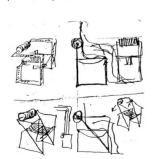

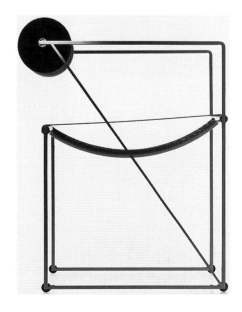

Tisch Terzo
1983

Rechteckiger Tisch aus Stahlrohrkonstruktion in schwarzer Farbe, Ablagefläche aus grauem «Beola»-Stein oder Veroneser Marmor.

Table Terzo
1983

Table rectangulaire avec structure en tube d'acier noir et plateau en pierre «Beola» grise ou en marbre de Vérone.

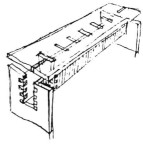

Fauteuil Quarta
1984

Sessel aus vierkantig-röhrenförmiger Aluminiumstruktur, verchromt oder schwarz mit Zwischenstücken aus starrem PVC, Rückenlehne bestehend aus beweglichen, zylindrischen Elementen aus weich expandiertem, schwarzem Polyurethan.

Fauteuil Quarta
1984

Fauteuil avec structure tubulaire carrée en aluminium chromé ou noir avec distanceurs en PVC rigide. Dossier constitué d'éléments cylindriques rotatifs en polyuréthane expansé, souple, de couleur noire.

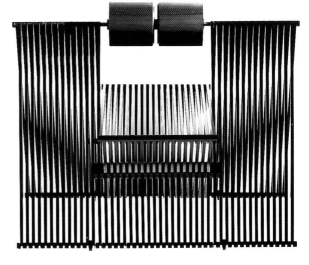

Stuhl Quinta
1985

Stuhl mit Armlehnen aus röhrenförmiger Metall-struktur in schwarzer oder kupfergrüner Farbe. Sitz-fläche und Rückenlehne aus durchlöchertem Blech, schwarz oder kupfergrün.

Chaise Quinta
1985

Chaise avec accoudoirs, structure métallique tubu-laire de couleur noire ou vert-cuivre. Plateau et dossier en tôle perforée de couleur noire ou vert-cuivre.

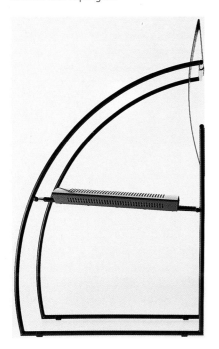

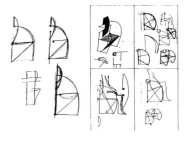

Fauteuil Sesta: «König und Königin»
1985

Doppelsessel aus schwarzer, durchlöcherter Stahl-blechstruktur. Sitzflächen und Rückenlehnen aus expandiertem Polyurethan, überzogen mit zweifar-big verarbeitetem Leder.

Fauteuil Sesta: «Re e Regina»
1985

Fauteuil avec structure en tôle d'acier perforée noire; sièges et dossiers en polyuréthane expansé recouverts de cuir bicolore.

Lampe Shogun
1985

Lampe Shogun
1985

Tisch- und Stehlampe mit Ständer aus Metallrohr, bemalt mit Bändern in Weiß und Schwarz. Verstellbarer Schirm aus durchlöchertem Stahlblech in weißer Farbe.

Lampe de table ou de sol, avec support en tube métallique vernis de bandes noires et blanches. Ecran orientable en tôle perforée de couleur blanche.

Türgriff
1986

Poignée
1986

Türgriff aus Stahl in schwarzer Farbe.

Poignée en acier de couleur noire.

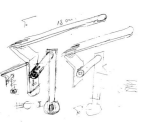

Doppelkaraffe
1986

Karaffen aus poliertem Silber mit ineinandergreifenden Profilen, welche ein Zusammenstellen erlauben.

Double carafe
1986

Carafe en argent poli, dont les deux éléments sont profilés pour en permettre l'imbrication.

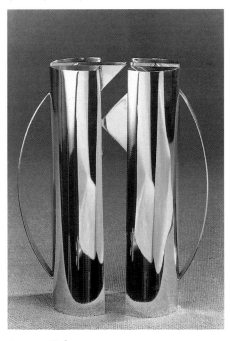

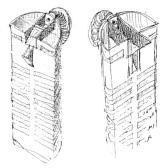

Lampe Melanos
1986

Tischlampe aus Metallblech in schwarzer Farbe.

Lampe Melanos
1986

Lampe de table en tôle métallique noire.

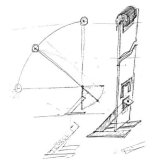

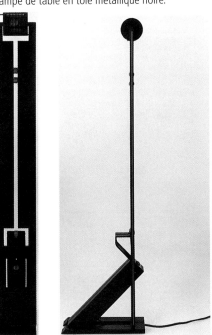

Tisch Tesi
1986

Tisch mit Brückenstruktur aus durchlöchertem Stahlblech, mit schwarzer Farbe überzogen, Tischplatte aus Kristall.

Table Tesi
1986

Table avec structure de pont en tôle d'acier perforée et tendue de couleur noire, et plateau en verre.

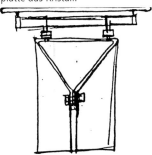

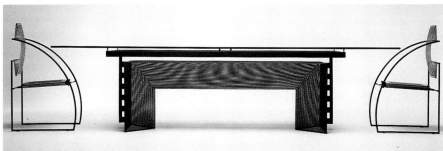

Lampe Fidia
1986

Wandlampe aus durchlöcherter Stahlblechstruktur in weißer Farbe.

Lampe Fidia
1986

Lampe murale avec structure en tôle d'acier perforée de couleur blanche.

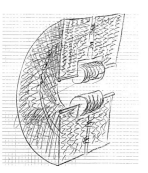

Stuhl Latonda
1987

Kleiner Sessel aus schwarzer Metallrohrstruktur, Sitzfläche aus durchlöchertem Metallblech in schwarzer oder kupfergrüner Farbe oder in schwarzem oder dunkelrotem Naturleder.

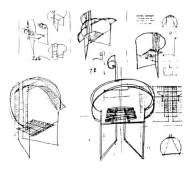

Chaise Latonda
1987

Petite chaise avec structure en tubes métalliques noirs. Siège soit en tôle d'acier perforée de couleur noire ou vert-cuivre, soit en cuir naturel noir ou rouge bulgare.

Sessel Obliqua
1988

Sessel aus schwarz lackiertem Medium-Density-Holz, mit verstellbarer Sitzfläche, Rückenlehne und Armstützen aus leder- oder stoffüberzogenem expandiertem Polyurethan.

Fauteuil Obliqua
1988

Fauteuil avec structure en bois de densité moyenne laqué noir. Siège mobile, dossiers et accoudoirs en polyuréthane expansé recouverts de tissu ou de cuir.

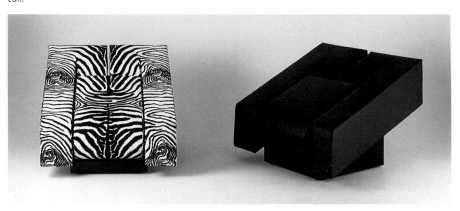

Lampe Zefiro
1989

Hängelampe aus schwarzer Metallrohrstruktur, reflektierendes Element aus durchlöchertem Stahlblech in weißer Farbe.

Lampe Zefiro
1989

Lampe suspendue avec structure en tubes métalliques noirs et élément réfléchissant, en tôle d'acier perforée de couleur blanche.

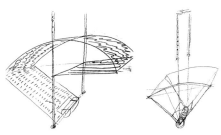

Uhr Eye
1989

Armband-, Taschen- oder Halskettenuhr aus satiniertem Stahl, Armband aus schwarzem Hartgummi.

Montre Eye
1989

Montre en acier satiné pouvant se porter comme montre-bracelet, montre de gousset, ou s'adapter sur un collier; bracelet en caoutchouc noir.

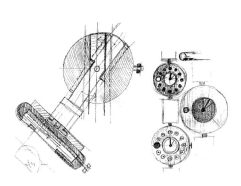

Stehpult Robot
1989

Schubladen mit Pult aus Birnbaumholz, verbunden durch einen Metallständer aus schwarzlackiertem Stahl. Die Schubladen sind an einer zentralen Führung aufgehängt und bleiben so frei und beweglich.

Secrétaire Robot
1989

Meuble à tiroirs avec tablette pour écrire en bois de poire monté sur pieds métalliques d'acier laqué noir. Les tiroirs coulissent sur des guides enchâssés en demeurant libre et aérien de l'extérieur.

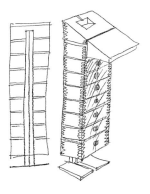

Stuhl «Botta '91»
1991

Stapelbarer Stuhl aus schwarzlackiertem oder verchromten Stahlrohr mit Sitzfläche und Rückenlehne aus echtem Leder, entworfen für das Festzelt der 700-Jahrfeier der Schweizerischen Eidgenossenschaft.

Chaise Botta '91
1991

Chaise empilable en tubulaire d'acier laqué noir ou chromé avec siège et dossier de cuir naturel. Réalisée à l'occasion des cérémonies du 700ième anniversaire de la Confédération helvétique.

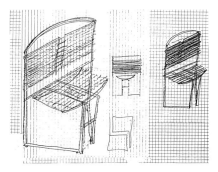

Doppelkaraffe
1989

Zusammenstellbare Karaffen aus poliertem Silber, deren Griffe aus den Zylindern ausgeschnitten sind und so die Handhabung erleichtern.

Carafes
1989

Carafes à assembler en argent poli avec anses incurvées à l'intérieur du cylindre pour en faciliter la prise.

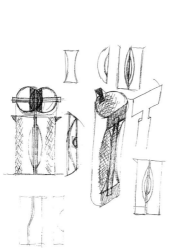

Teppiche
1990/91

Viereckige Teppiche aus Wolle (245 x 245 cm) mit geometrischen Motiven, die an architektonische Muster oder den Grundriss der Kathedrale von Evry erinnern.

Tapis
1990/91

Tapis de laine de forme carrée (245 x 245 cm) avec dessins géométriques qui rappellent la texture d'objets architecturaux ou la planimétrie de la cathédrale d'Evry.

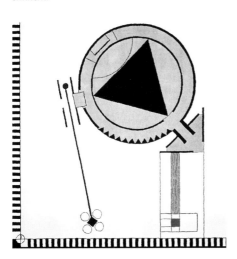

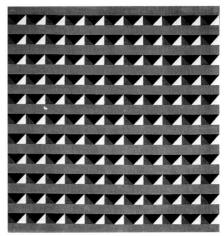

Wandschirm «Nilla Rosa»
1992

Paravent aus Stahllochblech in Schwarz oder grünspanfarben lackiert. Eine Abkantung an jeder Seite sorgt für Stabilität und verstärkt noch die transparent wirkenden Moiré-Effekte der Lackierung.

Paravent Nilla Rosa
1992

Paravent en tôle d'acier ajourée laqué noir ou vert cuivre. Deux pliures de la tôle sur chaque face en garantissent la stabilité et accentuent les effets moirés qui se perçoivent en transparence.

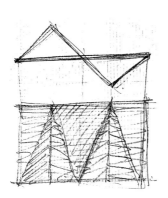

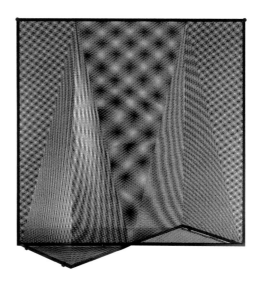

Sessel «Charlotte»
1994

Runder Sessel aus geschältem Rattangeflecht auf Stahlrohr-Innenstruktur, mit lederbezogenem Sitzkissen, entworfen anlässlich der Einrichtung einer Ausstellung der Zeichnungen von Friedrich Dürrenmatt in Zürich.

Fauteuil Charlotte
1994

Fauteuil de forme circulaire en osier tissé avec coussin de siège en polyuréthane revêtu de cuir noir. Conçu à l'occasion de l'exposition consacrée à l'œuvre graphique du célèbre auteur suisse Friedrich Dürrenmatt au Kunsthaus de Zurich.

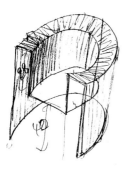

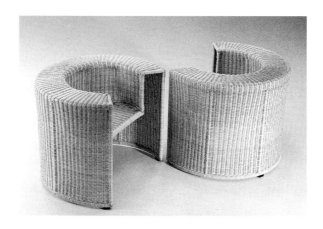

Blumenvase
1992

Vase aus Silber und Glas. Die Löcher in der polierten Oberfläche nehmen die Blumenstengel in gerader Ordnung auf.

Vase porte-fleurs
1992

Vase en argent et verre. Les cavités sur la surface polie sont destinées à contenir avec ordonnance les tiges des fleurs.

Tischuhr
1995

Uhr auf verchromtem Metallschaft mit schwarzem, kubischem Fuß.

Horloge de table
1995

Horloge montée sur une tige métallique insérée sur un cube en acier noir formant sa base.

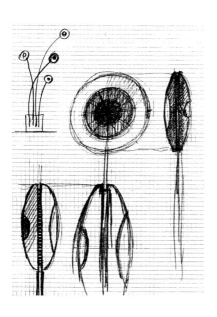

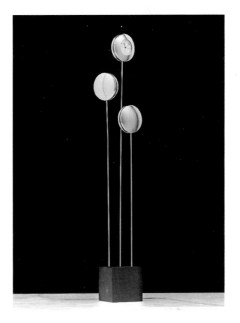

Bühnenbilder

Bottas glückliche Begegnung mit der Welt des Theaters bot ihm die faszinierende Möglichkeit, einen anderen Einsatz seiner Formensprache zu erkunden.

In den verschiedenen Bühnenbildern geht es ihm dabei offenkundig darum, die Bühne mit primären architektonischen Zeichen auszustatten, wie um das tiefe Bedürfnis nach ihnen auszudrücken, aber auch um den ewigen Konflikt mit Elementen einer künstlichen, von Menschen geschaffenen Landschaft. Diese Landschaft trägt immer Zeichen der Veränderung und Verwandlung, die über die szenischen Erfordernisse hinausgehen und in ständig neuen Perspektiven ihren Reichtum entfalten.

Mal sind es Zylinder, die sich erheben und ihre perfekten, bauchigen Wölbungen offenbaren, dann große Prismen, die drohend über der Bühne schweben oder nach oben gleiten und phantastische geometrische Effekte erzeugen, dann wieder sind es sich bewegende perforierte Kulissen, durch die das Licht filtriert und gleichmäßig zerlegt wird, bis sich ihre Transparenz plötzlich in die Formen eines weißen Pferdes verwandelt.

So entstehen Momente einer originellen Suche, bei der den Schauspielern die uralte Rolle zukommt, die mächtigen Formen mit der Erfahrung des Menschseins zu konfrontieren.

Bühnenbild für den «Nußknacker» in Zürich
Projekt 1992

Zwei spiegelbildlich bewegte große kubische Volumina mit einer gezackten Seite schweben über der Bühne und erzeugen in einem sich ständig wandelnden Spiel, das von den Vibrationen des Lichts auf ihrer Oberfläche noch intensiviert wird, negative Formen: die riesigen Kinnladen eines Nußknackers, das Profil eines Weihnachtsbaumes, dann wieder den Bühnenhintergrund.

Scénographie

L'heureuse rencontre de Mario Botta avec le monde du théâtre porte en soi la fascination de la découverte d'un exercice différent de son vocabulaire expressif.

A travers la création des diverses scénographies, la préoccupation d'habiter le lieu de la représentation de symbols architectoniques primaires apparaît évidente. Ceci pour répondre à un besoin profond mais aussi afin d'évoquer l'éternel conflit entre les éléments d'un paysage artificiel généré par l'homme. Un paysage qui assume toujours des connotations de changements et de transformations qui vont au-delà des exigences scéniques mais dont la richesse des rapports n'égale jamais l'effet des changements de perspectives et des points de vues.

Des cylindres qui se soulèvent révélant le ventre de leur parfaite concavité, de grands prismes en lévitation qui planent sur la scène produisant des effets géométriques fantastiques ou encore des parois ajourées, automotrices, où la lumière filtrée et décomposée est capable de faire apparaître les formes d'un cheval blanc sont autant de grands moments. On assiste à une recherche originale où les acteurs se voient reconfier le rôle antique de ramener ces formes puissantes en confrontation directe à la condition humaine.

Scénographie du ballet Casse-noisette à Zurich
Project 1992

Deux grands volumes cubiques à faces dentelées bougent dans l'espace en générant, par des mouvements spéculaires, des formes en négatifs. Il apparaît soit les énormes mâchoires d'un brise-noix, le profil d'un arbre de noël ou encore un arrière plan continuellement mouvant et accentué par la vibration des points lumineux sur les surfaces.

Bühnenbild für «Medea» in Zürich
Projekt 1994

Zwei Kulissen schieben sich bei diesem Bühnenbild zusammen und ziehen sich wieder auseinander. So verkleinert oder vergrößert sich die Bühne, ein Effekt, der durch die Transparenz ihrer gleichmäßig perforierten Oberflächen noch betont wird.

Scénographie de Medea à Zurich
Project 1994

Deux parois perforées coulissent entre elles en révélant une fente capable de générer une césure ou une dilatation de l'espace scénique. La transparence obtenue par la répétition ordonnancée des percements sur les surfaces accentue aussi cet effet.

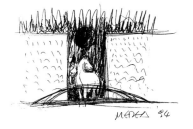

Bühnenbild für «Ippolito» in Basel
Projekt 1995

Der Bühnenraum ist mit den architektonischen Elementen eines Säulengangs und eines zylindrischen Volumens bestückt, die sich drehen lassen und dann den Blick auf die hinter ihnen liegende breite Treppe freigeben.

Scénographie Ippolito à Bâle
Projet 1995

L'espace scénique est habité des éléments architectoniques de la colonnade et d'un volume cylindrique qui, en roulant, révèle derrière la présence d'un escalier monumental.

Bibliographie

Titel monographischen Charakters / Titres à caractère monographique

Emilio Battisti / Kenneth Frampton
Mario Botta
Architetture e progetti negli anni 70
Edizioni Electa, Milano 1979

Jorge Glusberg
Mario Botta
Centro de Arte y Comunicación
Buenos Aires 1980

Pierluigi Nicolin / François Chaslin
Mario Botta 1978–1982
Il laboratorio di architettura
Edizioni Electa, Milano 1982
Editions Electa Moniteur, Paris 1982

Roberto Trevisiol
Mario Botta. La casa rotonda
Edizioni l'Erba Voglio, Milano 1982
Editions l'Equerre, Paris 1982
Editorial Gustavo Gili SA, Barcelona 1983

Pierluigi Nicolin
Mario Botta
Buildings and Projects 1961–1982
Editions Electa Rizzoli, New York 1984
Editorial Gustavo Gili SA, Barcelona 1984
Deutsche Verlags-Anstalt (DVA), Stuttgart 1984

Vigilio Gilardoni
Gli spazi dell'uomo
nell'architettura di Mario Botta
Archivio Storico Ticinese, Bellinzona 1984

Alberto Sartoris
On the Architectural Drawing by Mario Botta
Preliminary Studies / Mario Botta
GA Gallery, Tokio/Tokyo IX 1984

GA Architect No. 3 Mirko Zardini
(Christian Norberg-Schulz)
Mario Botta
A. D. A. Edita Tokyo, Ltd., Tokio/Tokyo 1984

Francesco Dal Co
Mario Botta
Architetture 1960–1985
Edizioni Electa, Milano 1985
Editions Electa Moniteur, Paris 1985
Editions Electa Rizzoli, New York 1986

Francesco Dal Co
A + U (Architecture and Urbanism)
Mario Botta
Extra Edition
A + U Publishing Co. Ltd., Tokio/Tokyo IX 1986

Stuart Wrede
Mario Botta
by the Museum of Modern Art, New York 1986

Claude Ritschard, Jérôme Baratelli,
Philippe Thomé, Vincent Mangeat,
Alberto Sartoris, Bernard Zumthor
Mario Botta
Une architecture – trois habitats
Ecole des Arts Décoratifs, Genève III 1987

Peter Pfeiffer
Mario Botta Designer
Herausgegeben von Corus Wohlen, Milano 1987

Alain Pélissier, Jean-François Pousse,
Marie-Christine Loriers,
Françoise Hélène Jourda,
Gilles Perraudin et Philippe Meyer
Techniques & Architecture 377
Mario Botta
Editions Regirex, Paris IV/V 1988

Benedetto Gravagnuolo
Mario Botta
Studi preliminari per la Banca del Gottardo
a Lugano
Edizioni A. Salvioni & Co. SA,
Bellinzona 1988

240

Mirko Zardini
A + U (Architecture and Urbanism)
Mario Botta
A + U Publishing Co. Ltd., Tokio/Tokyo I 1989,
No. 220

Jean-Paul Felley / Olivier Kaeser
Mario Botta
Construire les objets
Editions: Fondation Louis Moret, Martigny 1989

Vittorio Fagone / Francesco Dal Co
Mario Botta. Una Casa
Edizioni Electa, Milano 1989

Jean-Claude Garcias
Art Sacré
Editions spéciale de la révue Beaux Arts, Paris I
1990

Mario Botta
Watari-Um Project in Tokyo 1985–1990
Published by Watari-um, Tokyo 1990

Giovanni Pozzi
Mario Botta, at the crossroads of culture
in: Approach – Winter 1990
Published by Takenaka Corporation, Osaka, Japan

Peter Disch
Mario Botta
La ricerca negli anni ottanta
Edizione ADV – Advertising Company SA, Lugano
1990

Tita Carloni, Jacques Pilet, Harald Szeemann
Das Zelt. La Tente. La tenda
Edizioni Casagrande / Verlag für Architektur,
Bellinzona 1991

Werner Oechslin, Pierluigi Nicolin, Emilio Pizzi
Mario Botta 1980–1990
Verlag für Architektur Artemis, Zürich und
München 1991
Editorial Gustavo Gili S.A., Barcelona 1991

Pippo Ciorra
Botta, Eisenman, Gregotti, Hollein: musei
Edizioni Electa, Milano 1991

Mario Botta
Schizzi di studio per l'edificio in Via Nizzola
a Bellinzona
Arti Grafiche A. Salvioni & Co. S.A., Bellinzona
1991

Jean Petit
Mario Botta – project pour une église Mogno
Fidia Edizioni d'Arte, Lugano 1992

Rolando Bellini
Mario Botta. Architetture 1980–1990
Artificio, Firenze 1992

Emilio Pizzi
Mario Botta, Gesamtwerk Band 1 1960–1985
Artemis, Zürich-München-London 1993
Federico Motta, Milano 1993

Rafaella Baraldi, Mario Fiorucci
Mario Botta – Architettura e Tecnica
Clean, Napoli 1993

Sergio Polano
Under the sign of Aries: new directions
in Mario Botta's architectural research
«A+U Architecture and Urbanism» 279,
Tokyo 1993

Jean Petit
Traces d'architecture – Botta
Fidia Edizioni d'Arte, Lugano –
Bibliothèques des Arts, Paris 1994

Emilio Pizzi
Mario Botta. Gesamtwerk Band 2 1985–1990
Artemis, Zürich-München-London 1994
Federico Motta, Milano 1994

AA. VV.
Mario Botta, Enzo Cucchi, La cappella del Monte
Tamaro (The chapel of Monte Tamaro), con testi di
F. Irace, U. Perucchi-Petri e G. Pozzi,
Umberto Allemandi & C., Torino 1994

Pietro Bellasi e Danielle Londei
Mario Botta
Danilo Montanari Editore, Ravenna 1994

AA.VV.
Mario Botta. Il Museo d'Arte Moderna e Contemporanea di Trento e Rovereto
Skira Editore, Milano 1995

Fabiola López Durán
Cuatro temas para cuatro maneras de hacer arquitectura in: Un lugar, cuatro arquitectos (catalogo della mostra)
Museo de Bellas Artes, Caracas 1995

Sergio Grandini
Una profezia su Mario Botta
Natale Mazzuconi SA, Lugano 1995

Vera Isler, Markus Mäder
Mario Botta – Bank am Aeschenplatz, Basel
Birkhäuser Verlag, Basel – Boston – Berlin, 1995

Mario Botta
La cathédrale d'Evry
Skira Editore, Milan 1996

AA.VV.
Mario Botta. Cinque architetture
(catalogo della mostra), testi di Christian Norberg-Schulz, Giovanni Pozzi, Gabriele Cappellato
Skira Editore, Milano 1996

Mario Botta vu par Pino Musi
Introduction/Einführung Fulvio Irace
Daco-Verlag, Stuttgart 1996

Mario Botta. Etica del costruire
a cura di Benedetto Gravagnuolo
Editori Laterza, Bari 1996

Philippe Jodidio
Musée Jean Tinguely
numéro spécial de «Connaissances de Arts»
98, pp. 8–17, 1996

Mario Botta – Mario Merz
im Gespräch mit Marlies Grüterich
hg. Christina Bechtler, Kunsthaus Bregenz,
Cantz-Verlag, Ostfildern-Ruit (Stuttgart) 1996

Mario Botta Architecture 1980–1995
A photographic retrospective by Pino Musi
Department of Architecture, University of Hong Kong, 1997

Mario Botta Emozioni di pletra
(catalogo mostra con testi di Benedetto gravagnuolo, Cesare de Seta, Aldo Masullo, Werner Oechslin, Gabriele Cappellato, Mario Botta)
Skira Editore, Milano 1997

Emilio Pizzi
Mario Botta. Gesamtwerk Band 3 1990–1997
Birkhäuser Verlag, Basel – Boston – Berlin 1997
Federico Motta, Milano 1997

Filmographie

Senza luce, nessuno spazio
a cura di Andreas Pfäffli, Al Castello SA, 1987

Mario Botta architect, contemporary architects and designer, Victory Interactive Media SA,
Lugano 1994 (CD-ROM)

SFMOMA – Un occhio per la città
a cura di Matteo Bellinelli
Televisione della Svizzera Italiana, Lugano 1995

Licht nach innen –
Die neuen Bauten des Mario Botta
ein Film von Birgitta Ashoff
Bayerischer Rundfunk, München 1995

Mario Botta
von Charlotte Kerr Dürrenmatt
On Line Video 46 AG, Zürich 1996 für
Süddeutscher Rundfunk Stuttgart

Meta-Mecano
ein Film von Ruedi Gerber
Zas Film AG, Zürich 1997

La forma della città, in: «Corriere del Ticino» (Lugano), 24. X. 1970.

Strutture delle città, in: «Corriere del Ticino» (Lugano), 11. XI. 1972.

Altre riflessioni sull'architettura, in: «Libera Stampa» (Lugano), 30. XII. 1976.

Appunti sui problemi dei centri storici, in: «Il Nostro Paese», 116, pp. 57–72, 1977.

Un'occasione mancata, Analisi critica del concorso di Tenero, in: «Rivista Tecnica», 4, pp. 27–33, 1977.

Architecture and «Environnement», in: «A + U. Architecture and Urbanism», 105, pp. 51–110, 1979; in: «Werk, Bauen + Wohnen», 1–2, pp. 36, 37, 1980; in: P. Nicolin, F. Chaslin, *Mario Botta 1978–1982. Laboratoire d'architecture,* catalogo della mostra, Electa-Moniteur, Milano – Paris, pp. 115, 116, 1982; in: L. Ferrario (a cura di), *Dopo L'Architettura Post-Moderna,* Kappa, Roma, 1983, pp. 24–28, e in: «Bullettin UIA», 12, 1983.

Il disegno, il luogo e il progetto, in: AA. VV., *Am Rand des Reißbretts. 10 Schweizer Architekten, Skizzen, Zeichnungen, Grafik, Bilder,* Ausstellungskatalog, Studio 10, Chur, 1980.

L'ultimo progetto di Le Corbusier, in: S. Pagnamenta, ed. B. Reichlin *Le Corbusier. La ricerca paziente,* catalogo della mostra, Federazione Architetti Svizzeri – Gruppo Ticino, Lugano, pp. 139–150; ora in: ed. W. Fuchs, R. Wischer, Hven L. C. *Le Corbusier, Krankenhausprojekt für Venedig,* Dietrich Reimer Verlag, pp. 108–110, 1980.

Progetti per la città, progetti contro la città, in: «Lotus international», 25, pp. 108–110, 1980.

L'albero come eccezione, in: «Lotus international», 31, pp. 37–40, 1981.

Uno spazio per «Guernica», in: «Rivista Tecnica», 10, pp. 49–51, 1981.

Alvaro Siza, in: «Werk, Bauen + Wohnen», 4, p. 10, 1981.

Per saldare un debito di riconoscenza, in: M. Botta e J. Soldini, Virgilio Gilardoni. Continuità di una ricerca esemplare, in: «Cenobio», 3, pp. 195–201, Lugano 1983.

L'antichità del nuovo, in: ed. U. Siola, *Architettura del presente e città del passato,* Shakespeare & Company, Brescia, pp. 47–61, 1984.

Alcune note sul restauro di Castelgrande a Bellinzona nel progetto dell'architetto Aurelio Galfetti, in: «I nostri monumenti storici. Bollettino per i membri della Società di Storia dell'Arte in Svizzera», 4, pp. 471–477, 1984.

L'Arcaicità del Nuovo, in: ed. M. Zardini, James Stirling, Michael Wilford and Associates, La nuova Galleria di Stato a Stoccarda, in: «Quaderni di Casabella», 1, pp. 6–7, 1985.

Spazi osceni in luogo pubblico, in: «Giornale del Popolo» (Lugano), 22. VIII. 1986.

Voyage d'Orient, in: «Quadrangolo» (Bioggio), 3, pp. 6–11, 13. XII. 1987.

Il dissenso è tempestivo, il consenso arriva tardi, in: «Popolo e Libertà» (Lugano), 30. I. 1988.

I piani regolatori sono strumenti nefasti, in: «Quotidiano» (Bioggio), 25. III. 1988.

Objets récents, in: «Zeitschrift für Schweizerische Archäologie und Kunstgeschichte», Band 45, Heft 1, pp. 43–49, 1988.

Le ragioni dell'architettura e il disimpegno dell'edilizia, in: «Quotidiano» (Bioggio), 28. VII. 1988.

Locarno e il suo festival: la città, il sacro e il profano: quale consapevolezza dello straordinario evento?, in: «Quotidiano» (Bioggio), 18. VIII. 1988.

The Church at Mogno-Fusio, in: «Perspecta 24», The Yale Architectural Journal – Rizzoli (New York), pp. 78–91, 1988.

Aurelio Galfetti. Il mestiere dell'architetto, in: *Aurelio Galfetti,* Editorial Gustavo Gili S. A., pp. 6–8, Barcelona 1989.

La construction des objets, in: *Mario Botta Construire les objets,* Edizione Fondazione Louis Moret – Martigny, p. 7, 1989.

The «measure» of the place, the «transparency» of the wall, the «depth» of the light; Das «Maß» des Ortes, die «Transparenz» der Mauer und die «Tiefe» des Lichts; in: *Tadao Ando Sketches/Zeichnungen,* Birkhäuser Verlag Basel – Boston – Berlin, pp. 9–13, 1990.

Letter to Watari-um, in: AA.VV. *Mario Botta. Watari-um project in Tokyo 1985–1990,* Watari-um, Tokio/Tokyo 1990.

Postscriptum, in: *La tenda / La Tente / Das Zelt,* Edizioni Casagrande / Verlag für Architektur, pp. 70–72, Bellinzona 1991.

Mario Botta, in: «Architecture Now», Arcam Pocket, ed. Maarten Kloos, pp. 28–29, Amsterdam 1991.

Nuove chiese recenti esperienze, in: *Atti del Convegno tenutosi a Milano il 30 novembre presso il Seminario Arcivescovile in Corso Venezia, 11,* Curia Arcivescovile, pp. 2–19, Milano 1991.

Le sculture lignee di Aldo Ferrario / Die Holzskulpturen von Aldo Ferrario, in: Ausstellungskatalog der Städtischen Galerie Schwarzes Kloster und Augustinermuseum, pp. 3–7, Freiburg im Breisgau 1991.

Vortrag von Mario Botta, in: G. Guntern. Der kreative Weg, Verlag Moderne Industrie, pp. 190–260, Zürich 1991.

Schizzi di studio, in: Mario Botta schizzi di studio per l'edificio in via Nizzola a Bellinzona, Spazio XXI, Arte Grafiche A. Salvioni & Co., p. 3, Bellinzona 1991.

Le città bombardate, in: I giorni della Slovenia, Edizione «e», p. 23, Trieste 1991.

Statements, in: Alberto Giacometti, (catalogue de l'exposition, Musée d'Art Moderne de la Ville de Paris), Imprimerie de l' Indre, p. 439, Paris 1991.

Mario Botta, Cattedrale in Evry, in: Architettura e spazio nella modernità, a cura di P. Gennaro, catalogo della mostra, Editrice Segesta SpA, p. 236, Milano 1992.

Architetto, uno straordinario «mestiere di speranza», in: «L'informatore» (Mendrisio), 31.I.1992.

«Dedicato a mia madre…», in: «Vita Nuova» (Chiasso), 31.I.1992.

Fede e architettura: un binario plurisecolare, in: «Popolo e Libertà» (Lugano), 7.IV.1992.

Preghiere di pietra, in: «Azione», 16.IV.1992, pp. 6–7 (testimonianza di Mario Botta nell'ambito dell'edizione dei Vesperali 1992).

Per Rino Tami, in: Rino Tami, a cura di P. Carrard, W. Oechslin, F. Ruchat-Roncati, Ausstellungskatalog des Instituts gta, ETH Hönggerberg, pp. 38–39, Zürich 1992.

Per Giuseppe Mazzariol, a cura di C. Bertola, catalogo della mostra, Fondazione Querini Stampalia, Electa, Milano 1992.

Mario Botta, San Francisco Museum of Modern Art, in: Museo d'Arte e Architettura, ed. M. Kahn-Rossi, M. Franciolli, M. Petraglio, Edizioni Charta, pp. 150–157, Milano 1992.

Testimonianze, in: Per Giuseppe Mazzariol, ed. M. Brusatin, W. Dorigo, G. Morelli, Dipartimento di Stori e Critica delle Arti, Università di Venezia Viella Libreria Editrice, pp. 36–38, Roma 1992.

Studi su Mario Botta (una ricerca fotografica di Giasco Bertoli), Istituto Europeo di Design, Idea Books, p. 10, Milano 1992.

Ohne Licht kein Raum, in: Lichtfest, ed. I. Maisch, Presse-Druck und Verlags-Gmbh, pp. 63, Augsburg 1992.

Per Jean Petit, in: Mario Botta progetto per una chiesa a Mogno, a cura di Jean Petit, Collection Forces Vives-Fidia Edizioni d'Arte, pp. 17–21, Lugano 1992.

La figura dell'architetto oggi, in: «L'Almanacco 1993», Editioni dell' almanacco, pp. 121–123, Bellinzona 1992.

Dentro il disegno di Moore, in: Henry Moore, Electa Elemond Editori Associati, p. 9, Milano 1993.

Eine Architekturakademie im Tessin, «Archithese», 2, pp. 15–19, 1993.

Altri cambiamenti, «Lotus International», 77, pp. 108–110, 1993.

«Les murs que nous dressons ne deviendront-ils pas ceux de notre prison?», in: «Le Nouveau Quotidien», (Genève) 27.IX.1993.

Mario Botta, ein Zeuge der Hoffnungen, in: Hans Bernoulli, ed. K. und M. Nägeli-Gschwind, Birkhäuser Verlag, pp. 7–8, Basel-Boston-Berlin 1993.

La zattera di pietra, in: Pierino Selmoni, ed. M. Bianchi, Quaderni di Villa dei Cedri, Civica Galleria d'Arte, p. 9, Bellinzona 1993.

Typologie bancaire et morphologie urbaine, in: Journée des banquiers 1993, Association Suisse des Banquiers, pp. 23–28, Basel 1993.

L'immaginario dell'architetto: l'uomo, la casa, il quartiere, in: Psichiatria e architettura (Atti del Convengo) ed. C. Molo Bettelini, A. Mazzoleni, Edizione Centro Documentazione e Ricerca dell'Organizzazione Sociopsichiatrica Cantonale, Dipartimento Opere Sociali, pp. 13–37, Mendrisio 1994.

Reflections sur une nouvelle école d'architecture, in: «APU-Bulletin», 1, pp. 7–9, 1994.

Mario Botta Farb-Bekenntnisse Zeitgenössischer Architekten, in: «Daidalos», 51, p. 36, 1994.

La figura dell'architetto oggi, in: «Domus», 7/8, pp. 78–80, 1994.

Natur oder Architektur?, in: «Anthos», 2, pp. 30–31, 1994.

Il sereno Azuma, in: «Giornale del Popolo» (Lugano), 6. IX. 1994.

Il progetto architettura Ticino, in: L'università della comunicazione (Atti del Convegno), ed. Petrali, S. Vassere, Edizioni Nuova Critica, pp. 13–17, Canobbio 1994.

Quinzaine novembre 1993 Genève, architecture et urbanisme, Institut National Genevois, Nouvelle série des Actes de l'ING, Livraison 38, pp. 55–70, 1994.

Casa brutta, «Micro Mega», 5, pp. 40–47, 1994.

Profili in cerchio, in: Vittorio Viganò, Una ricerca e un segno in architettura, ed. V. Viganò, Electa, pp. 20–22, Milano 1994.

Arazzi, per la SBS e il ristorante parco Saroli al Lugano, in: Aoi Huber, Il tappeto, Edizioni Tettamanti, Chiasso 1994 e Editions Virgola, p. 40, Novazzano 1994.

La figura dell'architetto oggi, in: «Civitas», 1/2, pp. 9–11, 1995.

Projets récents, Conférences Paris d'Architects et d'Ailleurs, Les mini PA no. 7, Editions du Pavillon de l'Arsenal, pp. 11–32, Paris 1995.

Construire une cathédrale, in: B. Delamain. *La cathédrale de la Résurrection à Evry, premiers instants,* Maeght Editeur, Evêché d'Evry, pp. 4–5, 1995.

Cathedral in Evry, «GA Document» 45, pp. 108–117, 1995.

«Oxford con il lago», Univeristà e comunicazione a Lugano, ed. A. Petralli e S. Vassere, Edizioni Nuova Critica, Lugano 1995.

Introduzione/lettera di Mario Botta, in: *Ecuador Monumental,* ed. P. M. Durini, Edizione Durini, Quito 1995.

Design and Identity, «Louisiana Revy», catalogo della mostra, 2, pp. 24–25, 1996.

Une cathédrale à Evry. Pour Evry, in: *Mario Botta. La cathédrale d'Evry,* Skira Editore, Milano 1996.

AA. VV. La tradizione e la Cultura della Casa nell' alto padovano (Prefazione), Lions Club Camposmpiero, Padova 1996.

L'Università Ticinese e la regio Insubrica, in: «La Regio Insubrica», Circolo Cultura Insieme, Chiasso, pp. 77–83, Oktober/November 1995.

Segno di speranza per l'uomo d'oggi, «Giornale di Locarno» (Locarno), 29. VIII. 1996.

Art and Architecture, in: Museum Jean Tinguely und Benteli Verlag, pp. 273–280, Bern 1996.

Kunst und Architektur, «B wie Basel», pp. 30–35.

A cube on the ocean, in: *Between sea and city, eight peirs for Thessaloniki,* ed. Sabine Lebesque, Nai publishers, pp. 62–63, Amsterdam 1997.

Una mostra di architettura, in *Emozioni di pietra,* Sicina Editore, pp. 34–36, Milano 1997.

Biographie

Note biographique

1943	Mario Botta wird am 1. April in Mendrisio (Kanton Tessin, Schweiz) geboren.	1943	Né à Mendrisio (canton du Tessin, Suisse) le 1er avril.
1949–1958	Besuch der Primarschule in Genestrerio und der Sekundarschule in Mendrisio.	1949–1958	Ecole primaire à Genestrerio, école secondaire à Mendrisio.
1958–1961	Lehre als Bauzeichner im Architekturbüro Carloni und Camenisch in Lugano.	1958–1961	Apprentissage de dessinateur en bâtiment dans l'atelier d'architecture de Carloni et Camenisch à Lugano.
1961–1964	Besuch des Liceo artistico in Mailand.	1961–1964	Lycée artistique à Milan.
1964–1969	Studium am Universitätsinstitut für Architektur (IUAV) in Venedig.	1964–1969	Etudes à l'Institut Universitaire d'Architecture de Venise (IUAV).
1965	Praktikum im Architekturbüro Le Corbusiers in Venedig: Arbeit am Projekt für ein neues Spital (zusammen mit Julian de la Fuente und José Oubrerie). – Praktikum im Pariser Architekturbüro von Le Corbusier, rue de Sèvres 35.	1965	Travaille dans l'atelier de Le Corbusier pour le nouvel hôpital de Venise avec Julian de la Fuente et José Oubrerie. – Travaille dans l'atelier de Le Corbusier, 35, rue de Sèvres, à Paris.
1969	Mario Botta lernt in Venedig Louis Kahn kennen. Mitarbeit beim Aufbau der Ausstellung, die das Projekt für den neuen Kongreßpalast vorstellt. – Diplom am IUAV in Venedig, seine Experten sind Carlo Scarpa und Giuseppe Mazzariol. – In Lugano eröffnet Mario Botta sein eigenes Architekturbüro.	1969	Rencontre Louis Kahn à Venise et collabore au montage de l'exposition du projet pour le nouveau palais des congrès. – Diplôme de l'IUAV à Venise. Patrons de thèse: Carlo Scarpa et Giuseppe Mazzariol. – Début de l'activité professionnelle; ouvre un bureau à Lugano.
1976	Gastprofessor an der Ecole Polytechnique Fédérale in Lausanne.	1976	Professeur invité à l'Ecole Polytechnique Fédérale de Lausanne.
1982–1987	Mitglied der Eidgenössischen Kunstkommission.	1982–1987	Membre de la Commission Fédérale Suisse des Beaux-Arts.
1983	Ehrenmitglied des Bundes Deutscher Architekten (BDA).	1983	Membre honoraire de la BDA (Bund Deutscher Architekten).
1984	Ehrenmitglied des AIA (Honorary Fellow of the American Institute of Architects).	1984	Membre honoraire de l'AIA (Honorary Fellow of the American Institute of Architects).
1985	Architekturpreis Beton 85.	1985	Prix d'architecture «Béton 85».
1986	Chicago Architecture Award. – Das Museum of Modern Art in New York widmet Mario Botta eine Ausstellung.	1986	«Chicago Architecture Award». – Expose au Museum of Modern Art de New York.
1987	Gastprofessor an der Yale School of	1987	Professeur invité à la Yale School of Architecture New Haven, Connecticut.
		1989	«Baksteen Award» de la Royal Dutch Brick Organization Hollande. – Prix CICA (Comité International des Critiques d'Architecture). – Biennale Internationale d'Architecture (Buenos

Architecture in New Haven, Connecticut.

1989 «Baksteen Award» der Royal Dutch Brick Organization. – CICA-Preis (Comité International des Critiques d'Architecture). – Teilnahme an der Internationalen Architektur-Biennale in Buenos Aires. – Honorarprofessor an der CAYC-Hochschule in Buenos Aires.

1991 Korrespondierendes Mitglied für die Schweiz der Académie d'Architecture de Paris.

1991 Preis 1991 Stiftung Iside und Cesare Lavezzari, Chiasso (Schweiz).

1993 Ehrenmitglied der «Accademia di Belle Arti di Brera», Mailand (Italien).

1993 «Marble Architectural Award».

1993 CICA Preis (Comité Internacional de Criticos de Arquitectura) Buenos Aires (Argentinien).

1994 Ehrenmitglied des CAM-SAM (Colegio de Arquitectos de la Ciudad de Mexico-Sociedad de Arquitectos Mexicanos).

1995 Merit Award for Excellence in Design der AIA Kalifornien für das San Francisco Museum of Modern Art in Zusammenarbeit mit Hellmuth, Obata & Kassabaum, Inc.

1995 «International Award Architecture in Stone» Internationale Marmorausstellung, Verona (Italien).

1995 Europäischer Kulturpreis Karlsruhe (Deutschland).

1995 Doktor Honoris causa der Universität Thessaloniki (Griechenland).

1996 Chrystal Award / World Economic Forum, Davos (Schweiz).

1996 Mitglied der Schweizerischen Akademie der Technischen Wissenschaften.

1996 Doktor Honoris causa der Fakultät Architektur der Universität Nacional in Cordoba (Argentinien).

1997 SACEC Award (Swiss American Cultural Exchange Council).

1997 Ehrenmitglied des Royal Institute of British Architects (England).

1997 Doktor Honoris causa der Universität von Palermo in Buenos Aires (Argentinien).

Aires/Argentine). – Professeur honoraire à l'Ecole des Hautes Etudes CAYC (Buenos Aires).

1991 Membre corespondant pour la Suisse de l'«Académie d'Architecture de Paris».

1991 Prix 1991 Fondation Iside et Cesare Lavezzari, Chiasso (Suisse).

1993 Membre honoraire de l'«Accademia di Belle Arti di Brera», Milan (Italie).

1993 «Marble Architectural Award».

1993 Prix CICA (Comité Internacional de Criticos de Arquitectura Buenos Aries (Argentine).

1994 Membre honoraire de CAM-SAM (Colegio de Arquitectos de la Ciudad de Mexico-Sociedad de Arquitectos Mexicanos).

1995 Merit Award for Excellence in Design de l' AIA Californie pour la Musée d'Art Contemporain en collaboration avec Hellmuth, Obata & Kassabaum, Inc.

1995 «International Award Architecture in Stone» Exibiton international de, Verona (Italie).

1995 Européischer Kulturpreis Karlsruhe (Allemagne).

1995 Docteur Honoris Causa de la Faculté d'Architecture de l'Université Thessaloniki (Gréce).

1996 Crystal Award, World Economic Forum, Davons (Suisse).

1996 Membre de l'Académie Suisse des Sciences Techniques.

1996 Docteur Honoris Causa de la Faculté d'Architecture de l'Université Nationale de Cordoba (Argentine).

1997 SACEC Award (Swiss American Cultural Exchange Council).

1997 Membre honoraire du Royal Institute of British Architects (Angleterre).

1997 Docteur Honoris Causa de l'Université Palermo à Buenos Aires (Argentine).

Depuis 1970 Mario Botta effectue une activité didactique et de recherche en donnant des conférences, des séminaires et des cours d'architecture dans de nombreuses écoles d'architecture d'Europe, d'Asie, des

Seit 1970 übt Mario Botta eine intensive Lehr- und Forschungstätigkeit aus und hat Vorträge, Seminare und Architekturkurse an zahlreichen Architekturschulen Europas, Asiens sowie Nord- und Lateinamerikas gehalten. In Zusammenhang mit der Gründung der Universität der Italienischen Schweiz erarbeitet er das Programm für die neue Architektur Akademie in Mendrisio, Tessin, und unterrichtet dort seit Oktober 1996.

Etats-Unis et d'Amérique latine. En rapport avec la fondation de l'Université de la Suisse italienne, il élabore le programme de la nouvelle Académie d'Architecture à Mendrisio, Tessin, et y enseigne l'architecture depuis octobre 1996.

Werkverzeichnis

Liste des œuvres

1959	Kapelle San Fermo in Genestrerio (Tessin).
1959/60	Zweifamilienhaus in Morbio Superiore (Tessin).
1961–63	Pfarrhaus in Genestrerio (Tessin).
1962/63	Einfamilienhaus in Genestrerio (Tessin).
1965	Kirche des neuen Spitals von Venedig (Mitarbeit am Projekt von Le Corbusier).
1965–67	Einfamilienhaus in Stabio (Tessin).
1966/67	Kapelle im Kloster Bigorio (Tessin), mit Tita Carloni.
1969	Umbau des alten Schlachthauses und Neugestaltung des Nachbargeländes in Basel, mit T. Carloni, G. Silvestro und L. Snozzi.
	Diplom am Istituto Universitario di Architettura in Venedig, Fachreferenten: Carlo Scarpa und Giuseppe Mazzariol.
	Neugestaltung des Lido von Bissone (Tessin), mit L. Snozzi.
1970	Neubau der Eidgenössischen Technischen Hochschule in Lausanne, mit T. Carloni, A. Galfetti, F. Ruchat und L. Snozzi.
	Neugestaltung eines städtischen Geländes in Lugano.
	Schule in Locarno.
	Einfamilienhaus in Ligornetto (Tessin).
1970/71	Einfamilienhaus in Cadenazzo (Tessin).
1971	Neues Verwaltungszentrum in Perugia, mit L. Snozzi.
	Zweifamilienhaus in Vacallo (Tessin).
1971–73	Einfamilienhaus in Riva San Vitale (Tessin).
1972	Neuer Sitz einer Bank in Chiasso (Tessin).
	Kindergarten in Stabio (Tessin).
1972–77	Schule in Morbio Inferiore (Tessin).
1973	Einfamilienhaus in Caslano (Tessin).

1959	Chapelle San Fermo à Genestrerio (Tessin).
1959/60	Maison pour deux familles à Morbio Superiore (Tessin).
1961–63	Maison paroissiale à Genestrerio (Tessin).
1962/63	Maison familiale à Genestrerio (Tessin).
1965	Eglise du nouvel hôpital de Venise (collaboration à l'étude de Le Corbusier).
1965–67	Maison familiale à Stabio (Tessin).
1966/67	Chapelle du Couvent de Bigorio (Tessin), avec Tita Carloni.
1969	Aménagement de l'abattoir et de son environnement à Bâle, avec T. Carloni, G. Silvestro et L. Snozzi.
	Diplôme à l'Institut d'Architecture de l'Université de Venise, sous la direction de Carlo Scarpa et Giuseppe Mazzariol.
	Réaménagement du lido à Bissone (Tessin), avec L. Snozzi.
1970	Nouvelle Ecole Polytechnique de Lausanne, avec T. Carloni, A. Galfetti, F. Ruchat et L. Snozzi.
	Restructuration d'un îlot urbain à Lugano.
	Ecole à Locarno.
	Maison familiale à Ligornetto (Tessin).
1970/71	Maison familiale à Cadenazzo (Tessin).
1971	Nouveau centre directionnel à Perugia, avec L. Snozzi.
	Maison bifamiliale à Vacallo (Tessin).
1971–73	Maison familiale à Riva San Vitale (Tessin).
1972	Siège d'une banque à Chiasso (Tessin).
	Crèche à Stabio (Tessin).
1972–77	Ecole secondaire à Morbio Inferiore (Tessin).
1973	Maison familiale à Caslano (Tessin).

1973/74	Versammlungssaal im Kloster Santa Maria del Bigorio (Tessin).	1973/74	Salle de réunion du Couvent Sainte-Marie de Bigorio (Tessin).
1973–76	Vorprojekt für die Bibliothek des Kapuzinerklosters in Lugano.	1973–76	Projet préliminaire de la Bibliothèque du Couvent des Capucins à Lugano.
1974	Wohnüberbauung in Rancate (Tessin), mit L. Snozzi.	1974	Etablissement résidentiel à Rancate (Tessin), avec L. Snozzi.
	Primarschule in Coldrerio (Tessin).		Ecole primaire à Coldrerio (Tessin).
	Mehrzweckgebäude in Samedan (Graubünden).		Centre multifonctions à Samedan (Grisons).
1975	Umbau eines Gutshofes in Coldrerio (Tessin).	1975	Réhabilitation d'une ferme à Coldrerio (Tessin).
	Einfamilienhaus in Villa Luganese (Tessin).		Maison familiale à Villa Luganese (Tessin).
	Umbau eines Gutshofes in Manno (Tessin).		Transformation d'une ferme à Manno (Tessin).
1975/76	Einfamilienhaus in Ligornetto (Tessin).	1975/76	Maison familiale à Ligornetto (Tessin).
1975–77	Einfamilienhaus in Maggia (Tessin).	1975–77	Maison familiale à Maggia (Tessin).
1975–90	Einfamilienhaus in Manno (Tessin).	1975–90	Maison familiale à Manno (Tessin).
1976	Umbau eines Einfamilienhauses in Cureglia (Tessin).	1976	Transformation d'une maison familiale à Cureglia (Tessin).
1976/77	Innenumbau einer Wohnung in Ruvigliana (Tessin).	1976/77	Transformation intérieure d'une habitation à Ruvigliana (Tessin).
1976–78	Gemeindeturnhalle in Balerna (Tessin).	1976–78	Salle de gymnastique à Balerna (Tessin).
1976–79	Bibilothek des Kapuzinerklosters in Lugano.	1976–79	Bibliothèque du Couvent des Capucins à Lugano.
1977/78	Umbau eines Gutshofes in Ligrignano (Tessin).	1977/78	Transformation d'une ferme à Ligrignano (Tessin).
	Umbau einer Wohnung in Riva San Vitale (Tessin).		Transformation d'une habitation à Riva San Vitale (Tessin).
1977–79	Handwerkerzentrum in Balerna (Tessin).	1977–79	Centre artisanal à Balerna (Tessin).
1977–82	Staatsbank in Freiburg (Schweiz).	1977–82	Banque de l'Etat de Fribourg (Suisse).
1978	Erweiterung des Hauptbahnhofs Zürich, mit L. Snozzi.	1978	Extension de la gare de Zurich, avec L. Snozzi.
1979	Einfamilienhaus in Caviano (Tessin).	1979	Maison familiale à Caviano (Tessin).
	Neugestaltung eines Areals in Basel.		Restructuration d'un îlot à Bâle.
	Gebäude für handwerkliche Tätigkeiten in Balerna (Tessin).		Edifice à fonction artisanale à Balerna (Tessin).
	Reihenhäuser in Riva San Vitale (Tessin).		Maisons en série à Riva San Vitale (Tessin).
1979/80	Einfamilienhaus in Pregassona (Tessin).	1979/80	Maison familiale à Pregassona (Tessin).
1979–81	Einfamilienhaus in Massagno (Tessin).	1979–81	Maison familiale à Massagno (Tessin).
1980	Verwaltungsgebäude in Brühl (Deutschland).	1980	Bâtiment administratif à Brühl (Allemagne).
	Alterspflegeheim in Agra (Tessin).		Maison de soins à Agra (Tessin).
	Neugliederung der Stuttgarter Innenstadt.		Restructuration du centre de Stuttgart.
	Wissenschaftszentrum in Berlin.		Centre des sciences à Berlin.

Neugestaltung des Lido-Areals in Lugano.

Mehrzwecksaal in Estavayer-le-Lac (Schweiz).

1980/81 Umbau eines Einfamilienhauses in Toscolano sul Garda (Italien).
Einfamilienhaus in Viganello (Tessin).

1980–82 Einfamilienhaus in Stabio (Tessin).

1981 Einfamilienhaus in Comano (Tessin).
Soziale Wohnbauten in Marne-la-Vallée (Frankreich).
Wohnüberbauung in Berlin.
Einfamilienhaus in Lugano.
Picasso-Museum in Guernica (Spanien).
Neugestaltung des Klösterliareals in Bern.
Umbau eines Einfamilienhauses in Mendrisio (Tessin).

1981/82 Einfamilienhaus in Origlio (Tessin).
Restaurierung des Kapuzienerklosters und Einrichtung der Kirche in Lugano.

1981–85 Gebäude Ransila 1 in Lugano.

1982 Design der Stühle Prima und Seconda.
Kommunikationszentrum auf dem Platz des TGV-Bahnhofs in Lyon (Frankreich).
Show-room in Agno (Tessin).
Umbau eines Einfamilienhauses in Ronco (Tessin).
Vorstudien für ein Hotel in Melide (Tessin).

1982/83 Einfamilienhaus in Morbio Superiore (Tessin).

1982–85 Umbau eines Einfamilienhauses in Morcote (Tessin).

1982–87 Theater und Kulturzentrum in Chambéry (Frankreich).

1982–88 «Banca del Gottardo» in Lugano.

1983 Design des Tisches Terzo.
Vorstudien für das Haus des Wächters der Villa «La Brise» in Beaulieu-sur-Mer (Frankreich).
Einfamilienhaus in Aldesago (Tessin).
Schulzentrum der Gemeinde in Rancate (Tessin).
Berufsbildungszentrum in Cantù (Italien).
Siemens-Verwaltungsgebäude in München.

1984 Einfamilienhaus in Bellinzona.

Restructuration du site du Lido à Lugano.

Salle polyvalente à Estavayer-le-Lac (Suisse).

1980/81 Aménagement d'une maison familiale sur le lac de Garde (Italie).
Maison familiale à Viganello (Tessin).

1980–82 Maison familiale à Stabio (Tessin).

1981 Maison familiale à Comano (Tessin).
Habitations populaires à Marne-la-Vallée (France).
Bâtiment résidentiel à Berlin.
Maison familiale à Lugano.
Musée Picasso à Guernica (Espagne).
Restructuration urbaine dans le Klösterliareal à Berne.
Transformation d'une maison familiale à Mendrisio (Tessin).

1981/82 Maison familiale à Origlio (Tessin).
Restauration du Couvent des Capucins et aménagement de l'église à Lugano.

1981–85 Bâtiment Ransila 1 à Lugano.

1982 Design des chaises Prima et Seconda.
Centre de la Communication sur la place de la gare du TGV à Lyon.
Show-room à Agno (Tessin).
Transformation d'une maison familiale à Ronco (Tessin).
Etudes pour un hôtel à Melide (Tessin).

1982/83 Maison familiale à Morbio Superiore (Tessin).

1982–85 Transformation d'une maison familiale à Morcote (Tessin).

1982–87 Théâtre et Maison de la Culture à Chambéry (France).

1982–88 Banque du Gothard à Lugano.

1983 Design de la table Terzo.
Maison du gardien de la villa La Brise à Beaulieu-sur-Mer (France).
Maison familiale à Aldesago (Tessin).
Centre scolaire municipal à Rancate (Tessin).
Centre de formation professionnelle à Cantù (Italie).
Bâtiment administratif Siemens à Munich.

1984 Maison familiale à Bellinzone.
Montage de l'exposition «Carlo

	Einrichtung der Ausstellung «Carlo Scarpa 1906–1978» in Venedig, mit B. Podrecca. Design des Sessels Quarta. Umbau einer Wohnung in Venedig.		Scarpa 1906–1978» à Venise, avec B. Podrecca. Design de la chaise Quarta. Transformation d'un logement à Venise.
1984/85	«Guscio 2» für die 17. Triennale von Mailand.	1984/85	«Guscio 2» à la 17e Triennale de Milan.
1984–88	Haus der Medien in Villeurbanne (Frankreich). Einfamilienhaus in Breganzona (Tessin).	1984–88	Mediathèque de Villeurbanne (France). Maison familiale à Breganzona (Tessin).
1985	Einfamilienhaus in Bellinzona Wohnbauten auf der Guidecca in Venedig. Labor- und Bürobauten in Genf. Design des Stuhls Quinta. Design des Sessels Sesta. Design der Lampe Shogun. Entwürfe für Karaffen. Gebäude Ransila 2 in Lugano. Show-room ICF in New York. Zweifamilienhaus in Bosco Luganese (Tessin). Reihenhäuser in Pregassona (Tessin). Umbau der ehemaligen «Casa d'Italia» in Bellinzona. Neugestaltung des Molino Nuovo-Platzes in Lugano. Wohnkomplex auf dem Areal «Ex Venchi Unica» in Turin.	1985	Maison familiale à Bellinzone. Groupe d'habitations à la Giudecca à Venise. Laboratoires et bureaux à Genève. Design de la chaise Quinta. Design du fauteuil Sesta. Design de la lampe Shogun. Etudes pour carafes de table. Bâtiment Ransila 2 à Lugano. Show-room ICF à New York. Maison bifamiliale à Bosco Luganese (Tessin). Maisons en série à Pregassona (Tessin). Réaménagement de la Maison d'Italie à Bellinzone. Restructuration de la place Molino Nuovo à Lugano. Etablissement résidentiel à Turin sur le site de l'ex Venchi Unica.
1985–90	Wohnüberbauung in Berlin. Kunstgalerie Watari-um in Tokio.	1985–90	Bâtiment résidentiel à Berlin. Galerie d'art Watari-um à Tokyo.
1986	Wohnbauten Via Beltramina in Lugano. Galerie Thyssen-Bornemisza in Lugano. Gebäude Via Monte Ceneri in Lugano (Vorstudien). Design der Türklinken FSB. Design der Tischlampe Melanos. Design der Wandlampe Fidia. Design des Tisches Tesi. Neugestaltung der Bicocca-Gelände in Mailand. Manzana Diagonal in Barcelona. Einfamilienhaus in Bottmingen (Schweiz).	1986	Bâtiment résidentiel rue Beltramina à Lugano. Galerie Thyssen-Bornemisza à Lugano. Etudes pour un bâtiment rue Monte Ceneri à Lugano. Design d'une poignée pour portes FSB. Design de la lampe de table Melanos. Design de l'applique murale Fidia. Design de la table Tesi. Aménagement du site de la Bicocca à Milan. Manzana Diagonal à Barcelone. Maison familiale à Bottmingen (Suisse).
1986–89	Zweifamilienhaus in Daro (Tessin).	1986–89	Maison bifamiliale à Daro (Tessin).
1986–96	Kirche von Mogno (Tessin). Umbau der Staatsbank in Bellinzona. Einfamilienhaus in Morbio Inferiore (Tessin).	1986–96	Eglise de Mogno (Tessin).

1986–89	Einfamilienhaus in Vacallo (Morbio Inferiore, Tessin). Einfamilienhaus in Cavigliano (Tessin).		Restructuration de la Banque de l'Etat à Bellinzone. Maison familiale à Morbio Inferiore (Tessin).
1986–90	Wohn- und Bürogebäude Via Ciani in Lugano.	1986–89	Maison familiale à Vacallo (Morbio Inferiore, Tessin). Maison familiale à Cavigliano (Tessin).
1986–92	Wohn- und Geschäftshaus in Lugano-Paradiso.	1986–90	Bâtiment résidentiel et administratif via Ciani à Lugano.
1986–93	«Caimato»-Gebäude in Lugano-Cassarate.	1986–92	Bâtiment résidentiel et commercial à Lugano-Paradiso.
1986–95	Sitz der Schweizerischen Bankgesellschaft in Basel.	1986–93	Bâtiment Caimato à Lugano-Cassarate.
1986/96	Neugestaltung des Pilotta-Platzes in Parma.	1986–95	Siège de l'Union de Banques Suisses à Bâle.
1987	Innenausbau des neuen Sitzes der «Schweizerischen Bankgesellschaft» in New York. Städtebauliche Erneuerung in Neapel. Archäologisches Museum in Neuenburg (Neuchâtel). Einfamilienhaus in Savosa (Tessin). Wohn- und Geschäftshaus in Chiasso (Tessin). Einfamilienhaus in Gloucester (Massachussets/USA). Stiftung Podlesky in Denver (USA). Pavillon in Cureglia (Tessin). Stand Agip Schweiz an der «Esposauto» in Lugano. Inneneinrichtung für ein Studio in Genf. Atelier in Novazzano (Tessin). Design des Stuhls Latonda.	1986/96 1987	Aménagement de la place de la Pilotta à Parme. Aménagement intérieur de l'Union de Banques Suisses à New York. Restructuration urbaine à Naples. Musée Archéologique de Neuchâtel. Maison familiale à Savosa (Tessin). Bâtiment résidentiel et commercial à Chiasso (Tessin). Maison familiale à Gloucester (Massachussets/Etats-Unis). Fondation Podlesky à Denver (Etats-Unis). Pavillon à Cureglia (Tessin). Stand Agip Suisse à l'«Esposauto» à Lugano. Mobilier pour un cabinet professionnel à Genève. Atelier à Novazzano (Tessin). Design de la chaise Latonda.
1987–89	Einfamilienhaus in Losone (Tessin).	1987–89	Maison familiale à Losone (Tessin).
1987–90	Einfamilienhaus in Manno (Tessin).	1987–90	Maison familiale à Manno (Tessin).
1987–92	Kirche in Pordenone (Italien). Grabmal Ruppen in Lugano.	1987–92	Eglise de Pordenone (Italie). Tombeau Ruppen à Lugano.
1987–95	Neue Kirche von Sartirana (Italien).	1987–95	Eglise de Sartirana (Italie).
1987–96	«Bruxelles Lambert»-Bank in Genf.	1987–96	Banque «Bruxelles Lambert» à Genève.
1988	Kongreß- und Bürozentrum bei der Porte d'Aix in Marseille, mit Aurelio Galfetti. Neuer Sitz der Provinzverwaltung von Pordenone (Italien). Wohnhaus in Padova. Kulturhaus in Palermo. Neuordnung der Piazza Corte Vecchia in Ferrara.	1988	Centre des congrès et bureaux à la Porte d'Aix à Marseille, avec Aurelio Galfetti. Nouveau siège de l'administration régionale de Pordenone (Italie). Bâtiment résidentiel à Padoue. Espace plurimédiatique à Palerme. Restructuration de la place Corte Vecchia à Ferrara.
1988–91	Verwaltungs- und Wohngebäude Via Nizzola in Bellinzona.		

1988–92	Alternativprojekt zum Umbau der Staatsbank in Bellinzona.
	Geschäftszentrum in Florenz.
	Wohnüberbauung in Novazzano (Tessin), mit Ferruccio Robbiani.
1988/93–	Museum für Zeitgenössische Kunst in Rovereto (Italien), mit Giulio Andreolli.
1988–95	Kathedrale von Evry (Frankreich).
1988–97	Wohn- und Geschäftsüberbauung in Castelfranco Veneto (Italien), mit Luciano Gemin.
1988–98	Verwaltungszentrum für das Fernmeldewesen in Bellinzona.
	Reihenhäuser in Vacallo (Tessin).
	Bank «Rothschild» in Lugano.
	Wohnüberbauung in Melide (Tessin).
	Internationales Labor «Unterirdisches Neapel».
1989	Neuordnung der Vallée du Flon in Lausanne, mit Vincent Mangeat.
	Nationalbibliothek in Paris.
	Neugestaltung des Seeufers und Theatersaal in Lugano.
	Vorstudien für eine Tankstelle Agip.
	Einfamilienhaus in Maienfeld (Schweiz).
	Gebäude Viale Franscini in Lugano.
1989/90	Fassade eines Bankengebäudes in Buenos Aires, mit Haig Uluhogian.
1989–91	Konstruktion eines mobilen Zeltes für die Jubiläumsfeiern der Schweizerischen Eidgenossenschaft.
1989–92	Einfamilienhaus in Daro (Tessin).
1989–93	Ausstellungsraum und Wohnung in Zofingen (Schweiz).
	Einfamilienhaus in Cologny (Schweiz).
	Stehpult Robot
	Touristenstation in Nara (Tessin).
1989–94	Einfamilienhaus in Montagnola (Tessin).
	Weinhaus in Kalifornien (USA).
	Bürogebäude in Pusan (Südkorea).
	Verwaltungsgebäude in Seoul (Südkorea).
1989–95	Museum für moderne Kunst in San Francisco, mit HOK Inc.
1990	Stand Sbarro, Autosalon in Genf (Schweiz).
	Nationales Sportzentrum in Tenero (Schweiz).
	Kulturzentrum in San Sebastian, Spanien.

1988–91	Bâtiment administratif et résidentiel, rue Nizzola à Bellinzone.
1988–92	Alternative au projet de restructuration de la Banque de l'Etat de Bellinzone.
	Centre commercial à Florence.
	Etablissement résidentiel à Novazzano (Tessin), avec Ferruccio Robbiani.
1988/93–	Musée d'art contemporain, Rovereto (Italie), avec Giulio Andreolli
1988–95	Cathédrale d'Evry (France).
1988–97	Ensemble résidentiel et commercial à Castelfranco Veneto (Italie), avec Luciano Gemin.
1988–98	Centre administratif des télécommunications à Bellinzone.
	Maisons contiguës à Vacallo (Tessin).
	Banque «Rothschild» à Lugano.
	Résidence à Melide (Tessin).
	Laboratoire international souterrain à Naples.
1989	Aménagement de la Vallée du Flon à Lausanne, avec Vincent Mangeat.
	Bibliothèque de France à Paris.
	Aménagement des rives du lac et salle de théâtre à Lugano.
	Etude pour une station d'essence Agip.
	Maison familiale à Maienfeld (Suisse).
	Bâtiment, rue Franscini à Lugano.
1989/90	Façade d'un bâtiment de banque à Buenos Aires, avec Haig Uluhogian.
1989–91	Tente mobile pour les festivités de la Confédération Helvétique.
1989–92	Maison familiale à Daro (Tessin).
1989–93	Espace d'exposition et habitations à Zofingue (Suisse).
	Maison familiale à Cologny (Suisse).
	Secrétaire Robot.
	Station touristique à Nara (Tessin).
1989–94	Maison familiale à Montagnola (Tessin).
	Maison vinicole en Californie (Etats-Unis).
	Bâtiment administratif à Pusan (Corée du Sud).
	Bâtiment administratif à Séoul (Corée du Sud).
1989–1995	Musée d'Art Moderne à San Francisco, avec HOK.

Wohn-, Geschäfts- und Verwaltungs-gebäude für das Steinfels-Areal in Zürich (Schweiz).
Palazzo del Cinema der Biennale von Venedig (Italien).
Design: Entwurfsstudien für einen Aschenbecher.
Bushaltestelle in Vimercate, Italien, mit Fabiano Redaelli.
Kasino in Campione (Italien), mit Giorgio Orsini.
Plan für einen Geschäfts- und Ver-waltungssitz in Mogliano Veneto (Italien).
Bürogebäude in Zürich-Rümlang (Schweiz).

1990/91   Grabmal Hernaus, Lugano.

1990–95   Museum und Wohnbauten in Ca-rouge bei Genf (Schweiz).

1990–96   Neuer Sitz der Tageszeitung «La Pro-vincia» in Como (Italien).
Santa Maria degli Angeli-Kapelle auf dem Monte Tamaro (Tessin), mit Fresken von Enzo Cucchi, (Rom).

1990–98   Wohn- und Bürogebäude in Maa-stricht (Niederlande).

1991   Industriegebäude Thermoselect in Fondotoce-Verbania (Italien).
Stand Sbarro '91, Autosalon in Genf (Schweiz).
Tankstelle von City Carburoil in Men-drisio (Tessin).
SOS-Kinderdorf in Rajsko (Polen).
Mehrfamilienhäuser in Bergamo-Gorle (Italien).
Entwurf des neuen Sitzes der Schweizerischen Krebsliga in Bern (Schweiz).
Machbarkeitsstudie für die Erweite-rung des Bundeshauses in Bern.
Einrichtung der Ausstellung «Mario Botta – Architektonische Entwürfe 1980–1990» in Paris (Schweizer Kul-turzentrum) und Genf (Museum Rath).
Verwaltungsbüros und Laboratorien der Mapei AG in Robbiano Mediglia bei Mailand (Italien).
Neuer Firmensitz der Gap Inc. in San Francisco, Kalifornien (USA).

1991–97   Verwaltungsgebäude an der Via Don Cesare Cazzaniga in Merate, Italien, mit Fabiano Redaelli.

1990   Stand Sbarro au salon de l'auto de Genève (Suisse).
Centre sportif national CST à Tenero (Suisse).
Centre culturel à San Sebastian, (Espagne).
Projet pour un édifice d'habitations et bureaux «Steinfelsareal» de Zu-rich (Suisse).
Concours pour le nouveau palais du cinéma, Biennale de Venise (Italie).
Etudes préliminaires pour un cen-drier.
Gare d'autobus à Vimercate, Italie, avec Fabiano Redaelli.
Casino à Campione, Italie, avec Gior-gio Orsini.
Projet préliminaire pour un établisse-ment d'affaires et commercial à Mo-gliano-Veneto (Italie).
Nouveau siège administratif à Rüm-lang – Zurich (Suisse).

1990–91   Tombeau Hernaus, Lugano (Tessin).

1990–95   Musée et habitations à Carouge, Genève (Suisse).

1990–96   Bâtiment administratif pour le jour-nal «La Provincia» à Como (Italie).
Chapelle du Monte Tamaro, (Tessin), avec fresques d'Enzo Cucchi, Rome.

1990–98   Edifice pour bureaux et apparte-ments a Maastricht (Hollande).

1991   Infrastructure Thermoselect à Fondo-toce-Verbania (Italie).
Stand Sbarro 91 au salon de l'auto de Genève (Suisse).
Station service de la City-Carburoil à Mendrisio (Tessin).
Projet pour une crèche – SOS village à Rajsko (Pologne).
Maisons contiguës «Morlana» à Gorle, Bergamo (Italie).
Etudes préliminaires pour le siège de la Ligue suisse contre le cancer à Berne (Suisse).
Concours de faisabilité pour l'agran-dissement du Palais Fédéral à Berne.
Organisation de l'exposition «Mario Botta – Architecture 1980–1990» à Paris.
(Centre Culturel Suisse) et à Genève (Musée Rath).

	Zehn Einfamilienhäuser in Bernareggio, Mailand (Italien).		Nouveau siège Mapei pour la recherche, bureaux et laboratoires à Robiano-Mediglia, Milan (Italie).
1991–98	Gebäude am Piazzale alla Valle in Mendrisio (Tessin).		Projet pour le nouveau siège Gap Inc. à San Francisco (USA).
1992	Wettbewerb für die Staatlichen Museen auf dem Areal der ehemaligen Türkenkaserne in München (Deutschland).	1991–97	Edifice administratif à Merate (Italie), avec Fabiano Redaelli.
	Wandschirm «Nilla Rosa».		Réalisation de dix maisons contiguës à Bernareggio (Italie).
	Wettbewerbsbeitrag Kulturzentrum in Nara (Nara Convention Center) (Japan).	1991–98	Réalisation «Piazzale alla Valle» à Mendrisio (Tessin).
	Privatbibliothek Werner Oechslin in Einsiedeln (Schweiz).	1992	Concours pour les Staatliche Museen à Munich (Allemagne).
	Blumenvase für Cleto Munari.		Paravent Nilla Rosa.
	Entwurf der Friedrich Dürrenmatt-Stiftung in Neuchâtel (Schweiz).		Concours pour un centre culturel à Nara (Nara convention center) (Japon).
	Entwurf eines Einfamilienhauses in Seoul (Südkorea).		Projet pour la bibliothèque privée de Werner Oechslin à Einsiedeln (Suisse).
1992	Bürogebäude Dong Sung Roo in Taegu (Südkorea).		Vase porte-bouquet pour Cleto Munari.
1992/93	Hofdach des Gebäudes der Elektrizitätsgesellschaft Sopracenerina in Locarno (Tessin).		Projet pour La Fondation Dürrenmatt à Neuchâtel (Suisse).
	Bühnenbild für die Aufführung des Nußknacker im Opernhaus Zürich (Schweiz).		Projet pour une maison familiale à Seoul (Corée du Sud).
1992–96	Wohngebäude in Montecarasso (Tessin).	1992	Edifice à bureaux Dong Sung Roo à Taegu (Corée du Sud).
1992–97	Neues Altersheim in Novazzano (Tessin).	1992/93	Couverture de la cour de l'édifice de la «Società Elettrica Sopracenerina» à Locarno (Tessin).
	Wohn- und Geschäftsgebäude in Merate (Italien).		Scénographie pour le ballet Casse-noisettes à l'Opernhaus de Zurich (Suisse).
1993	Vorstudien für ein Haus in Barbengo (Tessin).	1992–96	Habitations à Montecarasso (Tessin).
	Einfamilienhaus in Dardagny, Genf (Schweiz).	1992–97	Nouveau foyer médical pour personnes âgées à Novazzano (Tessin).
	Wettbewerb zur Neugestaltung des Alexanderplatzes in Berlin.		Edifice commercial et résidentiel à Merate (Italie).
	Tankstellenanlage für Agip in Lyon (Frankreich).	1993	Etudes préliminaires pour une maison a Barbengo (Tessin).
	Schweizer Geschäfts- und Kulturzentrum in Moskau (Rußland).		Maison familiale a Dardagny, Genève (Suisse).
	Lärmschutzwall entlang der Autobahn in Chiasso, Tessin (Italien).		Concours d'idées pour l'Alexanderplatz à Berlin.
	Umgestaltung eines Hauses in Mendrisio (Tessin).		Concours pour une station service Agip a Lyon (France).
	Studien für ein Zweifamilienhaus in Ligornetto (Tessin).		«Swiss Business Center» à Moscou (Russie).
	Entwurf für das Technisch-wissenschaftliche Gymnasium in Città della Pieve (Italien).		Ecrans phoniques sur l'autoroute à Chiasso (Tessin).
			Restauration d'une maison à Mendrisio (Tessin).

Reihenhäuser in Vedü Alto-Merate (Italien).

Museum für Zeitgenössische Kunst in Saragossa (Spanien).

Gemeindezentrum und Kirche in Paderno Seriate, Bergamo (Italien).

1993/94 Bühnenbild für Medea im Opernhaus Zürich (Schweiz).

Einrichtung der Ausstellung graphischer Werke Friedrich Dürrenmatts im Kunsthaus Zürich (Schweiz).

1993–95 Verwaltungsgebäude Sangue in Seoul (Südkorea).

1993–96 Museum Jean Tinguely in Basel (Schweiz).

1993–98 Tankstelle in Piotta (Tessin).

1994 Entwurf für die EXPO '98 – «Svizzera nuove frontiere», mit Prof. Jean-François Bergier, Aurelio Galfetti, Jacques Pilet, Prof. Remigio Ratti.

Design: Korbsessel «Charlotte».

Cardiff Bay Opera House (Großbritannien).

Neues Parlamentsgebäude in Namur (Belgien).

Stadtsanierungsprojekt in Legnano (Italien).

Studien für ein Geschäfts- und Verwaltungskomplex in Treviso (Italien).

Neugestaltung der Place de Paris in Brüssel (Belgien).

1995 Alters- und Behindertenheim in Trevi, Perugia (Italien).

Vorstudien für das Geschäftszentrum S-Lunga in der Via Senese, Florenz (Italien).

Einfamilienhaus in Muzzano, Tessin (Schweiz).

Bühnenbild für Ippolito am Stadttheater Basel (Schweiz).

Design: Tisch für die Alias AG.

Freilichtmuseum «Arche Noah» für die Skulpturen von Niki de Saint Phalle, Jerusalem (Israel).

Design: Tischuhr «Blumenzeit».

Ausstellungshaus für das Swatchmobil «Smart».

Nationales Basketball-Zentrum in Freiburg (Schweiz).

Umgestaltung des Museums Vela in Ligornetto (Tessin).

Maison bifamilliale à Ligornetto (Tessin).

École à Città della Pieve (Italie).

Maisons contiguës à Vedü Alto, Merate (Italie).

Musée d'art contemporain à Saragosse (Espagne).

Eglise à Seriate (Italie).

1993–94 Scénographie Medea, Opernhaus de Zurich (Suisse).

Exposition Dürrenmatt au Kunsthaus de Zurich (Suisse).

1993–95 Edifice administratif Sangue à Séoul (Corée du Sud).

1993–96 Musée Jean Tinguely à Bâle (Suisse).

1993–98 Réalisation d'une station service à Piotta (Tessin).

1994 Projet pour L'Expo 98, avec le Professeur Jean-François Bergier, Aurelio Galfetti, Jacques Pilet, Professeur Remigio Ratti.

Fauteuil en osier Charlotte.

Opéra de Cardiff Bay (Grande Bretagne).

Concours pour le nouveau parlement Wallon à Namur (Belgique).

Aménagement urbain à Legnano, Italie, avec Riccardo Blumer.

Etudes préliminaires pour un aménagement urbain à Treviso (Italie).

Réaménagement de la Place de Paris à Bruxelles (Belgique).

1995 Centre pour personnes âgées et inaptes à Trevi (Italie).

Réalisation d'un centre commercial S-Lunga sur la via Senese à Florence (Italie).

Maison à Muzzano (Tessin).

Scénographie Ippolite, théâtre de Bâle (Suisse).

Etude pour une table pour Alias.

Arche de Noé – musée en plein air pour les sculptures de Niki de Saint-Phalle à Jérusalem (Israël).

Montre de table «Blumenzeit».

Concours pour la typologie d'une salle de montre pour la Swatchmobil «Smart».

Centre national de Basket-ball à Fribourg (Suisse).

Restauration du musée Vela à Ligornetto (Tessin).

Industriegebäude für die Sintetica AG in Mendrisio (Tessin).

Wettbewerb für ein Büro- und Wohngebäude am Pariser Platz 3 in Berlin.

Keramikmuseum Samsung in Seoul (Südkorea).

Pier und Landesteg in Faliro, Saloniki (Griechenland).

Installation bei der Ausstellung «Design und Identität» im Louisiana-Museum in Humlebaek (Dänemark).

1995/96 Portal für den Giardino dei Tarrochi von Niki de Saint Phalle in Garavicchio (Italien).

1995–97 Zentralbibliothek und Mediothek in Bergamo (Italien).

1995–99 Stadtbibliothek Dortmund (Deutschland).

1996 Entwurf für ein Gebäude in Perugia (Italien).

Umgestaltung des Lützowplatz und Brunnen in Berlin, mit Niki de Saint-Phalle.

Bankgebäude in Hannover (Deutschland).

Umgestaltung des Hauses Rinaldi in Morbio Superiore (Tessin).

Entwurf eines Theaters in Pescara (Italien), mit Giorgio Orsini.

Industriegebäude in Altershausen (Deutschland).

Museum für Schottische Kunst und Design, Glasgow (Schottland).

Synagoge und Kulturzentrum, Tel Aviv (Israel).

Monument «Cumbre de las Américas», Santa Cruz de la Sierra, Bolivien, in Zusammenarbeit mit Luis Fernández von Cordoba.

Pavillon für die Ausstellung «Kolonialhaven», Kopenhagen (Dänemark).

Entwurf für ein Museum für Chinesische Kunst, Parma.

Deckenlampe Mendrisio, in Zusammenarbeit mit Dante Solcà.

Familiengrab Della Casa, Stabio (Tessin).

Wohnungen und Gemeindesaal in Viareggio (Italien).

Dänisches National- und Regionalarchiv, Kopenhagen (Dänemark).

Nouvelle usine de la Sintetica SA. à Mendrisio (Tessin).

Concours pour la Pariserplatz de Berlin (Allemagne).

Musée Samsung de la céramique à Séoul (Corée du Sud).

Projet pour un embarcadère a Faliro, Thessalonique, (Grèce).

Installation design pour une exposition au Danemark.

1995/96 Portail pour le «Giardino dei Tarocchi» à Garavicchio (Italie).

1995–97 Bibliothèque communale à Bergamo (Italie).

1995–99 Réalisation de la nouvelle bibliothèque à Dortmund (Allemagne).

1996 Etudes pour un édifice à Perugia (Italie).

Restauration de la Lützowplatz et fontaine à Berlin, en collaboration avec Niki de Saint-Phalle.

Concours pour un édifice bancaire à Hanovre (Allemagne).

Restauration de la maison Rinaldi à Morbio Superiore (Tessin).

Etude pour un théâtre à Pescara, Italie, en collaboration avec Giorgio Orsini.

Construction industrielle à Altershausen (Allemagne).

Musée d'art et de design écossais à Glasgow (Ecosse).

Synagogue et centre culturel, Tel Aviv (Israël).

Monument de la «Cumbre de las Américas», Santa Cruz de la Sierra, Bolivie, en collaboration avec Luis Fernández de Cordova.

Pavillon pour l'exposition «kolonialhaven», Copenhague (Danemark).

Etude pour un musée de l'art chinois, Parme (Italie).

Lampe de plafond Mendrisio en collaboration avec Dante Solcà.

Tombeau pour la famille Della Casa, Stabio (Tessin).

Habitations et salle municipale pour la mairie de Viareggio (Italie).

Nouvel édifice des archives nationales et provinciales du Danemark, Copenhague (Danemark).

Etude pour l'agrandissement du musée Epper, Ascona (Tessin).

Entwurf für die Erweiterung des Epper Museums, Ascona (Tessin).
Bürogebäude in New Delhi, Indien.
Swiss Centre, Büro- und Geschäftsgebäude in St. Petersburg (Russland).
Neue Philharmonie (Luxemburg).

1997–... Verwaltungsgebäude Secho, Seoul (Südkorea).
Seilbahn-Station Orselina-Cardada (Tessin).
Studien zu einer Uhr.
Kultur- und Regionalzentrum, Ascona (Tessin).

Edifice administratif à New Delhi (Inde).
Edifice administratif et commercial «Swiss Centre» à St Petersbourg (Russie).
Nouvelle salle de concert au Luxembourg.

1997–... Edifice administratif Secho, Séoul (Corée du Sud).
Station téléphérique Orselina-Cardada (Tessin).
Etudes pour une montre-bracelet.
Centre culturel et régionale, Ascona (Tessin).

Die erste Zahl bezeichnet das Jahr der Projektierung, die zweite das Jahr der Fertigstellung des Werks. Drei Punkte ... deuten an, daß sich das Werk im Bau befindet.

La première date indique l'année durant laquelle à été effectué le projet, la seconde l'année de la réalisation de l'œuvre. Le singe ... indique l'œuvre est actuellement en cours de réalisation.

Mitarbeiterinnen und Mitarbeiter seit 1970

Collaborateurs depuis 1970

Maria Botta, Elio Ostinelli, Giancarlo Camenisch, Mauro Gilardi, Ida Rovelli, Athos Macocchi, Sandro Cantoni, Emilio Bernegger, Riccardo Serena, Gianfranco Agazzi, Rudy Hunziker, Girogio Bernasconi, Roberto Crivelli, Valerio Galli, Andreas Buetti, Feruccio Robbiani, Claudio Negrini, Luca Tami, Alessandro Bottinelli, Anna Torriani, Martin Bösch, Silvana Bianchi, Moreno Schmid, Elisabeth Bösch-Hutter, Remo Leuzinger, Fabio Tarchini, Thomas Urfer, Alain Gonthier, Jean Michel Bächler, Thierry Höhn, Fabrizio Gellera, Daniel Pierre Gehring, Jean Pierre Pochon, Jean Marc Ruffieux, Adrian Sieber, Maurizio Pelli, Drew Ranieri, Luigi Rosselli, Claudio Lo Riso, Nicola Soldini, Giuliano Caldelari, Eric Ryser, Marcel Ferrier, Gianmaria Verda, Urs Külling, Daniela Mina, Alain Porta, Pier Luigi Vidoni, Raimondo Cazzaniga, Claudia Colombo, Claude Michel Groh, Jacques Perret, Mateja Rucigay, Guido Botta, Giorgio Orsini, Monica Grassi, Urs Büttiker, Helen Bacry, Riccardo Blumer, Daniele Eisenhut, Paolo Merzaghi, Marco D'Azzo, Snehal Shah, Carlos Heras, Alessandro Mensa, Luigi Fontana, Ugo Früh, Massimo Moreni, Andreina Bellorini, Ueli Brauen, Marta Ferrari, Isabella Gaggini, Platane Beres, Marino Beretta, Gabrielle Beusch, Christine Konrad, Catherine Trebeljahr, Nobuaki Furuya, Anna Meshale, Giulio Andreolli, Dominique Sganzini-Nerfin, Marco Bonini, Thomas Hegi, Jean Catella, Carlo Schwitter, Pietro Ferrari, Laury Mae Kress, Maria de las Mercedes Linares Gomez, Monique Von Allmen-Bosco, Maria Carla Nadalin, Francesco Bandiero, Thomas Bamberg, Paola Pellandini, Patrick Boschetti, Simone Salvadé, Nicola Pfister, Michaela Stömer, Anne Kaun, Caroline Schranz, Sandrine Monnier, Sonja Filippini, Ares Viscardi, Juliane Lorenz-Meyer Ferrari, Antonello Scala, Mariette Liegois-Dorthu, Fermo Bellini, Andrea Felicioni, Davide Macullo, Daniela Schönbächler, Monica Steger, Mario Gemin, Sabine Cortat, Lorenza Boschetti, Andrea Caramaschi, Tiziano Varnier, Danilo Soldini, Man Won Han, Yasuhiko Koyoshi, Patrizia Croci-Gerosa, Urs Peter Flückiger, Ursula Müller-Küffer, Raphaëlle Sestranetz, Marco Sangiorgio, Antonella Fenaroli, Ira Piattini, Paolo Della Casa, Silvia Rossinelli, Lorenza Mazzola, Yoshio Sakurai, Roberta Ottolenghi, Sibylle Thomke, Silvio Borri, Carlo Falconi, Paolo Pozzi, Chiara Spada, Alessandra Marinzoli, Adolfo Melegoni, Nathalie Tavelli, Filippo De Filippi, Daniel Pachoud, Guido Pietrini, Francis Blouin, Robert Plummer, Anna Tüscher, Tim Brackrock, Guiditta Botta, Guido Medri, Paola Pina, Nicola Savadé, Olivier Pelle, Tobia Botta

Gegenwärtige Mitarbeiter

Collaborateurs actuels

Maria Botta, Anna Meshale, Silvia Rossinelli, Maurizio Pelli, Monica Grassi, Massimo Moreni, Daniele Eisenhut, Ugo Früh, Marco Bonini, Paola Pellandini, Simone Salvadé, Davide Macullo, Antonello Scala, Guido Botta, Danilo Soldini, Fermo Bellini, Carlo Falconi, Nicola Pfister, Patrizia Croci-Gerosa, Daniel Pachoud, Paolo Della Casa, Giuditta Botta, Paola Pina, Adolfo Melegoni, Nicola Salvadé

Fotografen

Photographes

Aldo Ballo
Giasco Bertoli
Lorenzo Bianda
Pino Brioschi
Robert Canfield
Enrico Cano
Mauro Cassina
Marco D'Anna

Michel Darbellay
Alberto Flammer
Adriano Heitmann
Marcel Imsand
Pino Musi
Paolo Pedroli
Paolo Rosselli
Alo Zanetta

Große Architekten in der erfolgreichen Studiopaperback-Reihe:
The Work of the World's Great Architects:

Alvar Aalto
Karl Fleig
4. Auflage. 256 Seiten,
600 Abbildungen
ISBN 3-7643-5553-0
deutsch / französisch

Tadao Ando
Masao Furuyama
3., erweiterte Auflage.
248 Seiten, 397
Abbildungen
ISBN 3-7643-5437-2
deutsch / englisch

Mario Botta
Emilio Pizzi
3., erweiterte Auflage.
264 Seiten, 666
Abbildungen
ISBN 3-7643-5438-0
deutsch / französisch

**Johann Bernhard
Fischer von Erlach**
Hellmut Lorenz
176 Seiten, 172
Abbildungen
ISBN 3-7643-5575-1

Walter Gropius
Paolo Berdini
256 Seiten, 580
Abbildungen
ISBN 3-7643-5563-8

Herman Hertzberger
Herman van Bergeijk
216 Seiten, 330
Abbildungen
ISBN 3-7643-5698-7
deutsch / englisch

Herzog & de Meuron
Wilfried Wang
3., erweiterte Auflage.
200 Seiten, 400
Abbildungen
ISBN 3-7643-5617-0
deutsch / englisch

Philip Johnson
Peter Blake
256 Seiten, 270
Abbildungen
ISBN 3-7643-5393-7
deutsch / englisch

Louis I. Kahn
Romaldo Giurgola,
Jaimini Mehta
4. Auflage. 216 Seiten,
423 Abbildungen
ISBN 3-7643-5556-5
deutsch / französisch

Le Corbusier
Willi Boesiger
7. Auflage. 260 Seiten,
525 Abbildungen
ISBN 3-7643-5550-6
deutsch / französisch

Adolf Loos
Kurt Lustenberger
192 Seiten, 332
Abbildungen
Deutsche Ausgabe:
ISBN 3-7643-5586-7
Englische Ausgabe:
ISBN 3-7643-5587-5

Richard Meier
Silvio Cassarà
208 Seiten, 264
Abbildungen.
ISBN 3-7643-5350-3

**Ludwig Mies van der
Rohe**
Werner Blaser
6. erw. Auflage.
248 Seiten, 180
Abbildungen
ISBN 3-7643-5619-7
deutsch / englisch

Richard Neutra
Manfred Sack
2. überarbeite Auflage.
192 Seiten, 291
Abbildungen
ISBN 3-7643-5588-3
deutsch / englisch

Jean Nouvel
Olivier Boissière
208 Seiten, 300
Abbildungen
ISBN 3-7643-5356-2
deutsch / englisch

Andrea Palladio
Die vier Bücher zur
Architektur
A. Beyer und U. Schütte
4., überarbeitete Auflage.
472 Seiten
ISBN 3-7643-5561-1

Richard Rogers
Kenneth Powell
208 Seiten, 481
Abbildungen
ISBN 3-7643-5582-4
deutsch / englisch

Aldo Rossi
Gianni Braghieri
4., erweiterte Auflage.
288 Seiten, 290
Abbildungen
ISBN 3-7643-5560-3
deutsch / französisch

Hans Scharoun
Christoph J. Bürkle
176 Seiten, 182
Abbildungen
Deutsche Ausgabe:
ISBN 3-7643-5580-8
Englische Ausgabe:
ISBN 3-7643-5581-6

Karl Friedrich Schinkel
Gian Paolo Semino
232 Seiten, 330
Abbildungen
ISBN 3-7643-5584-0

Gottfried Semper
Martin Fröhlich
176 Seiten, 192
Abbildungen
ISBN 3-7643-5572-7

José Luis Sert
Jaume Freixa
2. Auflage. 240 Seiten,
500 Abbildungen
ISBN 3-7643-5558-1
deutsch / französisch

Alvaro Siza
Peter Testa
208 Seiten, 300
Abbildungen
ISBN 3-7643-5598-0
deutsch / englisch

Mart Stam
Simone Rümmele
160 Seiten, 167
Abbildungen
ISBN 3-7643-5573-5

Luigi Snozzi
Claude Lichtenstein
208 Seiten, 400
Abbildungen
ISBN 3-7643-5439-9
deutsch / englisch

Louis Henry Sullivan
Hans Frei
176 Seiten, 208
Abbildungen
ISBN 3-7643-5574-3
deutsch / englisch

Giuseppe Terragni
Bruno Zevi
208 Seiten, 490
Abbildungen
ISBN 3-7643-5566-2

Oswald Mathias Ungers
Martin Kieren
256 Seiten, 406
Abbildungen
ISBN 3-7643-5585-9
deutsch / englisch

Otto Wagner
Giancarlo Bernabei
2. Auflage. 208 Seiten,
330 Abbildungen
ISBN 3-7643-5565-4

Frank Lloyd Wright
Bruno Zevi
3. Auflage. 288 Seiten,
575 Abbildungen
ISBN 3-7643-5557-3
deutsch / französisch